Truth In Fantasy

剣豪

剣一筋に生きたアウトローたち

草野巧

新紀元社

はじめに

　戦国時代末期から江戸時代が終わるころまで、日本には剣豪という生き方が存在していた。ちょっと奇妙な生き方である。特別に運が良ければ名声が得られるし、尊敬もされるが、そうかといってとくに金になるわけではない。ちょっとでも運が悪ければ、道端に倒れて一人で死ぬだけである。たとえどんなに腕が良くても、それに見合った評価を得られないことも多い。しかも、厳しい。どっちかというと正当な道からはずれた変な人間の生き方である。が、どういうわけか剣豪という生き方を選ぶ人間は後を絶たなかった。変な人間がいっぱいいいたのである。

　とりあえず、生き方の基本は簡単である。剣の道に生きることだ。ただひたすら生きるのである。日々鍛錬を怠らず、自らの剣技を磨き続ける。どこまでも磨き続ける。これでいいということはない。多分、そんな日は永遠に来ないのである。それでもあきらめず剣を振るい、その日を目指す。これはもう並大抵のことではない。当然のことだが、人間的にもある種の偉大さが要求される。強靭な精神力が必要になる。だから、剣技を磨きながら、彼らは心も磨くのである。

　心が重要視されるというのは確かに日本的かもしれない。西部劇に登場する早撃ちのガンマンには心を重要視する者はあまりいない。しかし、剣豪は違う。たんに強いというだけでは駄目なのである。いや、心の鍛錬なくしては本当の意味で強くはなれないとさえいえる。それが剣豪なのである。

したがって、剣豪という生き方はどうしようもなく難しいのである。摩訶不思議でさえある。しかし、それゆえだろうか、それはこの上なく魅力的である。新当流の塚原卜伝《つかはらぼくでん》、新影流の上泉信綱《かみいずみのぶつな》、柳生流の柳生宗矩《やぎゅうむねのり》、一刀流の伊藤一刀斎、小野次郎右衛門忠明《じろうえもんただあき》、二天一流の宮本武蔵《むさし》……と、その名前を聞いただけで心が躍るのである。剣豪という生き方自体が個性的だが、その一人一人がこれまた個性的で、その生き方を見ていると浮き世の憂《う》さもどこへやら、という感じになってしまうのである。こんなふうに感じるのは私だけだろうか？　いやいや、絶対にそんなことはないと確信している。二十一世紀にはこんな奴等がたくさん登場してくれればいいとさえ思うのである。もちろん、次から次と人を斬ったりされるととても困るのだけれど……。

平成十一年二月吉日

草野巧

目次

第一章　流祖列伝

第二章　三大流派の剣豪たち

第三章　江戸前期の剣豪たち

第四章　江戸後期の剣豪たち

第一章　流祖列伝

◆念阿弥慈音
◆中条兵庫頭長秀
◆飯篠長威斎家直
◆愛洲移香斎久忠

剣豪が生まれた時代

◈戦国乱世に産声を上げた剣豪たち

戦乱の時代が終り、世の中が平和になった江戸時代に、剣術は大いに盛んになり、幕末には居合術を含めると流派の数が七百五十に達した。これらの流派の中には名前は違っていても内容の同じものや、名前が似ていても内容が違っているもの、また同じ一つの流派から分かれた親戚のようなものも多かったが、それにしたってものすごい数だ。

いま、これらの流派の歴史をさかのぼると、その源流は応仁の乱以降の室町時代後半の戦国時代に発しているのがわかる。この時代に、数多くの天才的剣豪が登場し、人々に認められ、それらが一つ一つの流派として確立されることになったのである。

もちろん、もっと古い時代から剣術を含む各種の武芸が存在していたことは確かである。日本人が戦闘を目的とした武器を用いるようになったのは諸外国に比べると遅かったといわれているが、それでも弥生時代ごろからは剣、刀、槍、矛、弓矢などが使われるようになったといわれている。武器が存在する以上は武器を使う人間がいるわけだし、そのころから武芸に類したものがあったということはできるだろう。

しかし、それが高度で専門的に分化した武芸になるためには、長い戦乱の歴史が必要だった。

こうした歴史の中で、最初に弓・馬術が専門的な武芸として独立した。源平の時代から鎌倉期にかけては、武士のことを「弓取り」といったことからもわかるように、武士たちは馬に乗って弓を射ることを戦いの中心にしていたからだ。

他の武芸が専門化するにはさらに時間が必要だった。

南北朝時代から、騎馬武者たちが馬上で大太刀《おおたち》や大長刀《おおなぎなた》を振るって白兵戦をするようになったが、ここで使われたのは刀といっても長さが四尺もあり、反り身で、やたらと巨大で重いものだった。馬の上で頑丈な甲冑《かっちゅう》に身を固めた敵を倒すには、長大な刀でしか打ち倒すことができないからである。戦国時代になり、徒歩による集団の白兵戦が主流となってからも、太刀といえば長大なものが多かったようだ。とにかく、重くて頑丈な甲冑を着ている間は、刀は大きい方がよかったのである。

このように重い甲冑と長大な太刀を使っている時代には重要なのは力であって技術ではなかった。したがって、武芸が高度に発展して分化するということも起こらなかったのである。

こうした時代に大変化をもたらしたのが鉄砲の登場だった。重い甲冑を着て動き回るためには馬が必要だが、鉄砲の前には馬に乗った重装備もあまり役に立たなかった。そこで、あまりに頑丈な重々しく動きにくい甲冑は廃《すた》れ、軽く動きやすい甲冑が登場するようになった。この変化が、戦場における武芸が複雑で高度なものへと発展するきっかけとなったのである。

剣豪の祖ともいえる人々が登場し始めたのはまさにこのような時代で、彼らは剣豪というよりは達人武芸者というべき存在だった。彼らは剣術においてすぐれていたがそれだけにすぐれているのではなかった。そもそも、この時代には武道あるいは兵法（江戸時代以降は城攻めや用兵法などを意味した）といえば剣だけではなく、槍、長刀、組討ちなどすべてを含んだ総合的武術を意味した。戦場において敵に勝つのに、道具がなんでもいいのは当然だからだ。

とはいえ、戦場での武芸が高度になり、修得するのが困難になってくれば、それぞれの武芸が独立したものとなるのは当然の成りゆきだった。この結果、槍術や柔術と同じように剣術もまた独立した武芸となり、数多くの剣豪たちが登場するようになったのである。

関東七流と京八流

◈神話的・伝説的な剣の流派

最初の剣豪といえる人たちが登場したのが戦国時代であることは確かだが、剣術に限らず、すぐれた技芸は何の伝統もないところには育たないものだ。だから、剣豪たちの技芸と直接の結びつきはないといっても、彼らの登場する以前の時代に、剣の伝統がまったくなかったというわけではない。剣は弥生時代や古墳時代の遺跡からも出土されているのだから、数は少ないといってもいつしか剣の伝統が生まれるのは当然といえる（考古学的には剣は両刃で、片刃のものを刀というが、ここでは刀の意味で用いている）。

こうした伝統の中で、剣豪の時代と多少の関係があるものとして、関東七流《かんとうしちりゅう》および京八流《きょうはちりゅう》と呼ばれる二種類の剣技の流れを認めることができる。

関東七流は鹿島七流とも呼ばれるもので、常陸《ひたち》国（茨城県）の鹿島神宮の神官の長たち七人によって古くから伝えられたものである。鹿島神宮は延喜式に定められた名神大社《みょうじんたいしゃ》で、軍神・タケミカヅチ神（武甕槌神）を祭っている。タケミカヅチ神は日本神話において、地上の国を平定するためにフツヌシ神（経津主神）とともに高天原から舞い降り、霊剣・十柄剣《とつかのつるぎ》を切っ先を上にして波の上に立て、地上の王であるオオクニヌシ神（大国主神）を威嚇し、国譲りを承諾させた神である。このため、古くから人々の尊崇を集め、とくに軍陣に旅立つ者はこの神宮を拝してから出発したので、後代には軍旅に立つことを鹿島立ちというようになった。こういういわれのある神社だから、武道の中でもとくに刀術に関心が深いのも当然で、いまから約千六百年も昔に国摩真人《くになずのまひと》が神託によって授かったといわれる神妙剣の奥義を「鹿島の太刀」と称して、神官たちが伝えていたのである。この神官の家系が七つあったので、これを鹿島七流と呼ぶが、この系譜から塚原卜伝のような大剣豪が輩出されたのだから、剣豪の時代にもかなりの影響を与えたといえるだろう。

鹿島神宮から十五キロほど離れた場所には香取神宮があるが、ここにはタケミカヅチ神とともに地上にやってきたフツヌシ神が祭られている。さきの神話からもわかるようにフツヌシ神も軍神で、古くから尊崇されており、香取神宮の神官たちも武術の鍛錬に励み、とくに槍術が盛んだったといわれる。

こんなわけなので、鹿島・香取の地は関東の剣法の聖地ともいえる場所で、武術を志す者の多くがこの地を訪ねてきたのである。日本剣道の始祖といわれる飯篠長威斎《いいざさちょういさい》もこの地で鍛錬し、天真正伝香取神道流を興したのである。

これに対して、京八流は関西に伝わった刀術の流派で、鬼一法眼《きいちほうがん》に始まっている。鬼一法眼は謎の人物で、実在したのかどうかも不確かだが、『義経記《ぎけいき》』によれば、京の一条堀川に住んでいた陰陽師で、文武両道の達人だったという。この鬼一法眼が鞍馬の衆徒八人に剣術を伝えたことから、京八流が興った。鞍馬の八人の衆徒の中には義経《よしつね》も含まれていたというのだから、鬼一法眼が十二世紀の人だとわかるが、宮本武蔵と戦ったとされる吉岡憲法の吉岡流も、京八流の一つだったという。

京流の流派は流祖も伝書も不確かなので、流派として大発展することにはならなかったが、剣豪の時代以前に関東にも関西にも剣法の伝統が存在していたことはわかる。こうした前提があって初めて天才的な剣豪たちが一人、また一人と登場するようになったのである。

剣豪の時代の甲冑

剣豪たちが登場した戦国時代には当世具足と呼ばれる形式の甲冑が使用された。戦国時代には数多くの甲冑が必要とされたので、以前のものよりも作りの簡素な甲冑が生産されるようになり、これが新時代の甲冑という意味で〝当世具足〟と呼ばれたのである。この時代の合戦には鉄砲も使用され、武道も進歩したので、簡素といっても胴の隙間が少なくなるなどいろいろな工夫が施され、甲冑の防御率は高かった。甲冑というのは基本的に鉄片を綴《と》じ合わせたり、鉄板を打ち出して作られたものだから、その上から刀で斬れるようなものではなかったのである。ただし、立派な甲冑をつけられるのは経済力のある武士だけで、足軽のような下級武士は主人から貸与された簡単な御貸具足《おかしぐそく》という甲冑をつけた。

御貸具足

当世具足

流祖　念流《ねんりゅう》

念阿弥慈音
ねんなみ・じおん

◆正平六年〜没年不詳（一三五一〜？）
◆名は慈恩とも書く。俗名は相馬四郎義元。

◈日本最古の剣術流派の祖

足利時代に登場した念阿弥慈音は、日本の剣術流派の流れの中で、一番最初に位置する剣豪である。古いだけに真の姿がはっきりせず、伝説的で神秘的な人物だが、慈音の影響下から多くの流派が生まれることになった。

慈音は諸国を巡って兵法を教え、その高弟に坂東《ばんどう》八士、京六士といわれる十四人がいたといわれている。

二階堂右馬助《にかいどううまのすけ》、赤松三首座茲三《しゅそじぞう》、猿神前《さるごぜん》、堤宝山《ていほうさん》（堤法讃とも書く）、畠山古泉入道《はたけやまこせんにゅうどう》、沼田法印、塀和豊前守《はがぶぜんのかみ》、甲斐《かい》豊前守、中条兵庫頭長秀、土岐近江守《ときおうみのかみ》、京極民部少輔《きょうごくみんぶのしょう》、四宮《しのみや》弾正左衛門《だんじょうざえもん》、潮肥後守《うしおひごのかみ》、畠山駿河守《するがのかみ》である。

このうち、二階堂右馬助は二階堂流、赤松三首座は正法念流・馬庭《まにわ》念流、堤宝山は宝山流、中条兵庫頭は中条流、猿神前（年代はあわないが、愛洲移香斎《あいすいこうさい》に擬せられている）は陰流、沼田法印は丹石流を興した武芸者である。

幕末に七百五十以上もあった剣術流派の中で最も隆盛したのは三大流派である陰流、中条流、神道流であるが、このうち中条流と陰流が慈音と関係づけられているのは注目にあたいする。猿神前という人物を愛洲移香斎と同一視するなどは相当なこじつけには違いないが、それほどまでに慈音の影響力が大きかったということだろう。

しかし、そうはいっても、慈音がどのような剣豪だったのか、事実はほとんど闇の中である。

『日本武芸小伝』では、慈音は九州鵜戸《うど》の岩屋に籠もり、夢の中で刀術の妙を得たとだけ紹介されている。ずっとのちのことではあるが、陰流を興した愛洲移香斎もまた鵜戸の岩屋に籠もったという伝説がある。移香斎はここで蜘蛛《くも》に化けた老翁から剣術の妙を悟ったとされているから、慈音にもまた同様の神秘的体験があったのかもしれない。

群馬県高崎市吉井町にある樋口家は現在まで馬庭念流を伝える宗家として知られるが、同家に伝わる文書にも慈音について述べたものがある。

それによれば、慈音は奥州相馬《おうしゅうそうま》の人、相馬四郎左衛門忠重《ただしげ》の子である。忠重は強弓をもって名があり、新田義貞《にったよしさだ》に属し戦功があったが、悪人のために殺された。このとき慈音は五才。乳母に育てられた慈音は七才で相州藤沢の遊行上人に弟子入りし、念阿弥と称した。父の仇討ちのために剣術を習い、十才のときに京都鞍馬山で修行中に異界の人に会って妙術を授かった。鎌倉寿福寺の神僧から秘伝を受けたのが十六才、十八才のときには九州は筑紫《つくし》の安楽寺で剣の奥秘を感得したとされている。『日本武芸小伝』にあるように鵜戸の岩屋で神秘的体験をしたとすれば、おそらくはこのころのことだろう。こののち、慈音は還俗して相馬四郎義元《そうましろうよしもと》を名乗って父の仇討ちを果たすが、それから禅門に入って名を慈音と改めたのである。それ以来、慈音は剣法修行のために諸国を巡ったが、応永十五年（一四〇八）ごろには前述したように坂東八士、京六士といわれる十四人の弟子がいたという。なお、樋口家文書によれば、樋口念流（馬庭念流）の祖とされる樋口太郎兼重《ひぐちたろうかねしげ》も十四人の一人だったとされている。

これが樋口文書の伝える慈音だが、異界の人だとか神僧だとかが登場して、相変わらず謎めいていることに変わりない。とはいえ、誕生期の剣豪たちにこの種の神秘体験が多いことも確かである。剣の道を極めるために神仏に祈り、極限状態まで自分を追い込めば、神秘体験は誰にでも起こり得る。だから、いくら謎めいているからといって、彼らが剣豪であったことを否定することにはならないのである。

流祖 中条流《ちゅうじょうりゅう》

中条兵庫頭長秀

ちゅうじょう・ひょうごのかみ・ながひで

◆生年不詳～至徳元年（?～一三八四）
◆兵庫助、左衛門尉、出羽守とも称する。

中条兵庫頭長秀は室町時代初期に中条流を興した剣豪である。

中条流という流派名はのちに消えることになるが、その道統は数伝して越前の富田家に受け継がれて富田流となり、ここから富田一放《とだいっぽう》の一放流、長谷川宗善《むねよし》の長谷川流、阿波賀《あわが》小三郎の阿波賀流、鐘巻自斎《かねまきじさい》の鐘巻流が生まれ、さらに伊藤一刀斎の一刀流へと大発展することになる。このため、中条流は多くの流派の源流として、よく知られた名前になったのである。

◈のちに一刀流を生み出した中条流の祖

長秀が中条流を興したのは謎の剣豪・念阿弥慈音から剣槍の術や禅を学んでのちのことだが、長秀にはもともと剣の素養があった。

中条家は源頼朝の八男・八田知家《はったともいえ》から起り、代々北条氏の有力御家人だった。長秀の祖父・頼平《よりひら》のときに三河庄高橋庄の地頭となったが、足利時代になっても中条家の威勢は大きく、長秀もまた地頭職の他に、室町幕府の評定衆、寺社奉行、守護、恩賞方を歴任した。教養人で、歌人としても知られていた。が、たんに有力な官僚だっただけでなく、中条家にはいつのころからか、「中条流平法」という家伝の刀術が興り、代々伝えられていた。長秀が最初に身に付けたのもこの兵法だった。そのうえで、彼は慈音から剣槍の術と禅を学び、中条流として大成したのである。

中条流について詳しいことはわからないが、中条流という名前からもわかるように、この流派の中心は中条家に伝わっていた「中条流平法」にあるといわれる。例えば、慈音の教えには兵法の手数が数多くあり、棒の技法まで含まれていたが、長秀はこれらの技法を取捨選択して三十三とし、刀術中心の剣法に改めたという。

「中条流平法」というように、中条家では兵法のことを〝平法〟と記したが、中条流においてもそれは受け継がれた。「平らかに一生ことなきをもって第一とする。戦いを好むは道にあらず」というのがその思想である。長秀の時代の刀術が鎧を着て戦場で戦うための鎧剣法だったことは確かだが、そんな混乱の時代に中条家の人々がどれほど強く平和を望んでいたかをここに見ることもできるだろう。

剣豪という存在には、ただひたすら勝ち続けてその強さを誇るタイプと、剣は平和のためと考え、できることなら剣など使わない方がよいと考えるタイプと二つあるといわれる。のちに登場する剣豪でいえば、前者の代表は一刀流の小野次郎右衛門忠明であり、後者の代表は柳生流の柳生宗矩《むねのり》である。この意味では、中条兵庫頭長秀は、剣法を平和のために用いようとした剣豪の先駆者といえるかもしれない。

流祖　天真正伝香取神道流　てんしんしょうでんかとりしんとうりゅう

飯篠長威斎家直

いいざさ・ちょういさい・いえなお

◆元中四年～長享二年（一三八七～一四八八）
◆通称、山城守、伊賀守。

◈日本兵法中興の祖といわれる剣豪

飯篠長威斎家直は幼少のころから下総《しもうさ》にある鹿島・香取の地で剣の修行に励み、天真正伝香取神道流（略して神道流という）を興した剣豪である。

鹿島・香取の地は古くから兵法の聖地のような場所だった。鹿島には鹿島神宮の神官七人によって古くから伝えられた刀術があり、関東七流（鹿島七流ともいう）と呼ばれていたし、香取神宮は上古より武神、軍神として崇められる経津《ふつ》主命《ぬしのみこと》を祭っており、槍術が興った地として知られていた。俗に、〝兵法は東国から〟といわれるのも、関東に鹿島・香取の地があるからだった。が、『日本武芸小伝』によれば、この地の名があまねく世上に広まって尊信を集めるようになったのは長威斎が神道流を興したからとされており、長威斎のことを「中興刀槍の始祖」だと記している。実際にも、神道流の門流からは塚原卜伝、松岡備前守政信、師岡一羽《もろおかいっぱ》などの剣豪が輩出し、神道流は一刀流、新陰流とならぶ三大流派の一つに発展している。長威斎が「中興刀槍の始祖」と呼ばれるのも当然なのである。

長威斎が神道流を興した経緯については次のような話が伝わっている。

長威斎は下総飯篠村《いいざさむら》（千葉県香取郡多古町）に生まれ、幼少のころから武技を好み、刀槍術の鍛錬を怠らなかった。一時期、京都に出て足利将軍家に仕えたともいわれるが、六十才のときに香取神宮の境内にあった梅木山に移り、立木を相手に練習を続けた。常に鹿島・香取両神に祈願することも忘れなかった。この期間が一千日。その満願の日に夢中に神伝を得て、剣の精妙を悟ったという。それゆえ流派を〝天真正伝〟としたので、『日本武芸小伝』には天真正とは鹿島・香取両神のことだと記している。明治初年ごろに書かれた『天真正伝香取神道流兵法』という伝書では、天真正が神変童子の姿で長威斎の前に現れ、剣書一巻を授与したと記されているが、『関八州古戦録』によれば天真正とは実は河童《かっぱ》で、鹿伏兎刑部少輔《かぶとぎょうぶしょう》という人物がその伝を受けて長威斎に伝えたのだという。

いずれにしても、神道流を興してからの長威斎の剣技はほとんど神業の域に達していたのに違いない。文久元年の日付のある『天真正伝新当流伝脈《でんみゃく》』によれば、長威斎は生涯の間に偽剣で戦ったことが七十回以上、真剣で戦ったことが三度あり、一度も負けなかったとされている。

しかし、神道流はけっして剣技だけを含むものではなかった。香取の地は槍術の盛んな地だったので槍を含むのは当然だが、その他にも柔術、居合、棒、長刀、手裏剣、忍術、軍配法《ぐんばいほう》、築城法まである総合武技だった。

また、中条流の影響があったのか、兵法よりも平法が重要視された。つまり、戦わずして勝つということである。これに関しては、長威斎が〝熊笹の対座〟と呼ばれる謎の術で敵を追い払ったという話がある。中興刀槍の始祖ともいわれる剣豪となれば、挑戦しにやってくる武芸者も多かったが、そんな武芸者がやってくると長威斎はいつも熊笹の茂みのうえに座って見せたという。それを見た挑戦者たちはみな目を見張った。長威斎が座っても熊笹は少しも折れもせず立っており、長威斎はまるで熊笹のうえに浮かんでいるようだったからだ。このため、挑戦者たちは長威斎と戦うことなく自分の負けを悟り、黙って立ち去ったというのである。

流祖 陰流《かげりゅう》

愛洲移香斎久忠

あいす・いこうさい・ひさただ

◆享徳元年〜天文七年(一四五二〜一五三八)
◆通称、太郎左衛門、日向守。愛洲惟孝と書かれたものもある。

◈柳生新影流の源流となる陰流の祖

愛洲移香斎久忠は江戸時代に隆盛を極めた柳生新影流の源流となる陰流を興した剣豪である。新影流を興した上泉信綱はしばしば日本一の剣豪といわれるが、『撃剣叢談《げきけんそうだん》』では上泉は愛洲移香斎から直に陰流を学んだとされている。ただし、年代から考えてもこの説には無理があるので、一般的には上泉が学んだのは移香斎の息子の小七郎宗通《むねみち》からだったろうといわれている。

他の剣豪たちと同じように移香斎もあちこち武者修行をしたとされているが、愛洲氏の本拠地は伊勢で、熊野海賊の一党として貿易や略奪といった海賊業を家業としていた。熊野海賊はのちに滅亡することになるが、移香斎の若いころにはまだ海賊業が盛んで、彼もまた海賊船に乗って朝鮮や中国の沿岸地方まで荒し回ったという。移香斎にとっては海賊家業も武者修行だったのかもしれない。

そんな移香斎が剣の奥義を悟ったのは三十六才のときだった。この年に移香斎は九州日向国の鵜戸《うど》の岩屋に参籠《さんろう》し、その満願の日に神が現れて奥義を伝えたのである。鵜戸の岩屋は現在の宮崎県日南市にある鵜戸神宮のことで、「剣法発祥乃聖地」とされているが、移香斎よりも以前に念阿弥慈音もこの地で剣の精妙を悟ったとされているから、かなり古い時代から剣法にゆかりがあったのだろう。また、坂東八士、京七士といわれた十四人の慈音の弟子の中で、猿神前《さるごぜん》と呼ばれている者の孫が移香斎だという説もあるので、念流と陰流に何らかの関係を見ることもできる。

鵜戸の岩屋で移香斎に現れた神については、『柳生流新秘抄』では猿の姿をしており、奥義を示し、移香斎に一巻の書を授けたとされているが、移香斎から八代目の後裔・平沢《ひらさわ》主水通有《もんどみちあり》の編纂した『平沢家伝記』では蜘蛛の姿をしていたとしている。これによると、二十一日間の鍛錬と祈りの満願の日の明け方に、ふいにろうそくの火が明滅したかと思うと一匹の蜘蛛が移香斎の目の前に下りてきた。移香斎はすぐにもこれを捕らえようとしたが、蜘蛛がひらりひらりと身をかわすのでなかなか捕まらない。移香斎はさらに必死になって蜘蛛を捕まえるために体を動かした。と突然、その動きの中に剣の秘訣を見出したのである。このとき、蜘蛛が老翁の姿になり、「おまえの熱心さがわかったのでこの術を授ける」といい、移香斎が術の名を問うと、「陰流」と答えたという。

もちろん、本当に神が出現したなどと考えるのは神秘的すぎるかもしれない。同じようなことが、柳生新影流の剣豪・柳生十兵衛の書いた『月の抄』にもあるが、ここでは蜘蛛の動きから「極意神妙剣」、向こう岸の揺れる柳の枝に飛びついて川を越えた猿の動きから「猿回」、空を旋回する燕を見て「燕飛」という太刀を悟ったと説明している。つまり、移香斎は動物たちの動きをヒントに剣の奥義を悟ったということだ。これなら大いにあり得るし、昔の人のことだから、このような動物の動きに神の力を感じたとしても少しも不思議はないだろう。

とにかく、こんなことがあって移香斎は剣の奥義を悟り、自らの流派を〝あいすかげノ流〟(陰流)と呼んだわけだが、陰流の流れを汲む柳生新影流では、陰流の陰は外に現れた動き(陽)ではなく、目に見えない心を指すと考えている。柳生流の教えの中に相手との駆け引きやフェイントに関する部分が多いのもこのためだ。移香斎は柳生流が生まれるより百年も昔の、まだ鎧兜で戦場で戦うことを目的とした時代の剣豪なので、剣技の内容がそれほど洗練されたものだったとは考えにくいが、相手に応じて変化しながら戦うという要素は陰流の中に最初から含まれていたのではないだろうか。

この陰流はのちに上泉信綱によって新影流となり、柳生石舟斎宗厳《むねよし》にいたって有名な柳生新影流となるが、ひょんなことから中国にも伝わって紹介されることになった。移香斎の死から二十二年後の一五六一年のこと。日本の和冦《わこう》が中国沿岸を襲ったが、どういうわけかこの和冦の中に一巻の陰流の目録を持っていたものがおり、明軍に敗れて逃げ帰る際にそれを落としてきた。この目録がのちに明の茅元儀《ぼうげんぎ》の撰した『武備志《ぶびし》』に採録されたのである。おもしろいのは、この目録では剣技を説明するのに猿のイラストが用いられていることで、移香斎が猿の動きから剣の奥義を悟ったという伝説をほうふつとさせるのである。

太刀と刀

本書ではとくに区別していないが、太刀と刀は厳密には違うものである。

太刀も刀も刀身長が二尺（約六十センチ）以上という点で一致しているが、太刀は基本的に馬上で佩用《はいよう》し、敵をなぎ払うためのものなので反りが高いという特徴がある。南北朝時代には敵を打ち叩くように使用したので反りは浅くなったが、長大なものが多く、三尺を超えるものがよく使用された。また、太刀は腰に差さないで、刃を下にしてぶら下げて佩用した。

これに対して刀は地上対地上で使うもので、白兵戦が主流となった戦国時代ころからよく用いられるようになった。白兵戦では必要なときに瞬時に刀を抜く必要があるので、反りは浅く

太刀

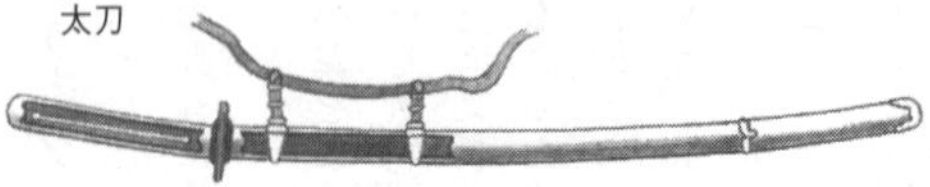

刀

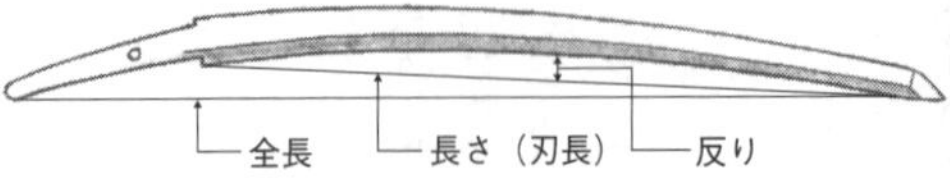

なり、刃を上にして腰に差すように用いられた。長さも短くなり、江戸時代には二尺三寸五分くらいに落ち着いてきたのである。

日本刀にはこのほかに脇差と短刀があるが、脇差は長さにより大脇差（一尺八寸以上二尺未満）、中脇差（一尺三寸以上一尺八寸未満）、小脇差（一尺以上一尺三寸未満）にわけられ、一尺未満のものは短刀と呼ばれている。

剣道で使う竹刀の長さは全長で呼ぶのが普通だが、刀の場合は長さといえば普通は刀身の長さを表すことになっている。そこで、「二尺三寸の刀」とか「三寸の刀」といえば、刀身だけでそれだけの長さがあるということになる。

第二章　三大流派の剣豪たち

◆上泉伊勢守信綱
◆丸目蔵人佐
◆疋田文五郎
◆柳生但馬守宗厳
◆柳生但馬守宗矩
◆柳生十兵衛三厳
◆柳生兵庫助利厳
◆高田三之丞為長
◆柳生連也斎厳包

◆松本備前守政信
◆塚原卜伝
◆根岸兎角
◆斎藤伝鬼坊勝秀
◆富田勢源
◆富田越後守重政
◆伊藤一刀斎
◆小野次郎右衛門忠明
◆小野次郎右衛門忠常

神道流・柳生流・一刀流

◈江戸時代初期に最も隆盛した三つの流派

戦国時代に産声を上げた剣術の伝統は、戦乱が打ち続いた室町末期～安土・桃山時代の実戦にもまれながら成長した。現在でも有名な剣豪たちが、この時期に次々と登場した。

天才的剣豪の登場は、当然のように剣術の流派を発展させた。この時代には後代のように竹刀で行われる剣術の試合などなく、試合といえばよくて木刀、下手をすれば真剣で行われた。だから、ほとんどの試合は命がけのもので、天性の才能に恵まれていなければ、剣豪として生き残ることはできず、天才的剣豪の登場した流派だけが発展したのである。

こうして江戸時代初期になったとき、剣術の流派として大きな勢力を持ったものが三つあった。飯篠長威斎家直を流祖とする神道流、愛洲移香斎の陰流から発展した柳生新影流、中条兵庫頭長秀の中条流の流れを汲む一刀流である。

これらの流派が発展したのは、先にいったように、天才的剣豪が数多く輩出されたからである。

飯篠長威斎の門流からは塚原卜伝が登場し、新当流を興した。彼は「一《ひとつ》の太刀」という極意を体得し、向かうところ敵なしの剣豪として一世を風靡した。その弟子には、北畠具教《きたばたけとものり》、足利義教《よしのり》など多くの大名や将軍までが集まった。

愛洲移香斎の門流からは、日本一の剣聖とさえいわれる上泉伊勢守信綱が出て新影流を大成した。上泉の弟子にはタイ捨流を興した丸目蔵人佐《くらんどのすけ》や疋田《ひきた》陰流を興した疋田文五郎などがいるが、なんといっても有名なのは柳生新影流を興した柳生石舟斎宗厳《せきしゅうさいむねよし》である。この柳生流は、宗厳の息子・宗矩《むねのり》が徳川秀忠の師範となってから、代々にわたって江戸将軍家の師範役を務め、大いに発展した。それだけに、有名な剣豪の数も多いのである。

中条兵庫頭の流れを汲む一刀流も、柳生流と並んで江戸将軍家の師範役を務めたことで有名である。中条流の門流からは富田勢源のような魅力的な剣豪が出るが、やがて伊藤一刀斎に至って一刀流が大成された。そして、一刀斎の弟子・小野次郎右衛門忠明が将軍家の兵法師範となったことで、一刀流も大きな権威を手に入れ、のちに多くの分派を生んで発展することになったのである。

以上が江戸時代初期に繁栄した三大流派の概要だが、それぞれの剣豪を見るのに流派にこだわる必要はないだろう。流派にはそれぞれの特徴があることは確かだが、流派の特徴が剣豪を作ると考えるのは適切ではないだろう。影響関係はむしろ逆であって、あくまでも剣豪の特徴が流派を形作っていくのである。三大流派には数多くの剣豪が登場するので、戦国時代に興った剣術流派がどのようにして発展したかを見るにはうってつけだが、この流れを追ってみても、個々の剣豪の個性がいかに重要かがわかるのである。

陰流　新影流《しんかげりゅう》

上泉伊勢守信綱

かみいずみ・いせのかみ・のぶつな

◆永正五年頃～天正五年（一五〇八頃～一五七七）

◆名は秀長・秀綱・信綱。通称、源五郎、伊勢守、武蔵守。流派名は「新陰流」とも書く。

◆陰流を学び新影流を創始

上泉伊勢守信綱は愛洲移香斎の陰流を学び、独自の工夫を加えて新影流を創始した戦国時代の剣豪である。

信綱は戦国時代最中の永正五年（一五〇八）、上州は大胡《おおご》（群馬県前橋市大胡町）の城主・上泉憲綱《のりつな》の子として生まれたが、上泉の家は俵藤太《たわらのとうた》（藤原秀郷《ふじわらのひでさと》）の流れを汲む武門の名家で、少年時代から禅を学び、同時に剣法を学ぶことになった。彼はまず鎌倉に出て、念阿弥慈音を流祖とする念流を学び、さらに下総香取において、飯篠長威斎を流祖とする神道流を学んだ。このとき、神道流を学んでいた先輩にはすでに有名だった塚原卜伝がおり、信綱とも交流があったといわれている。こののち、信綱は常州鹿島に赴き、今度は陰流の祖・愛洲移香斎から直に陰流を学んだのである。愛洲移香斎は享徳元年（一四五二）生まれであり、信綱の師とするにはいささか高齢でありすぎることから、信綱に陰流を教えたのは移香斎の子・愛洲小七郎宗通《むねみち》（元香斎《げんこうさい》）ではないかともいわれるが、いずれにしても信綱は師の門弟中でも際だった才能を見せ、愛洲移香斎は信綱を目にかけ、陰流の極意すべてを授けたのだという。

陰流を身に付けた信綱は故郷大胡城に戻るとしばしば赤城山に籠もり、さらに研鑽に励んだ。こうして、彼は陰流を発展させて体系化し、ついに「新影流（新陰流）」を創始したのだといわれている。

しかし、この当時の信綱は、剣豪としてよりも、まず初めに武将として生きる必要に迫られていたのだった。

◈時代に翻弄された群小豪族

信綱は享禄《きょうろく》二年（一五二九）、二十二才の時に伊勢守と称するようになり、大胡城の若大将になったとされるが、いかに武門の名家といっても群小豪族に過ぎない上泉が戦国の世を生き延びるのは大変だった。当時、上泉家は関東管領上杉家の配下に属していたが、小田原の北条家がこの関東を虎視眈々と狙っていた。天文十五年（一五四六）には、関東管領・上杉憲政《のりまさ》は北条氏康《うじやす》に敗れて上野の平井城に逃れた。天文二十年になると、氏康の関東進出は本格化し、憲政の立てこもる平井城も、上泉家の大胡城も一度は北条の手に落ちた。上杉憲政が長尾景虎（のちの上杉謙信）を頼り、その後援を得たことで関東は再び奪還され、上泉信綱は箕輪《みのわ》城主・長野信濃守業正《なりまさ》の配下として戦うことになったが、腕に覚えのある信綱は関東から北条を追い払うための戦いで大いに活躍したという。信綱は主君から「上野国《こうずけのくに》一本槍」という感状をもらい、「長野家十六人槍」の筆頭に数えられた。

しかし、時代の流れはいかんともしがたかった。やがて名将とうたわれた長野業正が死に、北条氏康と盟約を結んだ武田信玄の軍に襲われて箕輪城も落ち、業正の子・業盛《なりもり》は自刃、上泉信綱は桐生城に身を寄せたのである。

この時期、上泉信綱は群小豪族の武将としての自分の境涯に深い無常観のようなものを感じていたらしいとよくいわれる。そして、彼は武将として生きる道を捨て、剣一筋に生きることを決意したのだという。

上泉信綱は剣豪としてはもちろん武将としても優れていたので、信綱が桐生城にいることを知った武田信玄は、是非とも自分に仕えるようにと再三再四信綱を誘った。が、今後は剣一筋にいきようと心に決めた信綱はこの誘いを固辞し、自分は決して武田家以外には仕えないし、もしそのようなことがある場合は必ず信玄の許可を得るという誓紙を信玄に入れ、新影流を天下に広めるために諸国回遊の旅に出発したのである。永禄六年（一五六三）のことで、旅には息子・上泉秀胤《ひでたね》、高弟・疋田文五郎、神後伊豆守宗治《むねはる》が従った。

ところで、信綱の名は最初は秀長、のち秀綱といったが、このときに信玄から信の字をもらって信綱と改めたのだといわれている。

新影流　系図

- **愛洲移香斎（陰流）**
  - 愛洲小七郎宗通
    - **上泉伊勢守信綱（新影流）**
      - **疋田文五郎（疋田陰流）**
      - **丸目蔵人佐（タイ捨流）**
      - 奥山休賀斎公重（神影流）
      - **柳生石舟斎宗厳（柳生新影流）**

※太字は本書で紹介している剣豪

◈人を活かす〝活人剣《かつにんけん》〟

永禄六年に始まった上泉信綱の諸国回遊の旅は、新影流の名を一層有名なものにした。新影流の名は日本国中はおろか、中国にまで伝わったといわれている。信綱はこの旅の途中で京都に滞在したことがあるが、この際に信綱は、のちにタイ捨流を開いた丸目蔵人佐を打太刀として、十三代将軍足利義輝《よしてる》に兵法を上覧した。このかいあってか、元亀元年（一五七〇）には、将軍義昭の奏請によって信綱は従四位下に叙せられている。さらに、一説によれば翌年には正親町《おおぎまち》天皇に刀法を天覧するという栄誉も手にしたという。それほどにも信綱の名声が高かったということだろう。

では、これほどの達人の剣とはいったいどのようなものだったのだろうか？　このことを考える上で、最も重要なキーワードとなるのが〝活人剣〟である。

活人剣は殺人刀《せつにんとう》と一対を成す刀法で、柳生新影流にも伝わっているが、新影流では特別な秘事とされていたものである。永禄十年、信綱は丸目蔵人佐に新影流の奥義「殺人刀太刀・活人剣太刀」の免許を下付しているが、活人剣については秘事にあたるので、むやみに人に教えてはいけないという条件を付けたほどである。

秘事であるだけに活人剣の定義はなかなか難しい。一般的には、文字どおり、人を殺す剣ではなく、活かす剣だと解釈されている。剣法である以上はある場合には剣を振るって人を殺すことになるわけだが、それにしてもむやみやたらと殺すわけではない。例えば、ある凶悪な人間のために多くの人々が苦しんでいるとしよう。このような場合には、凶悪な人間を殺すことで他の大勢の人々が生きるようになる。これが、活人剣である。信綱にあっては、剣法はたとえ人を斬ることがある場合でさえ、決して殺すことが目的ではないのである。新影流の殺人刀・活人剣は柳生新影流にも伝わっているが、柳生流においては構えのあるものを殺人刀、ないものを活人剣と呼ぶともいわれている。剣法に構えは付き物だが、構えの中には多少なりとも人を殺すという意図が含まれるに違いない。したがって、構えがないとは、人を殺すという意図がないことに他ならないだろう。信綱の剣法はこのようなものだったのである。

こんな信綱の剣法を伝えるものとして、次のような逸話が有名である。

信綱が諸国回遊の旅の途上にあったときのこと。ある村（愛知県一宮市付近という説がある）にやって来た信綱はたまたま村人たちが集まって騒いでいるところに通りかかった。不審に思って問いかけると、「暴漢が子供を人質にしてそこの家に閉じこもってしまい、村民たちが取り囲んだものの、どうしたらよいかわからず、子供の両親も悲しんでいる」ところだという。

これを聞いた信綱はすぐにも、「その子供は私が取り返してやろう」といい、偶然通りかかった僧を呼び止めた。「子供を取り返す謀略があるが、私の頭髪を剃り、法衣を貸してはもらえまいか」

僧は承知し、さっそく信綱の頭髪を剃ると、着ていた法衣を脱いで渡した。

信綱は法衣を着ると握り飯をふところにいれて問題の家に向かった。

暴漢は「近づくな！」と叫んだが、信綱はかまわずに戸を開けた。

「人質の子供が腹を減らしていると思って、握り飯を持ってきただけじゃ。坊主というのは慈悲をもって行としているので、こんなときに知らぬ顔はできないのでな。どうかその子の手をしばらくゆるめてやってくれぬか」

いいながら、信綱は握り飯を一個取り出して子供に投げ与えた。さらにもう一個を取り出すと、「あなただって腹が減っているだろう。これを食べなされ」といって暴漢の前に投げ出した。

暴漢もさすがに腹が減っていたらしく、思わず手を伸ばした。この瞬間、信綱は暴漢に飛びかかって押し倒し、子供を奪って家の外へ脱出したのである。これを見た村人たちは暴漢を引きずり出すとよってたかって殺してしまった。

信綱が法衣を返すと僧は「あなたは本当に豪傑だ。私は僧ではあるが、あなたが勇剛の人で、剣術上で立派な悟りを開いた人だということがわかります」といって、掛羅《から》（略式の袈裟《けさ》）を渡した。これ以降、信綱はそれを秘蔵し、手放さなかった。

この逸話の中で、信綱ほどの剣豪が剣を用いていないことが、いかにも信綱らしいところだといわれている。信綱にしてみれば、剣を振るって暴漢を退治するなどいとも簡単なことだったに違いない。しかし、この場面では、暴漢を退治する以上に子供を救出することが大事だった。それならば、剣などない方がいい。信綱はそのことをよく知っていたのである。

これが信綱の剣法だった。村人は気がつかなかったかも知れないが、眼力に優れた僧は気がついた。僧の言葉の中にある「立派な悟り」こそ、活人剣の境地に他ならないだろう。

◈柳生但馬守宗厳《たじまのかみむねよし》を破る

上泉信綱の諸国回遊の旅は新影流を広めるためのものだったので、信綱は他流派の剣客たちとも試合を行っている。これらの試合の中でも特筆すべきなのは、やはり柳生但馬守宗厳との試合である。

この試合において、信綱の強さは圧倒的だった。

柳生宗厳はのちに柳生新影流を興し、日本一の剣豪ともいわれた人物である。しかし、宗厳がそれほどの剣豪になりえたのも、信綱との出会いがあったからに他ならなかったのである。

永禄六年の夏も終わろうとする頃である。上泉信綱は伊勢の国司・北畠具教《とものり》の邸を訪れた。具教は塚原卜伝から新当流（卜伝流）の極意「一の太刀」を直々に受け継いだ剣豪で、その配下にはあまたの武芸者がいたという。信綱にしてみれば、それらの武芸者の中に自分の相手になる者はないかという思いもあったのかも知れない。が、このとき具教が信綱の相手になる者として名を挙げたのは配下の者ではなかった。その人物こそ、柳生但馬守宗厳だった。

柳生家は代々大和国の小柳生庄を支配した地方豪族で、宗厳は小柳生城の城主だった。この頃の宗厳はもちろん新影流ではなかったが、剣においては達人で、新当流を学び、その腕前は五畿内随一とうわさされていた。

「信綱殿の相手になる者は、この柳生宗厳をおいてあるまい」と北畠具教がいったのである。

具教の紹介を受けた信綱はさっそく奈良の宝蔵院に向かった。宝蔵院の院主・覚禅法胤《いん》栄《えい》は宝蔵院流の槍術の名手で、具教とも親しかったので、信綱と宗厳の試合の立会人を務めることになったのである。

天下の剣豪・上泉信綱が自分と試合をするためにやってきたことを知らされた宗厳も喜んで宝蔵院を訪れた。

こうして、三十五才の宗厳と五十六才の信綱が試合をすることになった。

新影流二十世・柳生厳長の『正伝・新陰流』によれば、この試合は宝蔵院講堂において三日間続けて行われたという。

試合では、宗厳は木刀、信綱は自らが開発した「ふくろしない」を用いた。

その結果、信綱の圧勝だった。

三日間に三度の試合を行い、このすべてに信綱が勝った。宗厳が新当流の青眼に構え、太刀を打ち下ろそうとした瞬間、それよりも早く、信綱の太刀が宗厳の両の拳を払い、宗厳は太刀を落としてしまったのである。しかも、宗厳には自分が両拳を打たれたわけがまったくわからなかった。「まるで無形の太刀だ」宗厳はこううめくしかなかったのである。

この試合に関しては、『武功雑記』にもより興味深い話がある。

それによれば、この試合では、宗厳が木刀を使ったのに対して、信綱は何も持たない無手で対戦したという。しかも、信綱は宗厳と向かい合うと「その太刀を取ります」といい、あっという間に宗厳の木刀を奪い取ってしまったという。新影流の奥義である「無刀取り」という技である。宗厳自身ものちにはこの「無刀取り」を完成することになるが、この段階ではそれは信じられない技だった。宗厳は信綱の実力を認めるしかなかった。

こうして、信綱と宗厳の対戦は、とにかく信綱の勝利に終わった。宗厳は大いに感服し、信綱の門に入ると、是非にと懇願して彼を柳生の庄に招き、約半年にわたって新影流を教授されることになったのである。

こののち信綱は京に上り、十三代将軍足利義輝に剣技を上覧し、それからまた諸国をめぐったらしい。永禄十二年頃には再び京に戻っており、元亀二年頃まで滞在した。将軍義昭によって従四位下に叙せられたのはこの頃のことである。しかし、それ以降は信綱がどこで何をしていたか何一つ知られていない。一説によれば晩年は柳生の庄に寄寓し、そこで死んだともいわれるが、はっきりした証拠は何もないという。

◈「ふくろしない」の発明

活人剣を標榜する信綱はいかにも剣聖と呼ばれるにふさわしい剣豪である。が、信綱はただ強かったということとは別に、日本剣道史上に残る画期的な業績を残している。剣道において現在使われている竹刀の元祖ともいえる「ふくろしない」の発明である。

この「ふくろしない」は長さ一メートル、直径三センチぐらいの竹の中程を四つ、少し先を八つ、先端を十六に割り、なめした馬の革の袋に入れ、漆をかけたもので、鍔《つば》のないものだったが、これが改良されて現在の竹刀となったのである。これによって剣法の稽古が簡便化されたことはいうまでもない。

信綱が活躍した戦国期の剣術では、道場も防具もなかったので、稽古といえば太刀や木刀を使って師から形を学び、ときには立木を振り回して鍛錬した。ひとたび試合となれば、木刀ならまだしも、真剣で立ち合うこともしばしばだった。江戸時代中期頃になってさえ、多くの流派では真剣や木刀を使っての稽古が行われていた。これだけ見ても、信綱の発明がいかに画期的だったかがわかるだろう。

陰流　タイ捨流《たいしゃりゅう》

丸目蔵人佐

まるめ・くらんどのすけ

◆天文九年～寛永六年（一五四〇～一六二九）
◆名は長恵。蔵人佐、蔵人頭、石見守。

◈タイ捨流を興した無邪気な剣豪

丸目蔵人佐長恵《ながよし》は上泉伊勢守信綱の高弟として新影流を学び、のちにタイ捨流を興した剣豪である。根っからの武芸家だったらしく、最後には槍・剣・薙刀・居合・手裏剣など二十一流の奥義をきわめたといわれる。

タイ捨流は、『撃剣叢談』によれば、前後縦横に飛びめぐり、切り立て、薙立てする剣法で、かなり奇なものだったとされている。幕末時代にその切り口の激しさで恐れられた剣法に薩摩示現流があるが、この流派を興した東郷藤兵《とうびょう》衛《え》重位《しげかた》も当初はタイ捨流を学んでいる。このことからも、タイ捨流が相当に激しく、荒々しい剣法だったことが想像できる。

剣聖といわれる上泉信綱のような人格者の門流から、このように荒々しい剣法が生まれたというのは奇妙だが、これは何よりも丸目蔵人佐の性格に負うところが大きいようだ。

丸目蔵人佐は肥後（熊本県）の人である。『日本武道全集』および『武芸流派大事典』によると、彼は少年の頃から刀術を好み、十六才で父・与三右衛門尉《よざえもんのじょう》と大畑合戦に初陣し、薩摩軍と戦って軍功を立てたという。十七才から二年間は、天草の豪族・本渡《ほんど》城主天草伊豆守に寄寓し、修行した。その後、京都に上ったが、このときちょうど上泉信綱が京都に滞在しており、その門に入門した。修行に励んだ丸目の腕前は、同じく信綱門下だった柳生但馬守宗厳と肩を並べるほどだった。永禄七年（一五六四）に信綱が将軍足利義輝の前で新影流剣法を上覧したときは、蔵人佐が打太刀を務めた。その腕前に感心した将軍は、上泉の剣は天下第一で文句のつけようもなく、その打太刀を務めた丸目も日本の宝だ、という感状を丸目に与えている。

しかし、これほどの腕前だった丸目ではあるが、のちに信綱が新影流の正当な後継者として一国唯一人の印可を与えたのは、丸目ではなく、柳生宗厳だった。新影流においては、単に剣術に優れているだけでなく、人間的にも優れたものにだけ、流儀の継承が認められているが、蔵人佐は宗厳と比べると、人間的に未完成な部分が多かったということではないだろうか。

確かに、丸目蔵人佐には幾分か子供っぽいところがあった。蔵人佐は信綱のもとで修行を積み、一度肥後に帰国した後、永禄九年に、弟の丸目寿斎、丸目吉兵衛、門人の木野九郎右衛門を連れて武者修行のために再び上京した。このとき、蔵人佐は京都の愛宕山・誓願寺・清水の三カ所に四人連名で「天下一」の立て札を立て、世人に真剣勝負を挑んだのである。実力はあるにしても、いかにも子供じみた振る舞いというべきである。さすがに対戦相手になるものは一人もなく、逆に人々は丸目がそれほどの剣士か、と評判しあったという。永禄十年二月、上泉信綱は蔵人佐に極意「殺人刀太刀・活人剣太刀」の免許を与えたが、これは蔵人佐の評判が悪くなるのを心配してのことだったといわれる。しかも、この免許は特殊なもので、殺人刀長短打留までの教授は許すが、活人剣はむやみに人に教えてはならないという制限付きのものだった。

同年、蔵人佐は肥後に帰り、相良《さがら》家に出仕したが、こののちも修行を怠ることなく、諸国遍歴もやめなかった。随分たって、上泉信綱が死んだことを知った蔵人佐は大いに失望し、流名を新影流からタイ捨流に改めたのである。寛永六年（一六二九）、九十才で死んだとされている。

相良家においては、蔵人佐は長らく剣術指南を務めたので、タイ捨流はこの地に根を張り、熊本県には現在もその道統が残っている。

陰流　疋田陰流　ひきたかげりゅう

疋田文五郎

ひきた・ぶんごろう

◆天文六年〜慶長十年（一五三七〜一六〇五）
◆名は景兼、景忠、興信。通称、文五郎、分五郎、豊五郎。

◈柳生宗厳を簡単に三度破る

疋田文五郎は当初から上泉伊勢守信綱に従っていた優れた門人である。名は分五郎・豊五郎と書かれることもある。上泉信綱の甥に当たり、信綱の諸国回遊にも最初から従っていた。

信綱の弟子には柳生宗厳や丸目蔵人佐など優れた剣豪が多いが、当初は疋田文五郎がナンバーワンだったようだ。

『武功雑記』には、信綱と柳生宗厳が試合したとき、最初に宗厳の相手をしたのは文五郎で、しかもいとも簡単に宗厳を破ったという話が伝えられている。

それによれば、上泉信綱は諸国回遊の途上で偶然にも柳生の庄に立ち寄り、これを知った宗厳が信綱との試合を望んだのだという。宗厳は五畿内一といわれた剣の名手だっただけに、なんとしても信綱と戦ってみたかったに違いない。宗厳はすぐにも信綱を呼ぶと木刀を持って立ち上がった。が、信綱はなかなか承知せず、それならばまず文五郎と勝負しなさいといった。そこで、宗厳は文五郎と対戦したが、文五郎は三度対戦して、三度とも宗厳に勝ったというのである。

このとき、宗厳は三十七才だったが、文五郎はまだ二十七才の若者だった。

文五郎はこののちも信綱に従って、大いに剣の技を磨き、天正十七年（一五八九）には、関白豊臣秀次に刀槍の術を教えたほどだった。

しかし、徳川家康は文五郎の剣法に不満だったといわれている。家康は新影流や新当流を学んだことがあり、彼自身剣の腕前は相当なものだったが、あるとき文五郎の剣について次のようにいった。

「疋田は確かに名手だが、人によって必要な剣技が異なっているということを知らない。大将たるものには自ら人を斬るような剣技は必要ない。戦場などで万一の危機に襲われたとき、その場さえ逃れることができればいい。そうすればあとは家臣たちが敵を討ってくれるのだ。疋田にはその理屈がわかっていない」

これはもちろん、文五郎の剣法をおとしめるものではないが、天下を取った家康と一介の剣士に過ぎない文五郎の考えの違いがわかっておもしろい。

陰流　柳生新影流《やぎゅうしんかげりゅう》

柳生但馬守宗厳

やぎゅう・たじまのかみ・むねよし

◆享禄二年〜慶長十一年（一五二九〜一六〇六）
◆通称、新介、新次郎、新左衛門、但馬守、晩年は石舟斎。

◈徳川将軍家御流儀兵法・柳生新影流の祖

柳生但馬守宗厳（晩年は剃髪して石舟斎《せきしゅうさい》と称した）は柳生新影流の祖とされる剣豪である。柳生流といえば徳川将軍家の御流儀兵法とされた剣法である。これは、宗厳の五男・宗矩《むねのり》が徳川二代将軍秀忠、三代将軍家光の兵法師範となったことに始まるが、それ以降も代々の将軍の兵法師範を江戸柳生家（正しくは大和柳生家）の人々が世襲した。こうして、江戸時代の間に柳生の家名は大いに高まったが、このような繁栄のきっかけを作ったのが、柳生但馬守宗厳である。

◈新影流の祖・上泉信綱との出会い

柳生宗厳は大和国小柳生庄（奈良県奈良市柳生町）の小柳生城主・柳生美作守家厳《みまさかのかみいえよし》の長男として、享禄二年（一五二九）に生まれた。戦国時代もたけなわ、まさに下克上の時代だった。柳生の家は代々にわたってその地を支配する小豪族だったが、それは小豪族には厳しい時代だった。

柳生の郷のある近畿地方には、足利幕府、三好長慶、松永久秀、筒井順昭らの大勢力や、天下を狙う織田信長、豊臣秀吉、徳川家康らがおり、たがいにしのぎを削りあっていた。家厳、宗厳の柳生家は、これら大勢力と結んでは離れしながら、かろうじて生き延びているような状態だった。

永禄六年（一五六三）。そんな宗厳にとって人生の転機ともいえる出会いがあった。この年、天下の剣豪で新影流の祖・上泉信綱が数人の弟子とともに諸国回遊の旅の途上に伊勢を訪れたことから、伊勢の国司・北畠具教《とものり》の紹介で、信綱と宗厳の剣の試合がもたれることになったのである。戦乱の時代に翻弄されていたとはいえ、城主の家に生まれた者として、宗厳も剣の修行は怠らなかった。この頃、宗厳が学んでいたのは中条流とも香取神道流ともいわれるが、その腕前は五畿内随一と噂されるほどだった。信綱と試合が行われることになったのも、その腕前が知られていたからだった。

ところが、この試合で宗厳は信綱の前にいとも簡単に打ち破られてしまった。三日間に三度の試合を行い、三度とも敗れた。一説によれば、この試合で信綱は無刀で戦い、「その太刀とりますぞ」というが早いか、宗厳の木刀を奪い取ってしまったという。

信綱の段違いの強さに感服した宗厳は、信綱とその弟子・疋田文五郎らを柳生の郷に招いた。そして、約半年にわたり、信綱から直々に新影流剣法の教えを受けたのである。

この期間に、信綱は人間的にもかなり宗厳のことを気に入ったといわれている。信綱も宗厳も戦国乱世に翻弄される小豪族の家に生まれ、人生を戦乱の中に生きることのむなしさを十分に知り抜いていた。こんな環境の類似が、二人の間の人間的理解を助けたらしい。

永禄七年二月、上洛のために柳生の庄を去る前に、上泉信綱は「無刀取り」の研究を一種の宿題として宗厳に与えた。「無刀取り」は信綱が理想とする活人剣の究極の姿であり、新影流の奥義だった。そのような奥義を研究課題として与えた信綱は、このときすでに、自分の後継者は宗厳をおいて他にないと密かに確信していたのかも知れない。

その確信は当たっていた。それから一年の間に、宗厳はついに「無刀取り」の奥義を解明することになるのである。

◈「無刀取り」を完成し、新影流の後継者になる

永禄七年二月に柳生の庄を去った上泉信綱が、再度柳生を訪れたのは、約一年のちの永禄八年四月のことだった。

この期間に宗厳が、信綱が公案として残していった「無刀取り」を工夫するために、あくなき鍛錬を続けたことはいうまでもない。小柳生城跡に近い天之石立神社は、宗厳が剣法の修練を積んだとされる場所の一つだが、ここには真ん中が一文字に割れた、「一刀石」と呼ばれる巨岩がある。伝説によれば、宗厳がこの場所で毎夜剣技を磨いていると、ある

夜、白衣の天狗が出現したので、一刀のもとに切り捨てた。夜が明けると、それは巨大な石の塊で、真っ二つに割れていたという。

こうした鍛錬によって、宗厳は「無刀取り」を完成した。上泉信綱が柳生を再訪したとき、宗厳はその「無刀取り」を披露した。

このときの様子が、柳生家の歴史を記した『玉栄拾遺』にあるが、それによれば宗厳はまず初めに木刀を持ち、信綱の弟子・疋田文五郎と対戦し、これを破った。その太刀筋の見事さに、信綱は思わず座を立って、「これほどの剣術家を自分はまだ見たことがない」と絶賛したという。このあとで「無刀」のことが話題に上り、信綱は木刀を構え、宗厳は無刀で立ち合うことになった。が、信綱は木刀を上段に構えたものの、宗厳の無刀の前に打ち込むことさえできず、二度三度後退するばかりだった。やがてどっかりと腰を下ろした信綱は、「もはや自分の術は及ばない」といって、宗厳を讃えたという。

こうして、宗厳は信綱から新影流の師範として振る舞うことを許され、「一国一人」という印可状を与えられて新影流二世の正統を継ぐことになったのである。宗厳は柳生新影流の祖とされるが、これは柳生家に伝わる新影流という程度の意味である。

◈新影流奥義「無刀取り」とは？

柳生宗厳が「無刀取り」を解明して新影流の後継者となったとすれば、「無刀取り」というのがどのような技なのか気になるところだが、それはけっして「真剣白刃取り」のような派手な技ではなかったらしい。「真剣白刃取り」というのは、打ち下ろされた真剣の棟《むね》を素手の両手でハッシとはさんで受けとめ、敵の刀を奪い取ってしまうという、現実に可能かどうかわからないような妙技で、剣豪小説などによく取り上げられたものである。

宗厳が信綱の前で「無刀取り」を披露した場面を描いた『玉栄拾遺』には、それについてほとんど何も記されていないが、宗厳の五男で、江戸柳生家の祖となる柳生宗矩が書いた『兵法家伝書』の中に、「無刀之巻」と題された部分があり、「無刀」について次のように概括している。

「無刀とて、必しも人の刀をとらすしてかなハぬと云儀にあらす。又刀を取て見せて是を名誉にせんとてもなし。わか刀なき時、人にきられしとの無刀也。いで取て見せうなとゝ云事を本意とするにあらす」(『改訂 史料柳生新陰流〈上巻〉』今村嘉雄 編から引用)

このあと、無刀についてさまざまな解説があるが、その一つとしてこうある。

「とられじとするを是非とらんとするにハあらす。とられじとするをハ、とらぬも無刀也。とられじとられじとする人ハ、きらう事をハわすれて、とられまひとばかりする程に、人をきる事ハなるましき也。われハきられぬを勝とする也。人の刀を取を芸とする道理にてハなし。われ刀なき時に、人にきられまじき用の習也」

さらに、無刀というのは敵の刀に対して、いつでも自分の手を道具として戦うという心構えなのであり、もしそのような気持ちがあれば、扇子であれ、杖であれ、大いに役立つであろうなどとも記されている。

こうしてみると、新影流の「無刀取り」がいかにも派手派手しい軽業ではないということがよくわかる。そうではなくて、それは技術的にある段階に達した剣法家が最後に目指すべき理想的な心構えのようなものなのではないだろうか。

◈徳川家康に認められる

「無刀取り」の完成によって、上泉信綱から新影流二世の正統と認められた柳生宗厳ではあったが、その後の人生は、少なくとも柳生の庄の主としてはそれほど恵まれたものではなかった。

宗厳は柳生一族を指導する武将として織田信長に従ったり、松永久秀に従ったりしていたが、天正元年（一五七三）に足利幕府が滅亡したのをきっかけに、柳生庄に隠棲した。このころ、宗厳は地方の地侍としての自分の境遇にこのうえない無常観を抱き、柳生一族のためにもただひたすら剣の道をきわめようとしていたといわれている。

文禄二年（一五九三）、宗厳は剃髪すると斎名を石舟斎と名乗った。この年九月に宗厳の詠んだ『兵法百首』が成立するが、この中に次のような歌がある。

世を渡るわざのなきゆえ兵法をかくれがとのみたのむ身ぞうき

兵法の舵を取りても世の海をわたりかねたる石の舟かな

およそ二十年もの間、宗厳はこのような気持ちで剣の道を突き進んだということだろう。

しかし、文禄三年にはこんな宗厳の運勢にも変化が訪れた。この年、宗厳は徳川家康に招かれて剣法を上覧する機会を得たのである。この際に、宗厳は「無刀取り」の技も披露した。宗厳の無手に対して相手をしたのは木刀を構えた家康自身だった。勝負はあっけなかった。無手の宗厳の前に、家康はアッという間に後ろに倒れそうになってしまったのである。

宗厳の剣法の卓抜さに感心した家康はすぐにも自分に仕えるようにと命じた。これに対して宗厳は老齢であることを理由に辞退し、自分の代わりに二十四才の五男・又右衛門(のちの宗矩)を推薦した。こうして、柳生流剣法が徳川将軍家と結びつくきっかけが生まれたのである。

◈老いても衰えなかった宗厳の剣技

五男・宗矩が家康に仕えるようになってからも、宗厳自身は柳生庄で暮らしたが、その剣の技は晩年になっても衰えなかったようだ。

こんな話が残っている。宗厳は晩年に何かのことで人の恨みを買ってしまい、その者につけ狙われるということがあった。とはいえ、宗厳は剣の名人である上にたくさんの家来もいたので、その者もなかなか宗厳を討ち果たせなかった。そんなある時、宗厳は病気になり、病後の養生に摂津の有馬の温泉へ行った。供の者は二、三人しか連れていかなかった。これはチャンスでもあったので、宗厳を恨んでいた者も密かについて行った。と、あるとき、宗厳が宿屋の南側の縁側に座り、左拳の上に飼っていた鷹をおいて一心に愛玩していた。周りには誰もいず、武器といっても宗厳の腰にあるのは小刀が一本だけだった。宗厳を狙っていた者はこれを見るや太刀を抜き払って、ここぞとばかり斬りつけた。が、この瞬間に宗厳は目にも留まらぬ早業で小刀を抜き、その者の急所に突き刺したのである。しかも、宗厳の姿勢は少しも崩れず、彼の左拳にとまっていた鷹はまるで何事も感じなかったように身動き一つしなかったという。

陰流 柳生新影流 やぎゅうしんかげりゅう

柳生但馬守宗矩

やぎゅう・たじまのかみ・むねのり

◆元亀二年～正保三年（一五七一～一六四六）
◆初名、宗頼。通称、新左衛門、又右衛門。

◈大名にまで出世した江戸柳生家の祖

柳生但馬守宗矩は、徳川二代将軍・秀忠、三代将軍・家光の剣術師範を務めたことで、兵法家・剣聖として一世を風靡した剣豪である。剣豪というと、剣の腕前だけで名を成すというイメージがあるが、宗矩の場合には政治家としての手腕に優れ、とくに将軍家光からは大きな信頼を寄せられた。宗矩は、柳生新影流の祖・柳生宗厳の五男で、もともとは一介の剣士に過ぎなかったが、家光が将軍となってのちの寛永九年には惣目付《そうめつけ》（のちの大目付）、同十三年には石高が一万石の大名となり、石高はその後一万二千五百石まで上った。

また、宗矩はその地位を利用し、諸大名やその子弟にも新影流を直接指導したり、さらに自分の弟子たちを有力大名の剣術師範として送り込むなどし、柳生新影流の名を日本全国に広めることも忘れなかった。宗厳に始まる柳生新影流の系統は、その後は宗矩に始まる江戸柳生家（大和柳生家）と宗厳の孫・利厳《としよし》に始まる尾張柳生家の二系統に分かれ、このうち江戸柳生家の人々が代々の徳川将軍の剣術指南役を務めることになったが、このような伝統が生まれたのも宗矩の活躍があったからだった。

◈幼い頃から新影流の奥義を仕込まれる

宗矩は元亀二年（一五七一）に生まれたが、彼が三才の時に父・宗厳の生活に大きな変化があった。長い間戦乱の世に身を投じていた宗厳が、天正元年（一五七三）に足利幕府が滅亡したのをきっかけに、戦乱の世との係累を断って柳生の郷に隠棲したのである。これは宗厳にしてみれば幸運とは言い兼ねる出来事だったが、宗矩にとっては間違いなく幸運だった。幼い頃から剣豪の父と暮らすようになった宗矩はそれから二十四才の頃まで、新影流の剣法を徹底的に仕込まれたのである。新影流の理解には禅的教養が不可欠とされるが、宗矩はこの期間に参禅修行に励むこともできた。

文禄三年（一五九四）、宗矩はさらなる幸運に恵まれた。この年、柳生新影流の評判を聞いた徳川家康は京都紫竹村（京都市紫竹）に柳生宗厳を招いて新影流の剣法を上覧したが、このときに宗矩が父の打太刀を務めた。しかも、新影流に感服した家康がすぐにも宗厳に勤仕を命じると、宗厳は老齢を理由にこれを断り、代わりに宗矩を推薦したのである。

これ以来、宗矩は家康、秀忠、家光の三代の将軍のもとで常に忠勤に励むことになる。

慶長五年（一六〇〇）、関ヶ原の戦の直前のこと。家康に対立した石田三成が挙兵するということがあったが、このとき宗矩は石田軍を後方から牽制するよう家康から特命を受け、この仕事を見事に成し遂げた。関ヶ原の戦後、宗矩はこの功績によって、かつて豊臣秀吉によって没収されていた柳生家の所領二千石を与えられた。その翌年にはさらに千石の加増があり、家康の嫡子・秀忠の兵法師範となった。二年後、この秀忠が将軍となったことから、江戸柳生家の剣法が天下第一の剣法として名を高めることになったのである。

しかし、宗矩の真価が発揮されるのは、なんといっても三代将軍・家光の時代になってからである。

◈優れた洞察力で家光の信頼を得る

宗矩が家光の兵法師範となったのは、家光が将軍となる二年前の元和七年(一六二一)のことである。このとき、家光十八才、宗矩五十一才、年齢的にはまるで親子のようだが、このことが宗矩に幸いしたかも知れない。以来、宗矩が七十七才で死ぬまで、家光は剣術の師としてばかりでなく、思想的な教師としても宗矩を慕い続けた。宗矩に対する家光の信頼は絶大で、何事かあるたびに「柳但《りゅうたん》(柳生但馬守の略)、柳但」といって宗矩の意見を求めたし、宗矩の死後には「宗矩が生きていれば尋ねるのだが」と感嘆したという。

家光といえば、荒くれであることで知られた将軍である。将軍となったとき、諸大名を集め、「祖父家康、父秀忠は諸大名と同輩だったので、いろいろと遠慮があったようだが、自分は生まれながらに将軍家である。よって少しも遠慮しない」と宣言し、皆をあっといわせた。いかにも血気盛んなので、講談などでは、家光は武芸自慢で、夜毎に城を忍び出ては辻斬りをしたなどという物語も作られたほどである。この家光が、何かにつけて宗矩を頼ったのである。

　宗矩はその信頼を裏切らなかった。事実として、それだけの力量を持った大人物だった。

　寛永十四年（一六三七）にキリシタン宗徒によって島原の乱が起こったときには、こん

新影流　系図

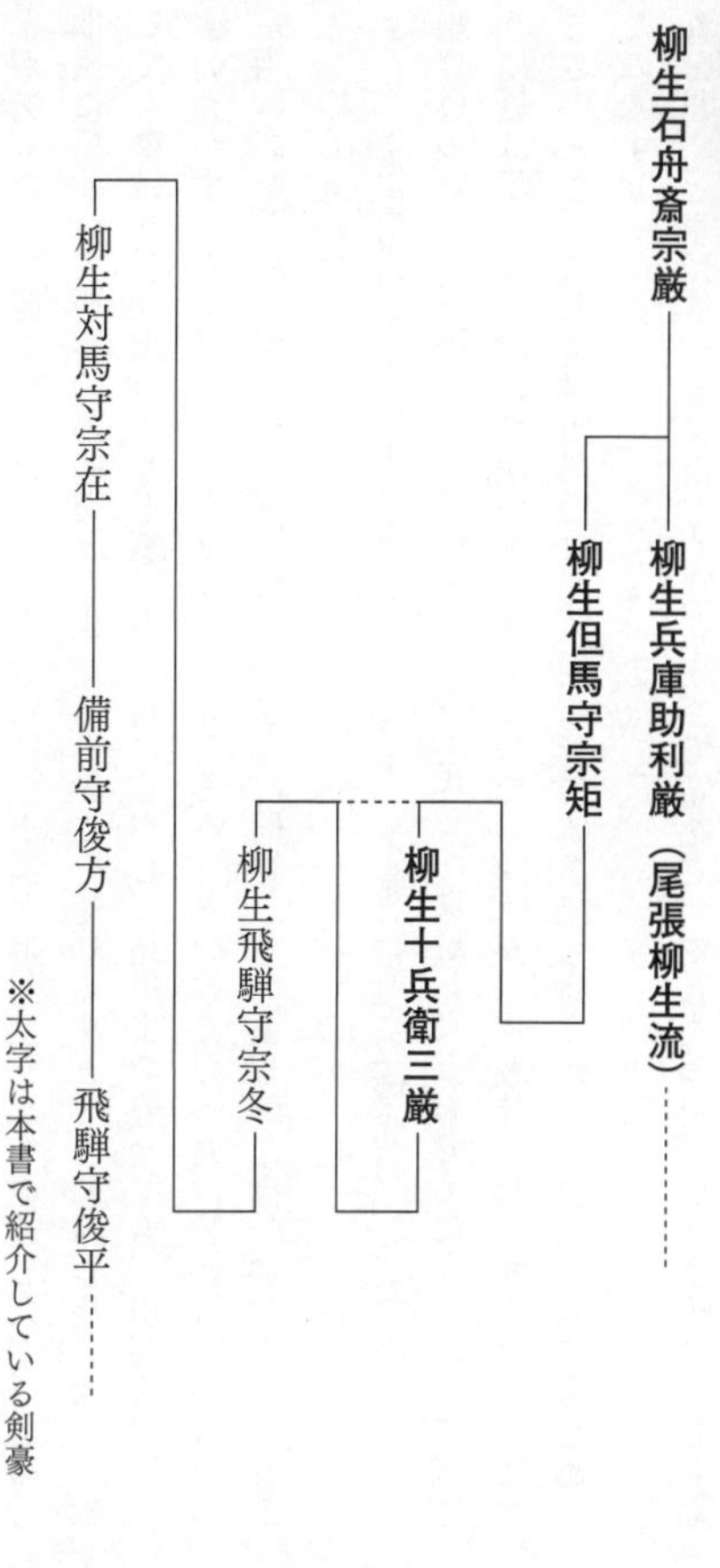

なことがあった。事態を知った家光は板倉内膳正重昌《ないぜんのかみしげまさ》を追討使として派遣したが、このときに他家に招かれて酒宴の最中だった宗矩はそのことを知るや、すぐにも早馬に乗り、なんとしても重昌を引き止めようと駆け出した。しかし、品川まで追っても、川崎まで追っても追いつかず、人に問うと「もうずっと先だろう」との答えだった。日が暮れかけたので、宗矩はあきらめて引き返すと登城し、家光に伺候《しこう》していましがた自分がしようと考えたことを申し述べた。

「どうして重昌を引き止めようとしたのか」と、不審に思った家光はいった。

宗矩はいった。「上様はただそのあたりの土民らが反逆したとお考えになったので、このように軽はずみに追討のお使いをなさったのでしょうが、宗教徒の起こす戦はすべて大事でございます。これでは重昌殿は必ず討ち死にするでしょうから、なんとしても止めたかったのです」

これを聞くと家光は一度はひどく腹を立てて席を立ってしまった。が、宗矩は少しも動じず、次の間に控えたまま夜が更けても退去しなかったので、やがて家光は再出座した。

「どうして重昌が死ぬと考えるのか」と家光は問うた。宗矩はいった。「それはこういうことです。およそ宗門を深く信じている者たちは、その法を固く守って死ぬことを身の喜びとしています。遠い昔の例を引くまでもないでしょう。織田殿（信長）の武威によってさえ、一向宗徒に勝つことはできず、勅命を借りてやっと和平を整えました。しかも、いまの重昌殿の身（三河国深溝一万五千石城主）では、困難な闘いとなれば、西国の大名たちが思うようには動かなくなるでしょう。もしそうなれば、御一門の方かさもなくば宿老の中から再度人を選び、追討使となさるでしょう。重昌殿にとって、これでは面目が立ちません。どうして生きて関東に帰れましょう。あれほどの人物を失うことがくやしく、こんなことを申し上げるのです」

こういわれると、さすがの家光も後悔したが、いまさら任命を解くわけにもいかなかったらしい。

その後、事態は宗矩の予見したとおりに進んでいった。一万五千石の重昌には西国雄藩を指揮するのは荷が重すぎ、戦いが長引くに連れ、軍の統制が取れなくなり、幕府軍は大損害を受けた。家光は驚き、すぐにも幕府の重鎮、老中松平信綱を総大将に任じて派遣した。重昌はこれを知るや、信綱到着前に敵の立てこもる城を落城させようとしたが、西国大名たちが命に従わないので、ついに少数の手兵で敵城に突撃、壮絶な戦死を遂げたのである。

家光にしてみれば、島原の乱勃発と同時に、宗矩に相談すればよかったと思えたに違いない。

◈治国平天下の剣

徳川家光の心からの信頼を勝ち得たほどに洞察力に富み、政治的にも優れていた柳生宗矩は、剣術家としても、これからの時代に何が望まれているかを鋭く認識した人物だった。

家光の時代は徳川幕藩体制が安定する時期に当たっていた。このことは、武士が戦場において剣を振るう機会が遠のいたことを意味していた。このような時代にはただ腕っ節が強いだけの武士は望まれていなかった。この時代が必要としたのは文武両道の武士だったのである。

宗矩はこのことを十分に理解していたようである。活人剣にしても無刀取りにしても、新影流の剣法は当初からある程度の精神的達成を要求するものだったが、宗矩はこれをさらに高度なレベルに発展させた。こうして、宗矩にあっては、技能の優秀さが求められたことはもちろんだが、それ以上に技能を裏付ける心構えが重要視されたのである。しかも、宗矩は将軍の兵法指南だったので、その兵法は将軍や大名、武将など、江戸時代の支配者の器量を磨くものである必要があった。

この結果として、宗矩の柳生新影流は「治国平天下の剣」、つまり国を治めるための剣法となったといわれている。

柳生流の伝書の中でも最も重要とされている『兵法家伝書』の中に、このような宗矩の剣法観がよく表れている。

◈『兵法家伝書』が語る兵法観

『兵法家伝書』は、宗矩が六十二才の寛永九年（一六三二）に成立したとされる柳生家の家伝書の一つで、宗矩の兵法観の集成ともいえるものである。

この書の序文の中で、宗矩はおよそ次のような意味のことをいっている。

「天道は人を活かす道だから、人を殺すことを目的とする兵法は天道の憎むところである。しかし、やむを得ない場合には、人を殺すことも天道だといえる。例えば、一人の悪人によって万人が苦しんでいるような場合がある。このときには、悪人一人を殺すことで万人が生きることになるので、これは天道といえる。殺人刀が活人剣になるからである。また、兵法には一対一の小さな兵法もあれば、軍勢対軍勢の大きな兵法もあるが、国が平和なときに乱のことを忘れないのも兵法であって、国が乱れないように細心の注意を払うのも兵法なのである」

さらに、宗矩は次のようなこともいっている。

「人間は何も学ばない間は胸に何もないので何事も不審に思わない。一度学び始めると、胸の中に不審が生まれて何事もやりにくくなる。しかし、完全に知り尽くしてしまえば、不審はなくなって心が空っぽになり、何事もやり易くなる。剣法も同じである。百手の太刀を習い尽くし、身構え、目つき、ありとあらゆる技能を習い尽くして稽古するのは、完全に知り尽くすためである。こうして習い尽くせば、そのときには習ったことが胸の中から消えてしまう。身体はすべてを知っているのに、心には何もない状態になる。こうなって初めて自由自在に技を振るうことができるのである」

『兵法家伝書』には、もちろん個々の技についての説明もあるが、内容はやはり心構えを重視したものになっている。

宗矩の剣が「治国平天下の剣」といわれるのはこのためで、宗矩は兵法を通じて心法を説いた剣豪なのである。

兵法に精神性を求める宗矩の考え方はやがて時代の主流となって「武士道」といったものを発展させることになるが、このような考え方に反対するものも当然存在していた。例えば、荻生徂徠（一六六六〜一七二八）は宗矩よりものちの人物だが、竹刀や防具を用いた道場剣法などは戦場では何の役にも立たないと批判している。宗矩の時代にも、小野次郎右衛門忠明（神子上典膳）という一刀流の剣豪がいた。忠明は実は宗矩と同じく将軍家の兵法師範を務めた剣豪だが、宗矩とは異なり、剣法における精神性などまったく考えていなかった。しかし、忠明のような剣豪を時代は望んでいなかった。このために、将軍家の御流儀兵法としては、柳生流が一刀流よりも上位におかれたのだといわれている。

◈人を斬らない剣豪

平和な時代の剣豪であり、かつ将軍の兵法師範だった宗矩は、剣豪ではあるが、実際に人を斬った経験はあまりなかった。このために、同時代の剣豪・小野次郎右衛門忠明の方が強かったのではないかともいわれる。

しかし、宗矩にも人を斬ったことがまったくないわけではなかった。

慶長二十年（一六一五）の大坂夏の陣において、宗矩は将軍・秀忠の本陣にあったが、木村重成一族の木村主計《かずえ》が軽装の武者数十名を引き連れて、秀忠本陣を奇襲して来るということがあった。このとき、宗矩は新影の剣をはじめて振るい、七名を倒したという。しかも、この出来事について、作家の山岡荘八は宗矩を主人公にした小説『春の坂道』で次のように書いている。

「この時七人倒したと、これは将軍秀忠が数えていたのだ。宗矩は斬ったことなど一度も口外はしなかった。人を斬らぬが柳生の剣。この後も生涯斬っていない」

宗矩は剣豪ではあったが、生涯に何人斬ったなどということが、自慢になるとは考えていなかったのである。それに、たとえ人を斬ったことがなくとも、宗矩が剣の達人であったことは次のような逸話によく表れている。

これは『撃剣叢談』にある話だが、ある日宗矩は稚児小姓に刀を持たせ、庭の桜を観賞していた。このとき、背後に控えた小姓がふとこんなことを思った（わが殿がいかに天下の名人だったとしても、このように花に見とれているところを後ろから斬りかかったらどうだろう）。その瞬間、宗矩は四方を見回すと座敷に戻っていかにも不審の面持ちで何もいわなかった。用人が「何かお気に召さないことでもありましたか」と尋ねたのに宗矩は答えた。さきほど桜を眺めているときにふと殺気を感じたのだが、周りには小姓が控えていただけで誰もいない。殺気を感じたのは自分の修行不足かと思って不快に感じているのだ。これを聞いて驚いた小姓はすぐに自分が抱いた妄念を打ち明けて頭を下げた。宗矩はやっと安心したように顔色をやわらげ、笑みを浮かべた。小姓をとがめることはなかったという。

いかにも剣の達人らしい話だが、宗矩にはこのような逸話が数多い。

沢庵《たくあん》和尚の『不動智神妙録』

柳生但馬守宗矩は新影流の兵法理論を大成し、治天国家の剣法へと高めたが、彼がこのような業績を成し遂げるためには沢庵和尚の存在が不可欠だったといわれている。沢庵は臨済宗大徳寺派の優れた禅僧で、若い頃から二才年上の宗矩と交友関係があり、精神的な意味で大きな影響を与えていたが、とくに『不動智神妙録』という、禅語によって書かれた最初の武芸書によって宗矩の兵法理論に決定的な影響を与えたのである。

禅僧が武芸書を書くというのは確かに奇妙かもしれない。しかし、『不動智神妙録』の内容を見れば見るほど、禅と武芸がどこか似通っていることがわかり、これ以降の時代にも禅を通じて剣法の極意を手に入れようとした武芸家が後を絶たなかった理由も納得できるのである。

ここでその内容を簡単に見ておくと、『不動智神妙録』では〈無明住地煩悩〉と〈諸仏不動智〉

という対極的な二つの概念によって剣法家の状態を表し、〈無明住地煩悩〉を脱して〈諸仏不動智〉に到達するための方法が説かれている。〈無明住地煩悩〉とは心が何かに留まってしまうことで、禅においては避けねばならないことだが、それは剣法でも同じであり、「敵の太刀に心をおけば太刀に心をとられてしまう。拍子に心をおけば拍子に心をとられてしまう。自分の太刀に心をおけばやはりそれに心をとられてしまう。このために自分は抜け殻となってしまう（この結果敵に斬られてしまう）」と沢庵はいう。これに対して〈諸仏不動智〉は何事にもとらわれぬ不動の心で、不動でありながら自由な働きをする心である。沢庵によればこれこそが剣法の極意であり、この極意によって無敵の境地に達するとされる。というのも「たとえば十人して一太刀ずつ打ち込んできたとしても、一太刀を受け流して跡に心を留めなければ、敵のどの一太刀にも心が機敏に働かないということはない（その結果、十人の敵にも勝てる）」からである。

このようにして、『不動智神妙録』では〈無明住地煩悩〉を脱して〈諸仏不動智〉に達することを目的とし、どうすればそうすることができるかを丁寧に説明していく。一つのことに心を留めることは「いつく」といわれ、どの流派の剣法でも嫌われることだから、沢庵が述べていることはことさら新しいことではないかもしれないが、それがたんなる体験的な技法としてでなく、言葉で理論化されたことが重要だった。武士が学問をするような平和な江戸時代には、このような理論化が是非とも必要だった。柳生宗矩もこの流れを受け継いで柳生流の理論体系を大成したので、それが剣術家としての宗矩の存在を大きなものにしているのである。

柳生十兵衛三厳《やぎゅう・じゅうべえ・みつよし》

陰流　柳生新影流《やぎゅうしんかげりゅう》

◆慶長十二年～慶安三年（一六〇七～一六五〇）
◆初名、七郎。

◈隠密伝説に彩られた江戸柳生家の二代目

講談や大衆小説などの世界では、柳生十兵衛三厳はつぶれた片目をトレードマークの刀の鍔《つば》で隠し、幕府の隠密として諸国を旅して回った剣士としてよく知られている。もちろん、これはあくまでもフィクションなのだろうが、絶対にそんなことがなかったと断言することもできないのだという。

三厳は江戸柳生家の祖・宗矩の長男で、元和五年（一六一九）から家光の小姓として出仕するようになったが、家光が将軍となってのちの寛永三年（一六二六）、将軍を怒らせるようなことがあって出仕を止められてしまった。三厳は家光より三才年下で、剣法好きの家光のいい練習相手として大変気に入られていたようなのに、いったい何をしでかしてそんなことになったのかはわかっていない。寛永十五年には将軍の勘気も解けて、三厳は御書院番として再出仕するようになるが、これまでの十二年間、どこで何をしていたかははっきりしていない。三厳自身は、『月の抄』という兵法書の中で、柳生の庄にこもって柳生流剣法の研鑽に没頭していたとしているが、確たる証拠はないという。つまり、柳生十兵衛の生涯には謎の部分が多いのである。

これに加えて、父・宗矩が寛永九年に惣目付（のちの大目付）の職に就いたという事情がある。惣目付は諸国大名の監察を司る最高職である。

こんなわけで、宗矩の下には数多くの忍びの者が仕えており、三厳もまた隠密の元締として、諸国を旅したのではないかといわれるのである。

◈兵法の実技と理論に没頭した剣豪

寛永三年に将軍の勘気をこうむってからの三厳は、十二年間のほとんどを柳生の庄で過ごし、ひたすら柳生流の実技と理論の研究に没頭していたというのが一番信頼できる意見である。日本の武道史研究の権威である綿谷雪《わたたにきよし》や今村嘉雄といった研究家は、そのような見方をしている。この期間の研究の成果が、のちに『月の抄』という兵法書にまとめられたという。

『月の抄』は、三厳が将軍に許されて再出仕してのちの寛永十九年に成立したもので、三厳の最大の力作とされる兵法書である。この中で、三厳は新影流に伝わる〝目録〟を徹底的に吟味し、二百三十項目の剣技や心構えについて、祖父・宗厳や父・宗矩の言葉を引用しながら解説を加えている。

〝目録〟というのは、師が弟子に対して渡す各流儀の履修内容の認定書のようなものだが、古い時代には構えや技法の名称だけを羅列したものが多かった。例えば、上泉信綱が柳生宗厳に与えた新影流目録には次のような記述がある。

「三学…一刀両断、斬釘截鉄《ざんていせってつ》、半開半向、右旋左旋、長短一味。九箇…必勝、逆風、十太刀、和卜、捷径、小詰、大詰、八重垣、村雲。天狗抄…花車、明身、善待、手引、乱剣、二具足、打物、二人懸。二十七箇条截相…序(上段三、中段三、下段三)。破(上段三、中段三、下段三)。急(上段三、中段三、下段三)。燕尾…燕尾、猿廻、月影、山陰、浦波、浮船、折甲、十刀」

これらが、新影流の中核にある太刀名だが、この目録に書かれているのはこの太刀名だけで、内容の説明はない。内容については、師から弟子へと口伝されているので、特に書く必要はないのである。そんなわけで、目録を見ただけでは部外者には何のことやらさっぱりわからないということになる。

もちろん、もっと親切に作られた目録もある。柳生石舟斎宗厳から金春七郎という弟子に与えられた新影流目録には、〈一刀両断〉、〈斬釘截鉄〉などの太刀について、イラスト入りで説明が入っている。

しかし、多くの目録はそれほど親切でなく、師から弟子へ伝えられた技法や心構えの名称しか記されていないものが多いのである。

このような技法や心構えについて、十兵衛三厳は目録を総ざらえして、およそ二百三十項目を『月の抄』に取り上げ、説明を加えたのである。

ここで、一例だけを挙げておくと、新影流兵法目録に〈三見之事〉という教えがよく出てくる。これについて、『月の抄』は次のような解説を加えている。

「老父云、太刀サキ三つ見ヤウアリ。構ヲミル也。敵ノ太刀サキ前ニアルカ、後ニアルカ、動か、三つヲミ分ル心持也。三つヲみわけて種々の仕掛もアルニヨリ是を専トスルナリ。三つをみるにより三見ナリ。

亡父之目録ニハミヤウ（三様）也。太刀サキ、こふし、身也ト書セルアリ。亦云、敵の心さきヲミるよりも、三つをかんかへへし。動・懸・待ト心得へし。動ハすはらぬ心をおもふへし」（『改訂 史料柳生新陰流〈下巻〉』今村嘉雄 編から）

三厳の書いたこの説明を見ても、どういうことかはっきりしない部分は多いが、三厳が新影流を究明するために、徹底的に考え、修練を積んだ剣豪だったことはよく伝わってくると思う。

◈勝負を分ける一寸の差

柳生の郷にこもり、新影流の実技と理論を研鑽し続けた柳生三厳は、実際の剣技においても優れていたことは確かだった。将軍・家光の勘気が解けて再出仕した翌年の寛永十六年には、弟・宗冬、父の門人・木村助九郎とともに、将軍の面前で剣法を披露している。

これだけでも、そのときすでに三厳が柳生流の達人になっていたことがわかる。

さらに、次のような逸話がある。

ある大名の屋敷でのことだ。剣術をもって世渡りする浪人が十兵衛に試合を挑んだ。二人は木刀で二度立ち合ったが、二度とも相打ちに見えた。

三厳は浪人に向かい、「勝負が見えたか」といった。浪人は「二度とも勝負なしだ」といった。

三厳は今度は主人に向かって、「いかがでしたか」と尋ねた。「浪人のいうとおり相打ちだ」と主人はいった。

三厳はいかにも不満げにいった。「この勝負が見分けられないようではどうしようもないなあ」

これを聞くと浪人が怒った。「それなら真剣で立ち合おう」

「命は一つだ。無益なことはやめなさい」三厳はいさめたが、浪人はさらにいきり立っていうことを聞きそうにない。

「しかたない人だなあ。それならやろう」といって三厳は再び庭に降り立った。

この真剣勝負も、前二回の試合と同じように斬りあったように見えた。ところが、刃がきらめいた瞬間、浪人は肩先六寸ばかり斬られて、二言もなく死んだ。三厳も斬られていたが、着用の黒羽二重の小袖と下着の綿までで、刃は裏布には届いていなかった。それを主人に示して三厳はいった。

「見てください。およそ剣術が届くか届かないかは、五分か一寸のわずかな違いなのです。ただ勝てばいいのなら簡単ですが、さきほどの試合が相打ちというので、その違いをはっきりさせるためにこんなことをしてしまいました」

いかにも、剣の論理を考え抜いた三厳らしい言い方ではないだろうか。

◈三厳以降の江戸柳生家

剣技においてもその理論においても達人の域に達していた三厳ではあったが、残念なことに四十四才の若さで死んでしまった。

正保三年（一六四六）、父・宗矩が死んだために、三厳はその遺領から八千三百石を継いで、江戸柳生家の跡取りとなった。遺領のうち四千石は弟・宗冬が受け継いだ。

ところが、家督を継いで四年後の慶安三年（一六五〇）、柳生の庄に近い山城国大河原村で鷹狩り中に急病のために頓死してしまったのである。

こうして、江戸柳生家は三厳の弟・宗冬へと譲られた。

宗冬は江戸柳生家の名を高めた人物の一人で、明暦二年（一六五六）四十四才で四代将軍・家綱の兵法師範となり、石高も再び一万石を超え、大名となった。

しかし、宗冬の時代から江戸柳生家の剣法は形骸化の道をたどったといわれている。

柳生流はなんといっても徳川将軍家の御流儀剣法だったので、試合に負けるわけにはいかず、他流との交流もなかった。そのために実力の低下を免れなかったのである。江戸将軍で柳生家に誓紙を入れて弟子となったのも、六代将軍家宣までで、それ以降は江戸柳生家当主といっても、ときおり将軍の前で剣法を上覧したり、将軍の相手を務める程度だったという。

陰流　尾張柳生流《おわりやぎゅうりゅう》

柳生兵庫助利厳《やぎゅう・ひょうごのすけ・としよし》

◆天正七年～慶安三年（一五七九～一六五〇）
◆初名、長厳。尾張藩に仕官後、利厳をとしとしと読ませた。通称、忠次郎、兵助、伊予、茂左衛門。晩年は如雲斎と称する。

◆尾張柳生流の祖となった天才剣士

柳生兵庫助利厳は、柳生流の祖・石舟斎宗厳から新影流正統三代の相伝を得て、尾張柳生家を興した剣豪である。

利厳は宗厳の長男・厳勝の二男として柳生の庄に生まれた。父が戦傷のために剣の道に進まなかったので、幼いときから祖父・石舟斎から新影流剣法をみっちりと仕込まれた。同族の中でも特に優れた才能に恵まれ、容貌まで石舟斎に似ていたという。慶長八年（一六〇三）、石舟斎は利厳に新影流極意書二巻（『新陰流兵法目録事－太刀目録』『新陰流截合口伝書事』）と小さな紙片にカタカナで書かれた次のような極意歌を与えた。

「キリムスブカタナノシタゾジゴクナレタヾキリコメヨシンメウノケン」
（切り結ぶ刀の下ぞ地獄なれただ切り込めよ神妙の剣）
「タチムカフソノメヲスグニユルムマジコレゾマコトノスイゲツノカゲ」
（立ち向かうその目をすぐに緩むまじこれぞまことの水月の影）

さらに、慶長十年ごろに石舟斎から「一子相伝」の印可状も与えられた。新影流正統の印を表す宝刀〈永則大太刀〉もこれらの際に利厳に与えられたといわれている。

こうして、利厳は新影流の正統を継ぐ者となったわけだが、石舟斎から利厳に与えられた極意書や印可状と同じものが宗矩にも与えられているので、尾張柳生家と江戸柳生家のどちらが新影流の正統であるか決めるのは難しいともいわれている。

慶長十一年の石舟斎の死後、利厳は十年間ほど浪人生活を送るが、その間も武者修行などして剣技を磨いた。紀州熊野山中で阿多棒庵という隠者から、穴沢浄見秀俊《あなざわじょうけんひでとし》直伝の新当流長刀・槍術を学んだのもこの期間のことで、慶長十四年には「唯授一人」の印可状を得ている。

元和元年（一六一五）、利厳は五百石で、御三家のひとつである尾州藩に仕え、藩主・徳川義直の兵法師範となった。ここに尾張柳生家が誕生し、代々にわたって藩主の兵法師範を務めた。以降、尾州の新影流は藩主を交えて伝承されるようになった。

◈ことのほかなる一徹の短慮者

利厳は剣豪ではあるが、若いころにはかなり短気なところがあった。

もともと剣の腕前は達人の域に達していたので、噂を聞いた肥後熊本城主・加藤清正は是非とも利厳を召し抱えたいと申し込んだ。このとき、祖父の石舟斎は孫の短気を心配

尾張柳生新影流　系図

柳生兵庫助利厳

尾張権大納言義直

高田三之丞為長

柳生連也斎厳包

尾張光友

尾張綱誠

柳生兵庫厳延……

※太字は本書で紹介している剣豪

し、再三の申し出にもなかなか首を縦に振らなかった。慶長八年になって、石舟斎もやっと孫の出仕を承知したが、心配なことに変わりはなかったのか、「この孫はことのほかなる一徹の短慮者なので、どんな失敗があっても三度までは死罪を免除して欲しい」と加藤家に念を押したという。このとき、利厳は二十六才である。

しかし、いくら心配されても短気は治らないので、利厳は大失敗をした。

加藤家に仕えるようになって間もなくのこと。木原・高原にキリシタンに後押しされた農民一揆が起こり、伊藤長門守光兼が兵を率いて鎮圧に向かったが、なかなか治まらなかった。そこで、清正は利厳を呼び、すべて任せるから好きなようにしろと命じた。利厳は弟子たちを連れて出発し、光兼に会って清正の意を伝え、一揆勢力の本陣を急襲すべきだと主張した。このとき、光兼がそれを拒否すると、利厳はさっさと彼を斬り捨て、そのまま一揆勢力の本陣に突入し、主力の者たちすべてを斬り、一揆を鎮圧した。利厳としては、好きにしろといった城主の言葉に従っただけだが、古参の武将を斬り捨てたのは自分に非があると考え、すぐにも熊本を去ったのだという。

このため、利厳が加藤清正に仕えていたのは一年ほどで、それからは尾張の徳川義直に仕えるまで、長い浪人生活を送ることになったのである。

◈宮本武蔵との出会い

剣豪としての利厳がいかに達人だったかは、彼の弟子の高田三之丞為長（『高田三之丞為長』の項参照）がいかに強かったかを知れば明らかとなるが、達人である利厳は一目で達人を見分ける能力も持っていたようだ。

次のような有名な逸話が残されている。

ある日のこと。超一流の有名な剣豪が弟子たちを引き連れて尾張の城下を歩いていたところ、前方からくる武士を一目見ただけでいった。

「江戸を出てから随分たつが、あれほどの人物にあったのは初めてだ。この城下であれほどの器量の持ち主といえば、噂に名高い柳生兵庫助に違いないだろう」

このとき、利厳の方でも弟子たちを連れた剣豪に気がついていた。

やがて、二人がすれ違おうとしたとき、利厳は笑みを浮かべていった。

「失礼ですが、宮本武蔵さんではありませんか」

二人の剣豪はこのときが初対面だったにもかかわらず、互いに相手が誰であるかを見抜いたというのである。

◈尾張柳生家の新影流

江戸柳生家は将軍家の兵法師範となったことで、実際の剣技よりも心法を重視し、将軍が天下を治めるための剣法となった。将軍家の御流儀であることから、流布も制限され、対外試合もせず、実力も低下したといわれる。

これに対して、利厳の尾張柳生家は常に兵法第一を旨とし、純粋正当な新影流を伝えたといわれる。尾張柳生家では柳生流の正統が藩主を交えて相伝され、やはり〝御流儀〟といわれたが、これらの藩主たちの剣も決して余技ではなかったという。このため、尾張柳生家の人々は、江戸柳生は石舟斎の本伝を忘れ、相伝の太刀の術理を少なからず誤り伝えていると主張したこともあった。

利厳は古い新影流を改良することも忘れなかった。新影流はもともと重い鎧兜を使用していた中世に誕生した剣法だったので、戦場ではない日常的な場所で行われる剣法としては適さない部分もあった。ヨロイ剣法においては、大股に開いた足の膝を深く曲げ、低い前懸かりの姿勢となり、斬りつける位置にしても、兜の前立てと旗さし物は避けるという基本があった。新影流では上泉信綱の時代からこのような偏りを除き、できる限り人間にとって自由で自然な勢位を目指したが、なんといってもヨロイの時代だったので、そこには制限があった。これらの古い中世風の遺風を刷新し、新時代にあった自然体に改めたのが利厳だった。このような柔軟な兵法観が、尾張柳生新影流の発展に大きな力を与えたのである。

陰流 柳生流《やぎゅうりゅう》

高田三之丞為長

たかだ・さんのじょう・ためなが

◆生年不詳～貞享二年（？～一六八五）
◆前名は足立庄蔵。

◈柳生利厳の門弟中ナンバーワンの実力

高田三之丞為長は慶長十六年（一六一一）に柳生利厳の弟子になり、やがて柳生新影流の奥義を極め、利厳の第一の高弟になった剣豪である。

為長は、はじめはタイ捨流を学んだ達人だったが、どうしようもない不良で毎日のように喧嘩三昧、何人も人を斬って公儀お尋ね者の身になったほどだった。駿府《すんぷ》（静岡）で雪之四郎右衛門という辻斬りの頭領を生け捕ったことで旧罪を免除された。

慶長十六年、柳生兵庫助利厳が駿府で隠居していた徳川家康に謁見するために遠州掛川までやって来たときに、腕に自信のあった為長は手合わせを望んだ。このとき、為長は四十才前後で背が高く、筋骨たくましく、総髪を茶筅《ちゃせん》に束ねた偉容の姿をしていたという。しかし、勝負はあっけなかった。低い中段に構えた高田に対して、利厳は小太刀を下段に捧げ、するすると高田の左方に詰めていった。高田は利厳の左肩先にはっしと打ち掛けた。利厳はこれを下段から跳ね上げ、一瞬のうちに高田の両腕を掌と二の腕でびしっと挟み、同時に小太刀の先を高田の脇腹に突きつけたのである。「まいった」と高田は頭を下げた。それからもう一試合挑戦したが、二度目も簡単に負けてしまった。高田は木刀を投げ出すと、利厳の弟子になりたいと願った。

◈利厳の代役として挑戦者をすべて破る

利厳の弟子となった高田は以降は修行に励み、やがて利厳門下随一の名手にまで成長した。その腕前は利厳の代役が務まるほどで、道場を訪れる武芸者がいると、まず高田が相手をし、利厳が相手をすることはなかった。しかも、高田はいかなる武芸者にも負けたことがなかった。

あるとき帯刀朱念《たてわきしゅねん》という剣客が、「柳生先生の太刀筋を拝見したうえで、門弟になりたい」と申し込んできた。師範代の高田は、「兵庫先生が相手をするほどの者は天下にいません。かくいう三之丞に勝つ者さえいないでしょう」といい、帯刀の相手をすることにした。三之丞は小竹刀をとって道場の真ん中へ出ると、いつものように手を縮めて袖口元へ引きつけ、竹刀を脇につけて構えた。帯刀は長い木刀を構えた。

すぐに高田がするすると仕掛け、いとも簡単に相手の眉間を打った。ほとんど同時に「おいとしぼう（お痛わしや）」と、高田のかけ声が響いた。このかけ声が高田の癖だった。二本目も、三本目も、まるで赤子の手を捻るように高田が取った。この試合を柳生利厳は陰から覗いていたが、「うむ、一生の出来だ」と誉めたという。

帯刀は敗れはしたが筋が悪いわけではなかった。高田はそれを見抜いたので、弟子にするようにと利厳に推薦した。利厳は、「その方がたたき伏せた者なのだから、その方が弟子にすればよい。稽古はみなと一緒にさせればよい」と許可した。それで、帯刀は高田の個人弟子となったのである。

三年後、三州吉田藩の城主から兵法指南がほしいという申し出が、柳生利厳のところへ届いた。このころには、帯刀は他国においても負けないくらいの剣術家になっていたので、高田は彼を推薦した。こうして、高田の弟子の帯刀が吉田藩の兵法指南に迎えられたという。

◈雪踏《せった》や皮草履をはくことを禁じる

高田は若いころさんざん遊び回り、喧嘩ばかりしていたが、あるとき銭湯の中で三人のならず者が無礼を仕掛けてきたことがあった。高田はこの三人を大いに痛めつけて追い出した。すると三人は大勢の仲間を引き連れて待ち伏せ、高田が町木戸をくぐり出ようとするところへ斬りつけてきた。すぐにも高田は刀を抜き、あっというまに二、三人を斬り倒し、さらに多くの者に傷を負わせた。高田の方は一カ所の傷も負わなかった。高田の強さにびっくりした暴漢たちは散るように逃げ出すしかなかった。

このとき、高田は毛雪踏をはいていたのだが、大勢を相手に激しく立ち回ったので、脱ぐ暇もなく、動くたびに足が滑って大変だった。

こんなことがあったので、高田はこれ以降は雪踏や皮草履をはかず、弟子をとるようになってからは、彼らにもそれを禁じたそうである。

◈老いても衰えなかった達人技

柳生道場で剣の道をきわめた高田の達人技は年老いてからも衰えることはなかった。

あるとき、自分の屋敷の奥の間に入ったところ、十二、三才になる孫の三右衛門がよりによってふところへ両手を入れた恰好で帰ってくるのが見えた。高田は腹を立てていった。

「なんと不心得なやつだ。日頃から、武士たる者はふところ手をしてはならないといってあるのに、不届きだ。さあ、その腰の扇子を抜いて見ろ。抜けないだろう」

三右衛門は袖口から手を出そうとすれば上から抑えられると気づいたので、とっさにひらめいて、すばやく袖口の割れ目から手を出して腰の扇子を抜こうとした。ところが、あっと思った瞬間には祖父の手が伸びてきてそれを止めてしまったのである。祖父との間合いは九尺ほどもあっただけに、三右衛門はただただ驚いたという。

陰流 尾張柳生流《おわりやぎゅうりゅう》

柳生連也斎厳包《やぎゅう・れんやさい・としかね》

◆寛永二年〜元禄七年（一六二五〜一六九四）
◆最初は母方の姓を名乗り、島新六。その後柳生姓になり幼名は、兵助、七郎兵衛、成人後は厳知、のち厳包、入道して浦連也、連也斎。

◈尾張の麒麟児といわれた天才

柳生連也斎厳包は、尾張柳生家を興した利厳の三男で、尾張の麒麟児といわれた天才剣士である。

長男・清厳が島原の乱の鎮圧軍に参加して二十五才で戦死したため、尾張柳生家の家督は二男・利方が継ぎ、尾張藩主の兵法師範役にもなったが、利方は弟・厳包の天才ぶりを知っていたので、慶安元年（一六四八）には兵法師範役を厳包に譲ったほどだった。その翌年には、兄ではなく厳包に新影流一切の相伝免許が父から与えられ、厳包が新影流の正統を受け継いだのである。

厳包の剣技の冴えは次のような逸話によく表されている。

慶安三年、初代尾張藩主・義直が死ぬと、国老・寺尾土佐守直政の殉死が許され、直政は連也斎の高弟でもあったので、彼が介錯をした。このとき、厳包はわずかに首の前皮一寸を残して斬り、首を落とさなかった。古来から罪人の首は切り落とすが、無罪の者の首は落とさないというのが介錯の定法で、厳包はこれに従ったのである。これを聞いた人々は、厳包の剣の腕前を賛嘆すると同時に、このような故実にも通じていたことに大いに感心したという。

三代将軍・家光の前で剣技を披露し、大いに賞賛されたこともあった。家光は慶安四年春から病床につき、四月には死んでしまうが、剣法好きな将軍らしく、死の直前の二か月ほどの間、全国から一流兵法家を呼んで城中でその演技を鑑賞した。無辺流槍術の山本加兵衛久茂、新影流の柳生宗冬、抜刀術の田宮平兵衛長家など、『徳川実紀』には演武に参加した二十余名の兵法者の名があるが、尾張柳生家からも利方と厳包が参加した。四月五、六日の両日、利方と厳包は家光の前で剣法を披露し、この際に燕飛の形を演じると、家光はこれを見て「古今無類、面白く見事」と賞したという。

◈少年時代から天才の片鱗を見せる

厳包は幼少のころは父・利厳の姉婿の家で育てられたが、九才で名古屋に戻り、父の弟子の中でも随一だった高田三之丞為長に教えを受けた。

少年のころから、剣の道を極めるために苛烈な鍛錬をした。毎日、稽古が終わって門人が帰った後、屋敷にいる侍や下男たちを集め、「俺を叩いた者にはこれをやろう」といって銭を賭けて互いに竹刀をふるって叩き合ったという。あまりにひどくやられてしまい、寝間着の帯も締められず、母に頼むこともよくあったようだ。しかし、母も相当な人物で、涙を流しながらも、「これでこそ、剣の上手になれるでしょう」といったという。

するとと何年か鍛錬を経たのちにこんなことがあった。ある夜、厳包は心の中で思いつくことがあって、剣の師でもある父にいった。「とても不思議なことですが、今夜、どういうわけか私の腕前が急に上達したような気がするのです」これを聞いた父は、「そうか、ならば明日試合をして見よ」といった。

この翌日、厳包はいつも互角の戦いをしている弟子仲間と試合をしてみた。すると、何本やっても厳包が一方的に勝った。相手の男は腹を立てて、厳包の父・利厳にいった。「先生、私は今日まで子弟の礼にそむいたことはありません。それなのに、こんな依怙贔屓《えこひいき》は非道いじゃないですか。昨日までは互角の腕だったのが、一夜でこんなに上達するなんて、ご子息だからといって、何か特別な秘伝をお教えになったんじゃありませんか」

「そんなことはないよ」と利厳は静かに答えた。「実をいうとな、昨夜息子が何か思い当たったというので、今日試合をさせてみたのだ。こんなことが一朝一夕の口伝などでできるものか。この間から兵助（厳包）の試合ぶりを見ていて、近いうちにはこうなるだろうとはわかっていたのだ。おまえだって、あと三年練習すればまちがいなくこうなるよ」

これを聞いた弟子はそれから三年精出して練習し、ようやく厳包同様に格段の飛躍を遂げたが、そのときには厳包はさらに飛躍していたので、この弟子は終生厳包に追いつけなかったという。

寛永十九年（一六四二）になると、十八才の厳包は兄・利方の推薦で江戸藩邸にあった二代尾張藩主・光友に仕えるようになったが、かつてから厳包の天才ぶりを耳にしていた藩主は、柳生流と一刀流の使い手三十人あまりを集めて厳包と二、三本ずつ試合をさせた。すると、このことごとくに厳包が勝ったので、みな感服するほかないということもあった。

◈真の兵法者としての心得

尾張の麒麟児・厳包は平素からの心構えにおいても、天才らしさを発揮した剣豪だった。

厳包の高弟に松井某という者がいた。厳包は中年になってから碁をたしなむようになり、松井とよく対局したが、碁の腕前では松井の方が数段上だった。ある日の午後、厳包はまた松井と対局した。ところで、この松井は普段から師を試そうと考え、隙があったら一本打ち込んでやろうと考えていた。そのうち情勢が不利になり、厳包は盤上を見つめて悩みはじめた。チャンスとばかり、松井は盤の陰で拳を固めた。と、厳包がひょいと顔を上げて松井を見た。松井は内心驚いたが、もしかしたらただの偶然かとも思えた。そこで松井はさらに厳包を困らせようと、口汚い挑発まではじめた。「先生、まだ考えてるんですか。あきらめた方がいいんじゃないですか」厳包は大いに困り、盤上を見つめてうんうんうなった。ここぞとばかり、松井が師の頭めがけて拳を打ち出そうとしたとき、厳包が突然に反り身になって、「おい、冗談はよせよ」といった。松井は、「おや、なんですか」などととどうにかごまかしたが、厳包はすべてお見通しだった。

あとになって、厳包は松井にこんなことをいったという。

「お前がしばしばわしを試そうとするのは、剣の真意を理解していないからだ。事には必ずきざしというものがある。おまえが碁を打ちながらわしの頭を叩こうとしたときも、わしはその日お前の顔を見たときから、何かやろうとしているなと感じていたのだ。これが、きざしだ。すでにきざしがあれば相手に察知されるのも当然ではないか。体をかわすのは術だが、きざしを知るのは術ではない。心というのはまるで鏡のようなもので、普段から曇らぬように磨いておけば、他より来ることが善悪ともに映ってしまうものなんだよ」

天才ゆえか、厳包には幾分変わったところもあった。若いときには多少の女性経験もあったが、ある時期からは完全にその方面の事柄を断ってしまった。子供が誕生せず家系が断絶してしまうことを心配し、尾張藩主が結婚するように勧めても、いうことをきかなかった。その理由はこうだった。

「もし女性と関係した翌日に自分と互角の剣士がやって来て万が一にも自分が負ければ、それは流儀の恥ではすまず、(尾張柳生家が兵法師範をしている)尾張徳川家の恥になってしまう。だから絶対に負けまいと思っても天下は広い。いずれの国かにどんな名人が出現するかも知れない。相手が自分より上ではどうしても勝ちようがない。下ならば負けよ

うがない。問題なのは力量が互角だった場合で、このような相手に勝つには女性に目を向けていては駄目なのです」

このために厳包には子はなく、柳生流の一子相伝の印可は兄・利方の息子・兵庫厳延へと受け継がれた。

元禄七年（一六九四）に厳包は死ぬが、この死によって、柳生新影流の全盛期は終わったといわれている。

神道流　鹿島神陰流《かしましんかげりゅう》

松本備前守政信

まつもと・びぜんのかみ・まさのぶ

◆応仁二年～大永四年（一四六八～一五二四）
◆初名、守勝。のち尚勝。

◈新当流秘技〝一《ひとつ》の太刀〟の創案者

松本備前守政信は、無敵の剣豪・塚原卜伝の師とされている剣豪である。

鹿島神陰流（鹿島神流、鹿島流ともいう）という流名から、上泉信綱によって創始された新影流と何か関係があるのではないかという想像がすぐに思い浮かぶ。例えば、直心影流では流祖を杉本備前守政元《まさもと》とし、二代目を上泉信綱としている。これについて、武道史研究家の綿谷雪は杉本は松本の誤記に発しているので、杉本備前守政元は、備前守政信の子の松本右馬允政元だとしている。とすれば、上泉信綱が鹿島神陰流から新影流を興したという説も十分に成り立つことになる。この説の真偽はさておくとしても、上泉信綱が鹿島で剣術を学んだのは確からしいので、ある程度の影響があったのはほぼ確実といえるだろう。

松本備前守政信の影響力はそれほど大きく、飯篠長威斎の兵法を基本としながらも、神道流剣法の格式の多くは彼の手になるもので、陣鎌、長刀、十文字、片鎌、万字鎌、草刈鎌、兵丈などの術技はすべて彼が完成したものだという。卜伝の秘剣〝一の太刀〟にしても、もともとは政信が創案し、それを卜伝の養父・塚原土佐守安幹《やすもと》に伝え、それから卜伝に受け継がれたのである。

　とはいえ、政信についてそれほど詳しいことがわかっているわけではない。松本家はト伝の実家・吉川家と同じく鹿島神宮の神官で、かつ常陸の大掾《だいじょう》鹿島氏の四家老のひとつであって、古くから鹿島の剣法を伝えていた。いつのころか、飯篠長威斎の門人となって天真正伝香取神道流を学び、鹿島神宮に祈願して、源義経が奉納した秘書を手に入れて鹿島神陰流を創始したという。中世の武将だったので戦場に出ることも多かったが、敵と槍を合わせたことが二十三度あり、高名の首二十五、並み追首七十六を取った。しかし、永正年間（一五〇四～一五二〇）ごろから鹿島家に内紛が起こり、やがて激しい戦争となって、政信はその戦いの最中に討ち死にしてしまった。

神道流　系図

飯篠長威斎家直
- 飯篠貞秀 ― 飯篠盛近……
- **松本備前守政信（鹿島神陰流）** ― 松本右馬允政元
- 塚原新右衛門安幹 ― **塚原卜伝（新当流）**

※太字は本書で紹介している剣豪

神道流 新当流《しんとうりゅう》

塚原卜伝

つかはら・ぼくでん

◆延徳二年〜元亀二年（一四九〇〜一五七一）
◆幼名、朝孝。長じて新右衛門高幹《たかもと》または卜伝と称す、のち土佐守、土佐入道。

◈生涯勝負に一度も負けなし

塚原卜伝は、飯篠長威斎家直《いいざさちょういさいいえなお》を祖とする天真正伝香取神道流の流れを汲み、独自に工夫・改良を加えて新当流（鹿島新当流、卜伝流ともいう）を興した剣豪である。

かなり誇張された表現ではあるが、『卜伝遺訓抄』（卜伝百首）の奥書がその強さを次のように物語っている。

「十七才にして洛陽清水寺において真剣勝負に勝ってから、五畿七道をめぐる。真剣の試合十九回、戦場に出ること三十七回、一度も不覚をとったことがない。木刀などの試合は総じて数百度にも及ぶけれど、切り傷、突き傷を一カ所も受けていない。矢傷を受けたのが六カ所あるだけで、そのほかには敵の兵具にあたったことがない。試合・戦場において討ち取った敵の数は二百十二人。まったく五百年来無双の英雄である」

卜伝が活躍した時代には、まだ剣豪と呼ばれる存在が一般的ではなかったとはいっても、これほど強ければ確かに無敵といっていいかも知れない。そのせいか、日本一ともいわれる剣豪・宮本武蔵さえ卜伝のもとで剣の修行をしたという話まで生まれている。あるとき、武蔵が卜伝を訪ね、いろり端に座っているところを後ろから斬りかかった。と、卜伝は最初の太刀を竹火箸で払い、次の手を座ったまま鍋蓋で受けとめた。これ以来、武蔵は卜伝のもとで修行したというのである。

もちろん、天正十二年（一五八四）生まれの武蔵が卜伝と出会うはずはなく、この話は完全にフィクションなのだが、武蔵の剣を竹火箸と鍋蓋で受けるところなどには、卜伝の自由自在さがよく伝えられているといえそうである。

新当流　系図

- **塚原卜伝高幹**
  - 塚原彦四郎幹彦
  - 北畠具教
  - **斎藤伝鬼坊（天流）**
  - 師岡一羽（一羽流）
    - 岩間小熊之助
    - 土子泥之助
    - **根岸兎角（微塵流）**

※太字は本書で紹介している剣豪

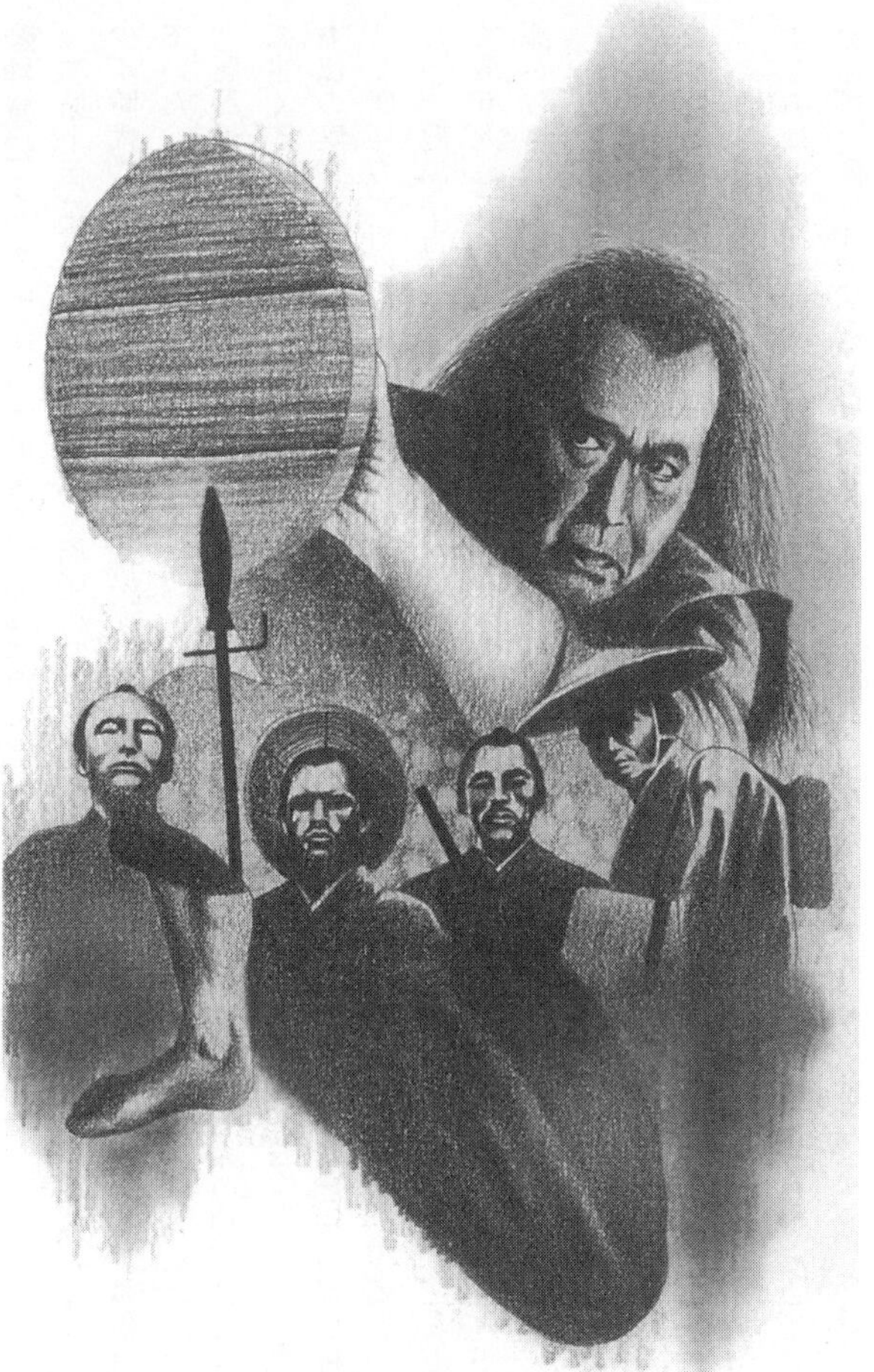

◈神感によって秘伝〝一《ひとつ》の太刀〟を体得

塚原卜伝は常陸国鹿島（茨城県鹿嶋市宮中）で吉川家（本姓・卜部《うらべ》）の二男に生まれ、少年時代に塚原（鹿嶋市須賀）の塚原家へ養子となったが、どちらの家も剣の道では優れていた。

鹿島はもともと「関東七流」と呼ばれる剣法発祥の地で、鹿島神宮の七人の神官によって古くから「鹿島の太刀」という刀法が「上古流」「中古流」と称して伝えられていた。卜伝の実家吉川家はこれら七人の神官の家系で、卜伝の祖父・卜部呼常《よびつね》は鹿島中古流と称して鹿島の太刀の秘伝を伝えていた。卜伝の実父・吉川覚賢《あきかた》は常陸大掾《だいじょう》鹿島家の家老だったが、鹿島中古流を受け継いだ上に、越前の戸田流（富田流）の一部も「外の物《とのもの》」と称して取り入れていた。ちなみに、卜伝が〝卜伝〟と称したのは、この実家吉川家の本姓・卜部からきている。

一方、卜伝の養父となった塚原土佐守安幹《やすもと》は飯篠長威斎家直から天真正伝香取神道流を学んだ人物だった。安幹には安義という実子があったが、早世したために、卜伝が養子となったのである。

こうして、卜伝は少年時代から鹿島中古流と神道流の両方をしっかりと仕込まれ、二十才ごろには最初の回国修行ができるほどの腕前になった。しかし、卜伝はそれでもまだ自分の剣に確信が持てなかったようだ。

三十才ごろから、卜伝は鹿島神社に千日間も籠もって、神に祈っては剣を振るという過激な修行を行った。そして、『鹿島史』などの伝えるところによれば、千日の参籠祈願が満願となったその朝に、卜伝は神託を受け、新当流の極意となる〝一の太刀〟を授かったのだという。また、このとき受けた神託は「心を新たにして敵に当たる」という意味だったので、これ以来、流派の名前に〝新当〟の字を用いるようになったのだともいわれている。

ただし、『甲陽軍鑑結要本』では、一の太刀の創案者は飯篠長威斎の弟子だった松本備前守政信《まさのぶ》であり、これが卜伝の養父・塚原土佐守安幹を経て、卜伝に伝えられたとされており、卜伝がどのようにして一の太刀を体得したか、正確なところはわからないのである。大切なことは、とにかくも卜伝が一の太刀を体得し、これによって無敵の剣豪となり得たということだろう。

とすれば、極意一の太刀がどのような刀法であったか大いに気になるところだが、残念なことにこれについても詳しいことは明らかではない。卜伝が生きた時代には、剣豪といっても刀法についての詳しい伝書などは残さず、その内容は師から弟子へと口伝される習慣だったので、一の太刀について卜伝が書き記したものなど何も残っていないのである。

とはいえ、一の太刀について知る手がかりがまったくないというわけでもない。あくまでも後世の人々の解釈だが、例えば『甲陽軍鑑結要本』には、一の太刀について次のような意味の説明を加えている。「右の太刀（一の太刀）では、一つの位、一つの太刀、一つ太刀というように、太刀一つを三段に見分けている。第一のものは天の時、第二のものは地の利であって、つまりは天地を合わせる太刀なのである。第三の奥秘一つ太刀は、人の和と工夫ということである」

もっと単純明快な説明もある。『日本武道流祖伝』では一の太刀について「一刀に敵を二つにして二度振り上げざることを示す」と説明されている。

どちらの説明が一の太刀を的確に捉えているか簡単には断言できないが、一の太刀という言葉の印象から想像すると、一刀にして敵を両断してしまう太刀という説明の方がよりぴったりしているのではないだろうか。現在の多くの兵法研究家たちの考えも、この点では一致しているようである。そもそも、卜伝の生きた時代は戦国乱世であり、武士たちが甲冑を身にまとって戦場において戦っている時代だった。そのような状況では敵と対したときに細かな駆け引きなどはそれほど重要ではなかっただろう。たとえ甲冑の上からでも、敵を一刀両断してしまう覚悟と底力が重要だったに違いない。このようなことからも、一の太刀とは、少しもひるむことなく一刀に命をかけるような刀法だったのではないかといわれているのである。

もちろん、覚悟だけで敵に勝てるというものではない。長く厳しい鍛錬によって優れた剣技を身に付けた卜伝が、最終的にそのような境地に目覚めたとき、無敵の剣豪が生まれたということではないだろうか。

◈勝つために万全を尽くす

一の太刀を体得した卜伝は、それだけでも十分に無敵だったが、生涯に一度も負けなしという実績を作っただけあって、それ相応の用心深さも身に付けていたようである。

卜伝の名は日本中で有名だったので、試合を申し込んでくる兵法家も数多かったが、そんなある時のこと。試合の申し込みを受け入れた卜伝は、それからすぐに自分の取り巻きの人を使って、相手の兵法家についてこれまでどんな試合をしてどんな具合に勝ったかを徹底的に調べさせた。すると、勝つときは右か左か、とにかく片手で勝つということが判明した。そこで卜伝はある計略を用いることにした。卜伝はこの相手に対して、「左太刀の片手勝負は卑怯なやり方だから、わたしとの試合ではやらないようにしてもらいたい」と申し入れたのである。相手の兵法者は、もちろんこれを拒絶したが、卜伝は繰り返し十回も同じことを相手に申し入れたのである。こんなことがあったために、相手は完全に卜伝が左太刀の片手勝負を苦手にしていると思いこんでしまったようだ。試合が始まるやいなや、卜伝はあっという間に、相手の頭から鼻、唇にかけてまっぷたつにしてしまったのである。

下総生まれの梶原長門という長刀《なぎなた》の名人に挑戦されたときは、こんな具合だった。長門は刃渡り一尺四、五寸の長刀を自由に操り、飛んでいる燕を切り落とすばかりか、試合に際しては、「まず左の手を先に斬り、次に右の手、それから首を斬ってみせよう」

とあらかじめ予告しておいて、そのとおりにやってのけるというほどの名人だった。このため、卜伝の門弟たちは大いに心配し、卜伝が試合をしようとするのを止めかねないほどだった。そんな門弟たちに向かって、卜伝はこういった。「長刀というのは太刀打ちの場合よりも二、三尺も遠いところを斬る武器だ。それなのに、刃渡り一尺四、五寸の長刀で、相手の両腕を左、右と二度に斬るなどというのは、敵がよっぽどへたくそでない限り不可能だ。それを、自分は長い太刀を使うが、刃の長さ三尺の刀でさえ思いどおりに人を斬るのは困難だ。それを、刃の長さ一尺五寸の長刀で、しかも遠いところのものを斬るなど、相手が優れていてはなかなかできるものではない。刃渡り二尺以下の長刀など、柄の短い槍と同じなのであって、たとえ突かれたとしても、敵を討たないで敗れることはないから、見ているがよい」

そして、いよいよ試合となると、卜伝はいつもよりも長めの二尺九寸の太刀を使い、長門の繰り出した長刀を鍔もと一尺を残してすっぱりと切り落とし、さらに長門の身体を一刀両断してしまったのである。

この試合では、卜伝は片手勝負の相手のときのような心理戦は使わなかったが、試合以前に相手の特徴をすっかり知り抜き、万全を期して試合に臨んだことに変わりはないだろう。

◈卜伝流武士の心得

命をかけた試合において常に用心深かった卜伝は、ふだんの生活においても注意を怠るようなことはなかったし、武士たるものは決して不用心であってはならないと考えていた。そんな卜伝の考えがよくわかる逸話がある。

卜伝はかねがね弟子の一人に目を付けていて、なかなか出来がよいので、一の太刀の秘伝を彼にゆずろうかとさえ考えていた。そんなある日のこと。この弟子が道を歩いているとふいにつないであった馬が跳ねたが、彼はとっさに飛び退いて見事に身をかわした。これを見た人々は、「さすがに卜伝先生の高弟だ」といってほめたが、卜伝は気に入らず、「これではとても一の太刀はゆずれない」と言い出した。

あれ以上にうまいかわし方があるものかと思った人々は、それなら卜伝先生はどうするかと、無類の跳ね馬を道につないでから、そこへ卜伝を誘い出した。ところが、卜伝はずっと離れたところを通ったので、人々は大いにがっかりした。すると、卜伝がいった。

「馬が跳ねたときに飛び退くのは確かに技がすぐれているように見える。しかし、馬はもともと跳ねるものだ。それを忘れて馬のすぐ後ろを通るなどというのが不注意なんだ」

まるで冗談のような話だが、卜伝にはこういう話がよく似合うのである。

晩年になってから、三人の息子のうちの誰に家督をゆずろうかと考えたときも、卜伝は武士としての普段の心構えを最重要視し、それを見極めるための試験まで行った。木枕を自分の部屋の暖簾の上におき、暖簾をはねると頭の上に落ちるように仕組んでから、順番に息子たちを呼んだのである。

最初は嫡子。彼は油断なくあたりを見回し、見越しの術（透視術）でこれを見つけ、枕を取り除いてから部屋に入った。

次は二男。彼は暖簾を開くと上から枕が落ちたが、すばやくかわし、刀に手をかけながら入ってきた。

最後が三男。暖簾を開くと枕は落ちたが、彼は目にもとまらぬ早業で抜刀し、空中で木枕を切って座敷に入ってきた。これを見た卜伝は、「こいつ、枕を見たくらいで驚くとはあきれた奴だ」と一喝した。

この試験の結果、普段から用心深い嫡子が当然のように家督をゆずられることになったという。

◈将軍や大名を弟子にする

当時としてはほぼ確実に日本一の剣豪だっただけに、卜伝の弟子には大人物が多い。卜伝は生涯に三度、はたち前後、四十才前後、六十才前後の時期に回国修行をしているが、最後に京都をおとずれたときには、足利十三代将軍義輝《よしてる》にも刀法を教えたとされている。

伊勢の国司・北畠具教《とものり》は卜伝の弟子の中でも最もすぐれており、唯授一人の秘伝〝一の太刀〟を伝授された。

このような大物を弟子にするだけあって、卜伝の回国修行の姿は相当に派手だった。いつもそうだったわけではないだろうが、『甲陽軍鑑』によれば、卜伝は回国修行の際に、大鷹三羽をすえさせ、乗り換え用の馬を三頭もひかせ、前後に八十人ばかりの門弟を連れて歩いたという。しかも、これは宣伝のためで、こうすることで各地の武家たちにも尊敬されるように仕向けたのだという。何事にも準備万端怠らない、卜伝らしいやり方ではある。

戦国武将の命運を分けた武芸観

足利十三代将軍義輝が塚原卜伝から一《ひとつ》の太刀の秘伝を授けられていることからもわかるように、戦国時代の武将たちは武芸に大きな関心を持っており、自らが相当な遣い手でもあった。武田信玄も塚原卜伝から教えを受けたといわれているし、若いころの織田信長は朝夕馬術の練習を怠らず、夏は水練の合間に、近習たちと竹槍で叩き合う練習をしていた。虎退治伝説で有名な加藤清正などは十五才にして狼藉者を退治してから、何度となく戦場に赴き、自ら敵中に斬り込んで敵を倒したという数多くの武勇伝を持っている。武将でさえこうなのだから、この時代に数多くの剣豪が登場したのもうなずけるのである。

しかし、いくら戦国時代とはいっても、一国を率いるような武将が自分の腕前に頼りすぎるのは危険なことだった。秘伝・一の太刀の印可を受けた足利義輝は元禄八年（一五六五）、二条御所において松永久秀の兵に襲われたとき、数振りの太刀を抜き身にして床の上に置いておき、襲ってくる軍兵を数人斬っては別の刀を取り上げるというふうにして戦い、ついに数十人を殺傷したと伝えられているが、結局は邸に火を放って自害するしかなかった。また、やはり卜伝から一の太刀の秘伝を受けた伊勢の国司・北畠具教は、天正四年（一五七六）に織田信長の兵に襲われると、自ら太刀を振るって十数人を切り倒し、そのあげくに壮絶な死を遂げたのである。

これに比べると、最終的に天下を取った徳川家康はその武芸観において一線を画していたといえるだろう。家康は新影流の奥山休賀斎と柳生石舟斎から剣術を学んだ実力者だったが、大将の剣術と剣豪の剣術が違ったものであることをしっかりと認識していた。家康にとっては大将の剣術はあくまでも万一の危機を逃れるためのもので、それだけでよかった。そもそも、大将がみずから刀を振るわなければいけないようでは戦に勝てないというのが家康の持論だった。このような武芸観の持ち主だったからこそ、長い戦乱の世をしぶとく最後まで生き抜くことができたのではないだろうか。

根岸兎角

ねぎし・とかく

神道流 微塵流 みじんりゅう

◆生没年不詳(十六世紀後半の人)

◈病気の師を見捨て、微塵流を興す

根岸兎角は剣豪ではあるが、主役ではなく、敵役として名を残している人物である。

兎角の流派は微塵流というが、それは師岡一羽《もろおかいっぱ》の興した一羽流と同じものである。一羽は美濃の土岐《とき》家に属していた剣豪で、土岐氏の江戸崎城の軍師として江戸崎（茨城県稲敷市江戸崎）に住んでいた。このあたりは関東の兵法発祥の地である鹿島、香取にも近く、一羽は父・筑前守守常から飯篠長威斎の系統の神道流を、さらに塚原卜伝から新当流を学び、独自の工夫を加えて一羽流を名乗ったのである。

兎角はこの師岡一羽の弟子で、ほかに岩間小熊（小熊之助ともいう）、土子土呂助《ひじこどろのすけ》という兄弟弟子がいた。三人とも、腕前は立派だった。

ところが、師の師岡一羽が皮膚が腐ってしまうという不治の病に侵されてしまったため、三人は剣の道を放棄せざるを得ない危機に追い込まれてしまった。師の症状はどんどん悪化し、やがて起居さえもできなくなってしまったからだ。

このとき、小熊と土呂助はすぐにも剣の修行を放り出して師の看病に必死になったが、兎角だけはそんな生活に耐えられなかった。兎角は病の師と、それを看病する兄弟弟子を見捨てて、小田原へ逃げた。

小田原の兎角は、自らの流派を微塵流と名付けて弟子をとりはじめた。彼は大きな身体に鋭い目、長い髪を後ろで束ねた総髪で、自ら天下無双の達人だと称して人々の耳目を集めたので、門人は相当な数に上った。

それから、兎角は江戸に出て、ここでも大勢の門人を集めた。これが兎角の絶頂期だった。

江戸崎で師を看病していた小熊と土呂助はそんな兎角の噂を聞いて大いに驚き、腹を立てた。「ぜひとも兎角を討ち果たそう」と、二人は話し合った。こうして、兎角は兄弟弟子に狙われる身となったのである。

◈江戸大橋で決闘した兎角と小熊

兎角を討つと決めた小熊と土呂助が行動を開始したのは、文禄二年（一五九三）九月、師が死んだ直後だった。二人で一人を討つというのでは世間の聞こえも悪いので、くじ引きをした結果、小熊が江戸へ向かうことになった。土呂助の方は鹿島神宮に詣でて、願文を納めた。

江戸に着いた小熊は何を思ったか、江戸城本丸大手門外にある大橋のたもとに高札を立てた。

「兵法望みの人これあるにおいては、その仁と勝負を決し、師弟の約を結ぶべし。文禄二年九月十五日。日本無双、岩間小熊」

このころ、根岸兎角には数百人の弟子があったが、彼らはみな兎角先生こそ日本一と信じていたので、これを見ると大いに腹を立てた。

兎角自身は弟子たちの前で余裕のあるところを見せたかったのか、「なあに、こんな手合いは俺が一打ちに打ち殺してやるさ」とうそぶいて、奉行所に試合の許可を願い出た。許可はすぐにおり、試合は大橋の上で行われることになった。

試合当日、奉行所の役人と大勢の見物の見守る中、兎角と小熊は橋の上に姿を現した。大柄の兎角は、太い縞の小袖に繻子袴、白いたすきをかけ、太くて長い、鉄のいぼがついた六角棒を抱えている。剣豪のくせに六角棒とは奇妙に見えるかも知れないが、もともと鹿島・香取の武術には棒術がつきものなので、卜伝の新当流にも、兎角の微塵流にも棒の手が含まれていたのである。一方、小熊は小男で髪は蓬髪、顔中髭だらけ、ねずみ色の袷《あわせ》、木綿の袴という恰好で、ただの木刀。どう見ても、兎角の方が強そうだった。

が、試合が始まるとすぐ、二人の得物が一合しただけで、小熊は兎角を橋の欄干に押しつけ、彼の足をつかんで堀の中に突き落とした。兎角は水練が達者だったので、そのまま泳いで姿をくらましてしまった。

これで兎角の評判が落ち、小熊の人気が高まったのは当然だが、兎角の弟子の中には小熊を恨む者も何人かいた。彼らはそれとなく小熊に近づき、彼をだまして酒を飲ませたうえで熱湯の風呂に突き落とし、苦しむところを斬り殺した。とはいえ、この者たちもただではすまず、事実を知った土子土呂助に殺されてしまった。

姿をくらました根岸兎角は西国に逃れ、名を信太《しのだ》朝勝と改めて、その後も微塵流を教え続けたらしい。最後は中国地方で死んだという。

神道流 天流《てんりゅう》

斎藤伝鬼坊勝秀

さいとう・でんきぼう・かつひで

◆天文十九年〜天正十五年(一五五〇〜一五八七)
◆幼名、金平。のちに主馬之助、勝秀、入道して伝鬼坊。

◈羽毛綴《つづ》りの衣服をまとった豪傑

斎藤伝鬼坊勝秀は剣の道を極めたというよりも、むしろ体格と腕力に秀でた豪傑と呼んだ方がよいような剣豪である。伝鬼坊という、いかにも強そうな呼び名からも、それはうかがえる。

その恰好もいかにも豪傑らしい異形のものだった。おそらく三十才代の半ばごろのことだろうが、伝鬼坊は京に上った際に朝廷に招かれて、紫宸殿において刀術を天覧に供する栄誉を与えられ、同時に判官の位に叙任されたことがあった。つまり、このころには伝鬼坊が刀術巧者だという噂は朝廷にまで聞こえていたわけだが、このときの彼の装束というのが、羽毛を綴った衣服で、その姿はまるで天狗のようだったという。見た目で敵を威圧することは戦術上も重要なことなので、この頃の剣豪にはかなり人目に立つ派手派手しい恰好をしたものが少なくなかったといわれるが、それにしてもいかにも豪傑らしい威圧感のある恰好ではないだろうか。

とはいえ、伝鬼坊がどのような剣法の使い手だったかについては、何も伝わっていない。彼は刀だけでなく槍の術にもすぐれていたが、天流という名前以外には何もわからない。彼が有名なのは、彼がいかにも豪傑らしい凄惨な死に方をしたからである。彼の剣法も、結局はその死にざまから想像するしかないのである。

◈鎌倉鶴岡八幡宮で剣の奥義を悟る

伝鬼坊は一応は塚原卜伝の弟子といわれているが、年代から考えても卜伝の最晩年の弟子であり、おそらく数年間しか教えを受けていないのではないかと想像できる。一説によれば、伝鬼坊は卜伝の弟子ではなく、卜伝の養父・塚原土佐守安幹の実子・新右衛門安義の門人で、しかも修行の途中で破門されてしまったのだという。いずれにしても、修行の期間は短く、免許皆伝を受けるようなこともなかったに違いない。

その後、伝鬼坊は自らの流派を興すことになるが、それは彼自身の苦心によるところが大きかったろう。

伝鬼坊が剣の道に目覚めたのは、鎌倉の鶴岡八幡宮に百日間の参籠をしたときのことだといわれている。鶴岡八幡宮は源氏一門の守り神として知られるが、八幡神というのはそもそも武神でもあるし、鎌倉という土地は、念阿弥慈音《ねんなみじおん》や中条兵庫頭といった剣豪のゆかりの地でもある。そのような地で剣の奥義を極めたいと伝鬼坊は望んだのだろう。このとき、伝鬼坊は自分と同じように参籠している一人の修験者に出会った。伝鬼坊はその人と刀や槍の術について夜を徹して語り合い、重要な点については実際に試合をして術の可否を吟味した。この結果、伝鬼坊は自然と剣の奥義を悟ったのだという。そのうち夜が明けそうになると修験者が別れて去ろうとしたので伝鬼坊は、「あなたの術は何というのですか」とたずねた。が、修験者は答えず、黙って太陽を指さしてどこかへ去ってしまった。そこで伝鬼坊はいま得たばかりの秘剣に天流（あるいは天道流）と名付けたのだという。天正九年十一月二十一日、伝鬼坊三十一才のときである。

これ以降、彼の剣法が格段の進歩をしたのは当然で、諸国を修行しながら京に上ったときには、朝廷から招かれるほどの剣豪になっていたのである。

しかし、これが伝鬼坊の絶頂期だった。これ以降、彼の運命は凄惨な最期を目指して急展開するのである。

◈霞《かすみ》流一門との決闘

剣法を天覧に供したことで判官の位を得た伝鬼坊は、それから生まれ故郷の常陸国真壁（茨城県桜川市真壁町）に帰り、真壁に近い下妻（茨城県下妻市）の城主・多賀谷修理大夫重経《たがたにしゅりのだいぶしげつね》という小武将のもとで、城主や家臣らの剣の師範となった。伝鬼坊は剣法を天覧するという実績があったので、近隣からも多くの弟子が集まったという。

ところが、このころ真壁には真壁安芸守氏幹《あきのかみうじもと》という小武将がおり、その家臣に桜井霞之助という剣豪がいた。

　氏幹は真壁城主で、このころは闇夜軒と称していたが、一説によれば伝鬼坊と同じく塚原卜伝の門弟であり、しかも伝鬼坊に輪をかけたような豪傑だった。とにかく勇猛果敢、腕力は数人力で、戦場では長さ一丈あまり、周囲八寸もある樫の六角棒に鉄鋲を打ち込んだものをびゅんびゅんと振り回し、向かうところ敵なしで、このために「鬼真壁」といって恐れられたという。卜伝門下なので新当流だったが、自らの流儀を「霞流」と称していた。

　霞之助は、この闇夜軒門下のナンバーワンの高弟だった。霞流の霞を自分の名にしていたのも、ナンバーワンとしての自負の表れかも知れない。

　この二人が、伝鬼坊の活躍に不快きわまりない思いをしていたのである。伝鬼坊が下妻で剣術師範となるまでは、真壁近辺は霞流の天下であり、霞流の武芸者でいっぱいだったにも関わらず、伝鬼坊が来てからというもの、天流を学ぶ武芸者が増え始めたからである。

　このことに我慢できなくなったのは、まだ二十四才で血気盛んだった霞之助だったが、伝鬼坊に試合を挑んだものの大勢の見物の前で無惨にも殺されてしまった。

　これが霞流一門の怒りに火をつけたのは当然といえるだろう。中でも最も怒り狂ったのは霞之助の父・桜井大隅守《おおくまのかみ》だった。大隅守はすぐにも闇夜軒の了解を取ると伝鬼坊に決闘を申し込んだ。しかも、決闘とは名ばかりで、闇夜軒と謀った大隅守はいかなる手段を用いようとも伝鬼坊を倒そうと企んでいたのである。

そうとは知らぬ伝鬼坊は決闘の刻限に、立会人の弟子を二人連れただけで、腰に刀、手には鎌槍を持って約束の場所・真壁不動堂前にやってきた。このとき、決闘の相手の姿は伝鬼坊の目には見えなかったが、すでに数十人の霞流一門が弓矢と長槍を構え、伝鬼坊を取り囲むように身を潜めていた。伝鬼坊が姿を現すや、霞の党もぞろぞろと姿を現した。それから、決闘の約束など忘れたように、一気に伝鬼坊めがけて弓矢の雨を降らせたのである。伝鬼坊は鎌槍で降り注ぐ矢を打ち払い、連れてきた弟子二人だけをどうにか退却させたが、次から次へと降り注ぐ矢を最後までかわすことは不可能だった。彼は全身にすきまがないほどおびただしい矢を浴び、凄惨な死を遂げたのである。天正十五年、伝鬼坊は三十八才だった。

それにしても、北畠具教にしても、足利義輝にしても、卜伝の弟子たちはどうしてこうも凄惨な死に方をするのだろう。確かに、卜伝の教えでは、生死を超脱することが武士の心構えの究極のものとされている。例えば、『卜伝遺訓抄』(卜伝百首)の最後の方に、次のような歌がある。

武士の生死のふたつ打捨て進む心にしくものはなし

しかし、卜伝百首の多くは戦場における一種の用心としての心がけをよんだものである。卜伝自身が非常に用心深かったことは、彼の逸話を見てもわかる。

卜伝の弟子たちには、生死を超越するという心構えだけを学び、用心深さについて学ばなかった者が多かったのではないだろうか。

中条流　富田流《とだりゅう》

富田勢源《とだ・せいげん》

◆生没年不詳（十六世紀中葉の人）
◆名は五郎左衛門。入道して勢源。

◈小太刀を使う盲目の剣士

富田勢源は、中条流中興の祖とされる剣豪である。

現代剣道のルーツは一刀流だといわれるが、この一刀流を開いた伊藤一刀斎は勢源の孫弟子にあたる。この意味では、勢源は現代の剣道にとっても縁のある剣豪といえる。

中条兵庫頭長秀に始まる中条流の正統は、甲斐豊前守、大橋勘解由《かげゆ》左衛門、富田九郎左衛門長家と継承された。長家は越前朝倉家の家臣で、勢源は彼の孫である。

勢源は長男だったし、刀槍の術にもすぐれていたので、本来なら富田家の跡を継ぎ、中条流の正統も受け継ぐはずだったが、残念なことに若いころから目の病を患い、家督を弟の景政に譲った。このころから富田家の中条流は富田流と呼ばれるようになったが、勢源はといえば、以降は剃髪し、故郷越前一乗谷で独自に兵法の道を追求したのである。

勢源の目がどれくらい悪かったかははっきりしないが、勢源を描いたとされる有名な肖像画では、彼の目は真っ白で黒目がない。このため、勢源の目はほとんど見えなかったのではないかともいわれる。剣豪にとって、これが大きなハンディキャップであることは確かだ。剣法では、一眼、二足、三膽、四力といって、目の良さが最も重要視されるからだ。しかし、勢源は特別だった。彼は眼病を患ってからも達人と呼ぶにふさわしい剣法家で、とくに小太刀の技にすぐれていたといわれている。『二天記』には、勢源は一尺五寸の小太刀で、三尺余りの太刀に勝つことができると記されており、佐々木小次郎が彼の弟子だったとされている。

◈一尺三寸の薪で神道流の剣豪を血まみれにする

中条流では、〝兵法〟を〝平法〟と書く。これは中条流の核心にある次のような教えによる。「平らかに、一生事なきをもって第一とする。戦いを好むは道にあらず。やむを得ざるとき、太刀の手たるべきなり」

富田流においても、このことに変わりはなかった。だから、勢源は自ら進んで戦いの場に赴くことはなかった。目が悪かったのだからなおさらで、できることなら戦いたくなかっただろう。しかし、やむを得ない場合は別である。次のような話が伝わっている。

永禄三年（一五六〇）夏のこと。すでに剃髪していた勢源は、美濃の国守・斎藤義龍のもとで人質となっていた成就坊という友人を訪れたことがあった。

当時の美濃は兵法の盛んな土地で、義龍自身も神道流の達人・梅津某という者から剣法を習っていた。この梅津という剣豪が、勢源の名を聞くと敵愾心《てきがいしん》を燃やし、中条流の小太刀が見たいからぜひ試合をしてくれと勢源に申し込んだ。勢源は、「自分は未熟者だから試合はできない。そんなに試合がしたければ、越前に行けばよい。そこには強い者がたくさんいる。それに、中条流では他流試合は禁じられている」といって断った。これを聞いた梅津は、「ふん、どうせそんなことだろうと思った。俺の兵法は関東でも有名だ。さすがの勢源も、国では広言を吐いていても、俺にはかなわないということだ」と好き勝手なことを言い出した。

これを知った義龍は勢源に同情した。「ここまでいわれたら、勢源に試合をさせなければかわいそうだ」そう思った義龍は、命令によって勢源と梅津に試合をさせることにした。試合は、七月二十三日辰の刻、武藤淡路守《あわじのかみ》宅においてと決まった。

さて、試合当日。勢源は成就坊の宅から供を四、五人連れて淡路守の宅へ行くと、何を思ったか薪小屋に積まれてあった割木の中から長さ一尺二、三寸のものを取り出し、もとのほうに皮を巻いて試合の武器とした。梅津は十数人の弟子を引き連れ、長さ三尺四、五寸の長大な木刀を弟子に持たせて庭にしつらえられた試合場に現れた。

試合場の二人はいかにも対照的だった。勢源は小柄で、かつ目が悪く、いかにも弱そうだった。梅津は体も大きく頑健そうで、いかにも強そうだった。見物の多くが、これは間違いなく梅津の勝ちだとささやきあった。

「できれば真剣でやりたい」と試合の前に梅津が申し出た。

富田流　系図

- **中条兵庫頭長秀（中条流）**
  - 甲斐豊前守
    - 大橋勘解由左衛門
      - 富田九郎左衛門長家（富田流）
        - 富田治部左衛門景家
          - **富田勢源**
            - 鐘巻自斎
              - **伊藤一刀斎（一刀流）**
              - **佐々木小次郎（巌流）**
            - **川崎鑰之助（東軍流）**
          - 富田治部左衛門景政
            - **富田越後守重政〈名人越後〉**……

※太字は本書で紹介している剣豪

「梅津どのは真剣でやればよい。自分はこれでよい」と勢源はいった。

こういわれては仕方がないので、梅津は用意してきた長大な木刀を手に取った。

試合が始まった。

「いざ」かけ声をかけるやいなや、勢源が攻め込みはじめた。その速さに、梅津は応戦することもできず、小鬢《こびん》から二の腕まで打たれ、アッという間に半身が血に染まった。

梅津がどうにか持ちこたえ、反撃を開始しようとすると、勢源は少しも慌てず、梅津の右腕を打った。梅津は倒れそうになりながら、木刀で勢源の足を払った。そのとき、勢源の身体が宙を舞ったかと思うと、次の瞬間、短い薪棒が梅津の頭を直撃したのである。

試合の結果は明らかだった。検使はその様子を忠実に国守の義龍に報告した。義龍は大いに感銘し、勢源に褒美を下賜しようとした。が、勢源は受け取らなかった。「中条流では他流試合は禁止されています。国守の命令に背くことができず、やむなく行った試合なので、褒美は受け取れません」こう言い残し、さっさと越前に帰ってしまったという。

中条流　富田流《とだりゅう》

富田越後守重政
とだ・えちごのかみ・しげまさ

◆永禄七年～寛永二年（一五六四～一六二五）
◆初名、与六郎、のち六左衛門。大炊と称した。

◈名人越後といわれた実力者

富田越後守重政は富田流の正統を受け継ぎ、俗に〝名人越後〟とうたわれた剣豪である。

中条流中興の祖とされる富田勢源は若くして眼病を患ったために、家督を弟・景政に譲った。この景政には一子・景勝という者がいたが、若くして戦死してしまった。このため、富田長家の門人・山崎弥兵衛景邦の子で、景政から富田流を学んでいた重政が、景政の娘をめとって養子入りをし、富田姓をゆずられたのである。

このころ、富田家の主家・朝倉家が滅び、天正三年（一五七五）になって越前府中に前田利家が入部するということがあり、重政は百石で利家に仕えるようになった。以降、戦乱の世の武士として、重政は大いに活躍した。同十二年の越中末森城の合戦では重政は一番槍の功をたて、同十八年武州八王子城攻略においても先鋒をつとめて戦功を上げた。関ヶ原の戦いでも大坂の役でも彼の戦い方はすさまじかった。こうして、重政は前田家の家臣として、俸禄一万三千石を得るまでになったのである。剣豪としてでなく、武士としての活躍が認められたわけだが、石高だけ比べれば柳生宗矩を超える大出世である。

重政が一人の剣豪として誰かと試合したという話は伝わっていないが、名人越後といわれたほどだから、相当に強かった。どれくらい強かったか想像できる次のような逸話がある。

重政も六十才を超え、すでに隠居した後のことである。徳川三代将軍家光が、富田重政を江戸へ呼んで、柳生但馬守宗矩と戦わせようとしたことがあった。重政は相手が誰であっても勝つ自信があったが、宗矩に勝ってしまっては柳生の名に傷がつくことになる。そこで、重政は江戸からの使者に、この試合が本当に将軍の望むものなのかどうかを再確認させた。やがて、江戸から再度の使者がやってきて、試合の中止が告げられた。その理由は、富田重政も柳生宗矩も名人なので、試合によってどちらかの名に傷がつくことを、将軍が恐れたからだといわれている。

中条流 一刀流《いっとうりゅう》

伊藤一刀斎《いとう・いっとうさい》

◆天文十九年～没年不詳（一五五〇～？）
◆名は景久。または友景。前名、前原弥五郎。

◈現代剣道のルーツ・一刀流の祖

一刀流といえば後世の剣術界に最も大きな影響を与えた流派の一つで、現行の剣道のルーツになっているともいわれる流派だが、その祖・伊藤一刀斎は生まれた場所も死んだ場所もはっきりしない剣豪である。塚原卜伝、上泉信綱、柳生宗厳ら、この時代に名を成した特筆すべき剣豪の多くが、弱小豪族とはいっても城主の家に生まれたことを考えれば、それがいかに特異なことかわかる。下克上が当然の中世とはいえ、どこの馬の骨ともわからない一刀斎が剣豪として名を馳せるなどということは、本来なら不可能なことだった。にもかかわらずそれが可能だったということが、すでに一刀斎の桁はずれた強さの証明となっているのである。

小野派一刀流宗家・笹森順造の『一刀流極意』によれば、伊藤一刀斎は「天下を周遊して真剣勝負をなすこと三十三回、凶敵を斃すこと五十七人、木刀にて相手を打ち伏せること六十二人、善類を救うことあげて数えることができない」とされているほどの剣豪である。普通、このような記述は大袈裟な誇張のように感じられるものだが、一刀斎に関してはまんざら嘘とも思えない。彼ならありうる、と思わせる部分が一刀斎にはあるのである。

ところで、これだけ強ければ、卜伝、信綱、宗厳などのように剣聖と呼ばれても良さそうだが、一刀斎にはそのような言葉は似合わないようである。剣聖という言葉にはどこか人格者風の臭いがあるが、一刀斎はけっしてその種の人格者ではなく、ひどく人間くさいところのある剣豪である。これは一刀斎が興した一刀流の流儀にも通じている。一刀斎から一刀流正統を受け継いだ弟子・小野次郎右衛門忠明（神子上典膳）は、徳川家康から一刀流について問われたとき、次のように答えたことがある。

「当流では流儀といってもとくに変わったところはありません。先師一刀斎が何度となく試合をして敵を斬り倒し、その間に自然に身に付いたものを後世に伝えて流儀の極意としたものです。それに一刀流と名を付けたのも、他流と違い、我が太刀を二つ三つと打ち合わせることなく、一刀にして勝ちを極める故なのです。そんなわけで、他流のように、打太刀、仕太刀が示し合わせて飛んだり跳ねたりはしません。ただ、隼が小鳥を捕るように、つかんだ瞬間に喰ってしまうような流儀ですから、まったく田舎風な卑しい流儀といえましょう」

忠明のこの言葉には、「治国平天下の剣」となった柳生流に対する皮肉もこめられているのだが、それだけになおさら、一刀流の神髄を簡潔に言い表した言葉になっているのである。

◈少年時代から天才を発揮する

伊藤一刀斎は、天文十九年に伊豆大島に生まれたとも、永禄三年に西国（近江、越前、加賀など諸説ある）に生まれたともいわれているが、いずれにしても少年時代から身体は頑健、運動能力に優れており、並外れた剣の腕前を持っていた。一刀斎の最初の勝利が、わずか十四才のときのことだったことからもそれはわかる。

当時、一刀斎はまだ前原弥五郎と称していたが、伊豆にやってくると三島神社の床下でまるで浮浪者のような暮らしを始め、その風貌がいかにも強そうで恐ろしげだったので里人たちから鬼夜叉と呼ばれた。同じころ、三島に富田一放《いっぽう》という剣豪がいた。富田越後守重政の門人で、自ら一放流を興した達人である。一刀斎はこの剣豪に試合を申し込むと、三島神社の境内で、見事に相手を打ち破ったのである。このとき、三島神官の矢田織部《やたおりべ》という人が感激し、神社に奉納されていた瓶割の剣を一刀斎に与えたといわれている。

元亀年間（一五七〇～一五七三）ごろに、一刀斎は江戸に出ると、鐘巻自斎《かねまきじさい》の門人となった。自斎は富田勢源に学んだ中条流の剣豪で、自分の流派を鐘巻流と呼んでいた。ここで、一刀斎は中条流の剣を学んだわけだが、わずか数年にして師の自斎よりも強くなり、自斎の奥義である妙剣、絶妙剣、真剣、金翅鳥《こんじちょう》王剣、独妙剣を授けられて自斎のもとを去った。

そして、一刀斎は回国修行の旅に出発したのである。それはすさまじい戦いの旅だった。一刀斎はけっして住居を構えず、強敵がいると聞けばはるか遠方の地までも出かけていった。城下町などに着けば宿屋に泊まり、表に「天下一名人伊藤一刀斎」と札をかけた。どんなときでもより強い相手と戦いたいという一刀斎の気持ちの表れである。

それだけに一刀斎が敵を打ち倒したという話は数多い。

天正六年（一五七八）には唐船に乗って三浦三崎にやってきた唐人で、唐国兵法の名人だった十官という者と戦った。十官は上陸するや日本の武人に試合を申し込んだが、身の丈六尺以上もあって長大な白刃を振り回す十官の恐ろしさにだれも応じる者がいない。と、十官は「それでは一人でやってみせよう」といって、まるで大勢の敵が目の前にいるかのように白刃を振るい、半時ばかりも見物たちのまえで妙技を披露した。このとき偶然一刀斎も三浦三崎にいたのだが、人々は「これでは天下一と称する一刀斎でも歯が立つまい」と噂し合った。この話が耳に入ると一刀斎はすぐに試合を申し込んだ。

試合当日、大勢の見物の前で二人は向き合った。このとき一刀斎は扇子一本を手にしただけで十官に向かった。相手が扇子では真剣というわけにもいかなかったので十官は長い木刀を持った。

それでも、試合は一刀斎の押し気味に進んだ。そのうちに一刀斎は扇子を投げ捨て、諸手を広げて十官の前に立ちふさがった。これを見た十官はすぐにも長大な木刀を振り下ろしたが、この瞬間に一刀斎は足を上げて十官の木刀を蹴落としてしまった。さすがの十官も、ことここにいたっては目を白黒させて降参するしかなかったという。

あるときは一刀斎は東国で地ずり清眼という技を使う剣士と戦った。地ずり清眼という技がどのようなものだったかははっきりしない。構えは普通の清眼で、下から上に攻め上げるような太刀だとも、太刀先で地面の土を跳ね上げるような見かけ倒しの剣法だともい

一刀流　系図

伊藤一刀斎
- **小野次郎右衛門忠明**
  - 小野忠也〈伊藤典膳〉
  - **小野次郎右衛門忠常（小野派一刀流）**
    - 小野忠於
      - 小野忠一
        - 小野忠久……
        - 中西忠太子定（中西派一刀流）

※太字は本書で紹介している剣豪

われる。いずれにしても、この剣士はかなりの自信家だったようで、一刀斎の名を聞いて試合を申し込んできたのである。一刀斎は一目でそれがくだらない剣士であることを見抜き、相手にせず、黙って他国へ旅立とうとしたが、これを知った剣士が待ち伏せをした。「俺の地ずり清眼を破れるものなら破ってほしい」剣士はこういい、刀を抜いて迫ってきた。が、次の瞬間、一刀斎が刀を抜いたと同時にその剣士の身体は真二つになって倒れ、一刀斎は後ろも見ずに立ち去ったという。いかにも剣豪らしい一匹狼のような態度だが、一刀斎の戦いにはいつもこんな雰囲気があったといわれている。

◈一刀流を創建する

一刀斎が一刀流という流派を興したのがいつのことなのか、正確なことはわかっていないが、とにかく回国修行の途中のことであったようだ。

ある冬のこと。一刀斎はどこかの土地の伽藍に入って端座し、鉄如意（棒状の仏具）を手に持って心を鎮め、瞑想をこらした。回国修行では連戦連勝を続ける一刀斎ではあったが、それでもなお自分の剣に一抹の迷いがあったのかも知れない。食を断って想を練り、胆を養って熱願すること数日、不思議なことが起こった。掌中の鉄如意がふいに火をつかんでいるように熱したかと思うと次の瞬間にはまるで氷をつかんでいるように冷たく感じられたのである。

この経験に強く打たれた彼はその道理を探って苦心惨憺し、ついにあることを悟った。この悟りについて、『一刀流極意』は次のように説明している。「(一刀斎は)鉄如意冷熱の変化は自分の盈虧《えいき》が手から鉄如意に流往透徹し、また翻って冷熱を己に伝え、これを感じさせるということを悟ることができた」。さらに「彼はこの霊妙な体験を基として心が身に通じ身が刀に通じ心身刀が一如となることを悟り、心身一如の妙理を一心刀と称し、外物一切を一心の味方となし、応敵必勝の秘法を覚え、彼成一体万物一如の玄理を得、己が流名をたて一刀流と称し、自ら一刀斎と号するに至ったのである」

簡単にいえば、心身刀を一如とする妙理を悟ったところに一刀流が生まれたということだろう。

これと同じことを、一刀流兵法十二ヶ条目録詳解では、一刀流の一は最初の一であると同時に、万事全体を一切というときの一であると説明している。つまり、一刀流では最初の一の中にすべてが含まれるのである。

この考え方は一刀斎以降の完成された一刀流にも共通している。一刀流にも他の流派同様に数多くの組太刀(刀法)があるが、その原点は組太刀一本目の〝切落し〟にあるといわれる。〝切落し〟は、相手の太刀を一度打ち落としてから、改めて第二段の拍子で斬るのではなく、相手が斬りかかってくる太刀捌《さば》きの起こりを見抜き、相手太刀の運剣にはまったくこだわらず、自分側からも進んで打ち込むというものである。つまり、自分が打ち込む一つの技により、相手の太刀を切り落とし、はずして己を守り、その一拍子の勢いでそのまま相手を斬る。ただひとつの太刀で防御と攻撃の二つの働きをする。

ここに一刀流の神髄がある。このため、一刀流では組太刀一本目の切落しの意味を会得すれば、本日入門したものでも明日は皆伝をうけようといわれるのである。

とはいえ、これだけでは一刀斎が到達した境地を理解するのは難しいかも知れない。最初の一にすべてが含まれる以上は、これを理解するのに一刀斎の到達した極意や奥秘にも触れる必要があるに違いない。

◈実戦から生まれた極意と秘剣

一刀斎が創り出した一刀流の極意や奥義の中でもとくによく知られているものに、「睡中かゆきをなづ」(「睡中抓痒処」)という教えや〝無想剣〟、〝払捨刀《ほっしゃとう》〟という秘剣がある。

「睡中かゆきをなづ」というのは、眠っている人はたとえ赤ん坊でも、身体のどこかにかゆいところがあれば少しも意識することなく、しかも間違いなくかゆいところに手を伸ばしてかくという程度の意味だが、一刀斎は剣の道もこれと同じだと考える。一刀斎がこのことを悟ったのは比較的若い時代で、鐘巻自斎のもとで剣法を学んでいた時代だといわれるが、これについて次のような話がある。

自斎の門下に入ってまだたいした年月も経ないころ、一刀斎は自斎に対して、自分はついに剣の妙処を悟りました、といったことがあった。これを聞いた自斎は、何を生意気なと腹を立てた。「剣の道とはそんなに簡単なものではない」というのである。が、一刀斎はいった。

「しかし先生、妙というのは自分で悟るしかないものですから、師から教われればわかるというものでも、長く修行していればわかるというものでもないでしょう」

そこで、それなら試合をしてみようということになって師弟が戦うことになった。ところがこの勝負、三度戦って三度とも一刀斎が勝った。これには自斎も驚き、何を悟ったのかと一刀斎に尋ねた。一刀斎の答えはこうだった。

「人は眠っているときでも頭がかゆいのに足をかいたりはしません。それは人間に備わった自然な機能です。その機能を完全に働かせることが剣の妙ではないでしょうか。先生が私を打とうとするときには、先生の心は虚になっています。これに対して、私はただその自然の機能で応戦しますが、これは実といえるものです。実が虚に勝つのはまったく当然のことではないでしょうか」

先に、一刀流では心身刀を一如にすることが重要だということについて述べたが、「睡中かゆきをなづ」というこの言葉の中にも、それと共通した一種の悟りのようなものが感じられないだろうか。少なくとも自斎は、このことの重要性に気がついたようだ。自斎は大いに感心すると、鐘巻流の奥義のすべてを一刀斎に伝授したのである。

〝無想剣〟や〝払捨刀〟といった秘剣は、一刀斎が実戦の中から創案したものだが、やはり同じ考え方が流れている。

〝無想剣〟については、次のような逸話がある。

一刀斎は回国修行によって天下一の英名を勝ち得た後も、つねに剣の上達を願っており、あるとき鎌倉鶴岡八幡宮に七日七夜の参籠をしたことがあった。が、満願の夜になっても神意を得ることができず、むなしく神前を去ろうとした。その刹那、背後にもののけの怪しい影が襲うのを感じた一刀斎は、何の思案もなく無言のまま抜き打ちに払い捨て、影を二つに裂いた。この体験から、一刀斎はついに無想剣の極意を得たという。つまり、黒い影が目に映じたその瞬間にそれが敵だと悟り、すばやく斬る。このすべてが一瞬に行われるのが無想剣の極意なのである。

〝払捨刀〟の極意もまた、一刀斎の体験から得られたものだった。ある時期、彼には愛人がいたが、他流派の者たちがその愛人に取り入り、一刀斎に酒を勧めさせ、熟睡させた上で襲撃するということがあった。おりしも夏のことだったので、一刀斎は蚊帳の中で寝ており、枕元においた大小も女が隠してしまった。そこへ、敵の一味十余人が襲いかかったのである。敵は一刀斎の寝所に侵入するや、蚊帳の四つの乳を切って落とし、四方から一斉に斬りかけた。目覚めた一刀斎はすぐに刀を捜したが見つからない。そこで一刀斎、蚊帳の中ではありながらも敵刃の下を右へ左へと身をかわし、ついに蚊帳の外に飛び出すと敵の刀を奪い取り、八方から攻め寄せる敵を次から次と払い捨てるように斬り捨てていった。このときの刀法が払捨刀として残されたのである。

したがって、払捨刀は数多くの敵と戦うための刀法で、次の七本が伝わっている。〝脇構ノ摺上〟〝竜尾返〟〝地生《ちしょう》〟〝逆の地生〟〝一文字〟〝四ツ切〟〝八相〟。これら七本を連続させたり、さまざまに組み合わせたりするのである。とはいえ、〝八相〟だけを見ても、面を打ってくる相手に対して入り身になって腰を落とし、くるりくるりと回りながら、小手を斬り、胴を払いというように円を描いていく連続技である。

このような技を身に付けるのは大変なことに違いないが、ここで大事なのは、敵を斬るのではなく払い捨てることだという。しかも、斬った相手には決して心を止めず、ただひたすら払い捨てるのである。心身刀を一如にするという一刀流の神髄がこのような複雑な技にも流れているといえるだろう。

◈最後には杳《よう》として姿をくらます

このようにしてさまざまな奥義を創案し、一刀流という偉大な流派を打ち立てた一刀斎ではあるが、その晩年については何もわかっていない。

わかっているのは、弟子の神子上典膳《みこがみてんぜん》（小野次郎右衛門忠明）に一刀流の正統を伝授し、そのときから姿をくらましてしまったということだけである。

が、典膳に正統を譲るに当たっては、もう一人の弟子・小野善鬼《おのぜんき》との間に複雑な確執があったとされている。善鬼は一刀斎のもとに最初に入門した弟子で、剣の腕前も典膳に勝っていたといわれるほどの剣豪だった。だが、生来粗暴傲慢という欠点があった。この粗暴さは一刀斎と出会ったときから変わっていなかった。もともと善鬼は渡し船の船頭だったが、心得のある武士を見かけるたびに挑戦しては、一度も負けたことがないというほどの腕前だった。身の丈も六尺を超え、まるで大猿のようだった。偶然、その舟に一刀斎が乗った。善鬼はここぞとばかり一刀斎に挑戦したが、あっさり負けてしまった。それから一刀斎とともに旅をするようになったのである。

これに対し、典膳の方はさすがに武士の出だったので人格もすぐれていた。年老いた一刀斎は典膳に一刀流の正統を継がせたかったが、善鬼を無視するわけにはいかなかった。そこで一刀斎は典膳を呼び、必勝法として無想剣の秘法を教え、さらに瓶割の剣を与えた上で、典膳と善鬼を勝負させることにしたのである。いわゆる〝下総小金ヶ原〟の決闘である。

この結果、典膳は善鬼を斬り捨てて勝ち、一刀流の正統を受け継いだのである。

それから、一刀斎と典膳はそれぞれ別の道を進んだが、一刀斎の行方は杳として知れないのである。生涯を一剣士として回国修行に費やした一刀斎が選んだ、これが最後の姿だった。

中条流 一刀流《いっとうりゅう》

小野次郎右衛門忠明

おの・じろうえもん・ただあき

◆永禄八年〜寛永五年(一五六五〜一六二八)
◆初め、神子上典膳吉明《みこがみてんぜんよしあき》。関ヶ原後に名を改めた。小野は母方の祖父の姓。

◈口先の兵法は畳の上の水練と同じ

小野次郎右衛門忠明は、伊藤一刀斎から一刀流の正統を受け継いだ剣豪である。伊藤一刀斎とともに回国修行の旅をした弟子に忠明と善鬼という者がおり、善鬼が生来粗暴傲慢なのに比べ、忠明は人格的にもすぐれていたので一刀流の正統を受け継ぐことができたといわれているが、これはあくまでも比較の問題だったようである。忠明の行状を伝える数多い逸話には、忠明が人間的に立派だったと主張しているものはほとんどない。

忠明は、一刀斎と別れたのちの文禄二年(一五九三)から徳川家康に仕えるようになり、のちに二代将軍となる秀忠の剣術師範となった。一刀流正統の継承者はこののちも徳川将軍家の剣術師範となっているので、一刀流は御流儀兵法として柳生流と同じ立場に立ったわけである。ところが、御流儀兵法といえば第一に柳生流の名が上がり、一刀流が第二のものとされてしまう。こんなところにも忠明の人格の影響が表れているのである。

というのも、忠明は一刀流を大成した偉大な剣豪ではあるが、剣法によって人格を高めることなどにはあまり関心を持たなかった。忠明にとっては、剣とはあくまでも人を斬るためのものであり、頑固なまでにその考えを変えなかった。それは相手が将軍であっても同じだった。忠明はあるとき家康から一刀流とはどのような流儀かと問われたことがあったが、その答えは「隼が小鳥を捕るように、つかんだ瞬間に喰ってしまうような流儀であって、まったく田舎風な卑しい流儀といえましょう」というものだった。また、二代将軍秀忠があれこれと自分の兵法に対する考えを語った後、忠明に批判を求めたときには彼は、「兵法というのは実際に腰の刀を抜き、生死をかけた修羅場で行うものです。口先の兵法などは畳の上の水練と同じで何の役にも立ちません」と答えている。

これを、「治国平天下の剣」を説いた柳生流の考えと比べてみれば、忠明の考えが実戦的にすぐれていることは確かだとしても、いかにも野蛮だということがわかるだろう。このため一刀流は、天下国家の平和を最優先する徳川将軍家の御流儀兵法としては、どうしても柳生流の後塵《こうじん》を拝するしかなかったのである。

とはいえ、剣法とは本来が天下国家を治めるための道具だろうか。剣法とは実際に戦って初めてわかるものではないだろうか。忠明はそのように考えていたのである。だから、彼は強さにこだわり続けた。そして、強さという点だけ見れば、小野忠明が誰よりも強かった。たとえ柳生宗矩ほどの人格者でなかったとしても、強さでは勝っていた。小野忠明はそのような剣豪だったといわれている。

◈膝折村《ひざおりむら》の功名で家康に取り立てられる

小野忠明が家康に仕えるようになったいきさつについては『一刀流極意』や『日本武芸小伝』に詳しい。

それによれば、小野忠明はもと神子上典膳《みこがみてんぜん》という名で、初め安房の里見家に仕え、その後上総で万喜少弼《まんぎしょうひつ》に仕えた。弱冠から刀槍の術を好み、三神流（どのような流派かはっきりしない）の剣術に長じていたので、伊藤一刀斎が回国修行でたまたま上総に来たのを知ると、その宿を訪ねて勝負を挑んだ。この試合、忠明は二尺八寸の真剣、一刀斎はたまたま炉中にあった一尺五、六寸ほどの燃えさしの薪を手にして戦ったが、忠明はなすすべなく敗れた。これを機に、忠明は一刀斎の弟子となり、回国修行に従うことになった。一刀流では小太刀の長さを一尺五寸五分としているが、それはこのときに一刀斎が用いた薪の長さからきているという。

一刀斎との回国修行で、忠明の剣がめきめきと上達したことはいうまでもない。

やがて、一刀斎も年老い、一刀流の継承者を必要とするようになった。このとき、忠明は兄弟子の善鬼と壮絶な決闘をし、これを倒して一刀流を受け継ぎ、ついに一刀斎と別れたわけだが、およそここまでが忠明の修行時代ともいえるものである。

そののち、忠明は一度は上総に戻り、集まってきた門弟たちに一刀流剣術を教えたが、間もなく江戸に出た。まだ関ヶ原以前の時代であり、江戸といっても田舎の城下町に過ぎ

なかったが、すでに徳川家康が入部しており、江戸には未来が感じられた。この町で一刀流を天下に広めよう、忠明はそう思ったのかも知れない。江戸本郷で家を借りた忠明はその家の表に「天下一流一刀根元　神子上典膳　懇望之衆中者被尋」と挑戦者を募集する看板を出した。いかにも忠明らしい不敵さである。

とはいえ、これをきっかけにして、忠明は家康の旗本・小幡勘兵衛景憲《おばたかんべえかげのり》と知り合った。小幡景憲はのちに甲州流兵学を大成した兵学者である。景憲は忠明の家からそう遠くないところに屋敷を構えており、最初は忠明の看板に腹を立てた。そして、その高慢の鼻をへし折ってやろうと試合を申し込んだが、いとも簡単に忠明にやられてしまった。景憲は大いに感服し、それからは忠明こそが天下一流であると吹聴して回ったという。これで典膳の名もかなり有名になったようだ。

おりもおり、江戸近郊の膝折村で、刀術者が人を殺して民家に立てこもるという事件が起こった。村民の手ではどうにもならないので村長が江戸へやってきて役人に訴えた。

「刀術者が人を殺して民家に立てこもりました。江戸には神子上典膳という強い剣術使いがいると聞いていますが、その人でなければ斬ることはできないでしょう」

この訴えを知った家康はすぐに小幡勘兵衛景憲を検使として、忠明に賊の討伐を命じた。忠明は膝折村に来るとその民家の前でいった。「神子上典膳だ。戸外で勝負するか。それとも俺が中に入ろうか」

これを聞いて刀術者は、「おう、有名な神子上典膳か。いま会えるとは生前の大幸だ。出ていって勝負するぞ」と叫んで駆け出してきて大太刀を抜いた。典膳も二尺ばかりの太刀を抜くとアッという間に相手の両腕を切り落とし、「首をはねますか?」と景憲に問う。景憲がうなずくと間髪入れず、すぱっと賊の首を切り落とす。その見事さと冷徹さには見物人までが恐れおののいたという。

この活躍は景憲から家康に伝えられ、忠明は二百石(のちに六百石になる)で旗本に取り立てられ、のちの二代将軍秀忠の剣術師範をつとめるようになったのである。

ただし、この事件については『老士語録』に異説があって、その方が面白い。それによれば、家康は一度典膳を江戸城に呼んでその技を見たことがあるが、どうしたことかあまり気に入らず、召し抱えなかった。おりしも、城下で修験者が人を殺して家に籠もった。町奉行はすぐにも忠明に討伐を依頼したが、あいにく彼は病中で身体が自由にならなかった。繰り返し依頼されたのでどうにか出かけていって修験者と戦ったが、形勢は忠明に不利だった。挙げ句の果てに相手に切り立てられ、後ろにさがった拍子に小溝に落ちて倒れてしまった。「しめた」とばかり打ち込む修験者の太刀をかろうじて避けた忠明は、やっとのことで相手の腕を切り落とし、立ち上がりざまについにしとめた。

この話を聞いた家康は、「前に見たときは、彼の技はまるで天狗の魔法かと思った。しかし、溝に落ちるくらいだから、当たり前の人間の剣法だとわかって安心した」といって初めて忠明を召し抱えたという。

◈剣術師範にあるまじき行状

人格的にはいささか問題なしとしないが、剣の腕前では誰にも負けないという忠明だけに、家康に仕えるようになってからも武勇伝には事欠かない。

最初は中世の荒武者ともいえるような戦場における活躍である。

慶長五年（一六〇〇）の関ヶ原の戦いのときのこと。忠明は家康の子・秀忠の軍に加わり、真田昌幸が籠もった信濃国上田城を攻めた。この戦いに手こずったために秀忠は関ヶ原に間に合わず、家康からこっぴどく怒られたという不名誉な話もあるが、それでも忠明の活躍には目を見張るものがあった。この戦いで忠明は上田の七本槍の一人に挙げられる軍功を上げたのである。ただし、いかにも忠明らしいのは、この軍功はあくまでも抜け駆けの功名であり、軍律違反だったということだ。このために彼はしばらくの間蟄居《ちっきょ》を命じられ、翌年になって許されたのである。小野次郎右衛門忠明と名乗るようになったのもこのころのことだといわれている。

戦場の外でも、忠明の気性の荒さを伝える武勇伝は多い。

いつのことかわからないが、忠明はある大名の屋敷に呼ばれ、「家中にあなたの手筋を見たいというものがいる。見せてやってはくれないか」と頼まれた。そこで試合となったが、忠明は剣に関しては手を抜くことなど知らなかったので、相手は散々な目にあうことになった。忠明は木刀を逆さに持って相対すると、「まったく酔狂なことを望んだものですな。怪我をされるのが気の毒だ」といった。腹を立てた相手がじりじりと寄ってくると、忠明は下から払い上げて相手の木刀を叩き落とし、さらに相手の両腕を打ってからいった。「さだめし、腕が折れたであろう」。はたして、相手の剣士の腕は折れ、生涯自由が利かなくなってしまったのである。

また、こんなこともあった。ある時期、両国橋あたりに剣術無双の看板を掲げた道場ができた。ある日忠明も見物にいったが、武芸を見せ物にすることに腹が立ったのか試合をする剣士が打ち出すたびに大声で悪態をついて嘲笑した。これを聞いた剣士は大いに腹を立て、「わたしの芸が拙《つたな》いというなら、いまここで勝負しろ」と迫ってきた。そこで試合となったが、真剣を持って構える剣士を相手に忠明は腰に差していた鼻捻《はなねじ》（暴れ馬を静めるために鼻先をはさんでねじまわす道具で昔の武士はみな持っていた）で立ち向かい、たちどころに相手の眉間を割って気絶させてしまった。

こんな話が忠明にはとても多いのだが、どう見ても将軍の剣術師範とは思えない行状であることは確かだ。このために彼はしばしば御咎《おとが》めを受け、蟄居閉門させられることも多かったのである。

◈柳生新影流への果てない敵愾心《てきがいしん》

『柳生一族　その周辺』という本の中に、「一刀流の伝書、記録には、歴史的に見てはっきり間違い、ウソとわかることが平気で書いてあり、信じられないことが多い」という指摘がある。それは確かにそのとおりかも知れないが、その分読んでいて面白いという長所がある。

とくに、一刀流は御流儀兵法としてはどうしても柳生流の影にかすみがちなだけに、柳生流に対しては特別な敵愾心があったのかも知れない。柳生流とのからみが描かれた場面に、いかにも作り話といった逸話が多く登場する。

小野忠明が家康に仕えるようになったいきさつについても、『一刀流口伝』や『一刀流極意』にははっきりウソと分かる話が紹介されている。

それによれば、忠明は江戸に出てきて間もなく、天下の柳生宗矩と戦うためにその邸を訪れたことがあるのだという。このとき、近所の宿屋の主人は、忠明が柳生宗矩に試合を申し込むと聞いただけで驚愕し、「ときどき柳生邸に試合を申し込みに行くものはありますが、いまだかつて生きて帰ったものはおりません。自ら死地に入るようなことはおやめなさい」といった。が、忠明は取り合わずに出かけた。

柳生邸につくと、忠明は入口で大小を取り上げられてから、道場に案内された。ずいぶん待たされた。そこへ柳生宗矩が現れるといきなり太刀を抜き、「わが道場では宗矩に試合を申し込むものはことごとく手打ちにする掟である。挨拶したいことがあれば、いま挨拶せよ」といった。忠明は待っている間にあたりを観察し、屋外の片隅に薪の燃えさしが置いてあり、その中に一尺五、六寸の手頃なものがあるのを見つけていた。彼は即座に飛び退くとそれをつかんで道場に戻り、「これで挨拶しましょう」と立ち向かった。

宗矩は最初は馬鹿にしたように軽くあしらっていたが、相手が案外に手強いのに気づき、気を入れ直して力を込めて打ち出すが、思い通りにならない。それではと宗矩は血相を変え、新影流の秘術を尽くして斬りつけようとするがついに一太刀も浴びせることができない。そのうちに宗矩は顔といわず、肩といわずところかまわず打ち叩かれ、身体中に散々に燃えさしの炭を塗られた。しかも、宗矩が息もはずんで汗びっしょりなのに忠明の方は息も乱れず汗もかかない。これを見た宗矩はひどく感動し、手にした太刀を納め、「しばらく待たれよ」といい残し、炭の付いたままの服で直ちに登城し、大久保彦左衛門に会って、ことの次第を説明し、忠明（当時は典膳）を用いれば徳川家のお籠脇は至極安泰であろうと推薦した。こうして、忠明は家康に召し抱えられることになったというのである。

忠明が家康に仕えるようになったのが文禄二年（一五九三）、柳生石舟斎と宗矩が家康に剣技を披露し、宗矩が家康に仕えるようになったのが文禄三年だから、このようなことは決して起こったはずはないのだが、忠明のような人物が主役となれば、いかにもそれらしい話に仕上がってしまうのである。

忠明が、柳生流の剣士を打ち破ったという話はこれだけではない。『一刀流三祖伝』に次のような話がある。あるとき、宗矩が忠明の剣を一見したいと望み、忠明を柳生邸に呼んだことがあった。忠明は最初、宗矩が相手をするのかと思っていたら、宗矩は辞して長男の十兵衛三厳に相手をせよといいつけた。そこで十兵衛が木刀を持って構えたが、試合になる前に木刀を捨ててしまい、こういった。

「忠明殿の術は水月のようです。わたしには打ち出すべきところがありません」

次に柳生兵庫助利厳が立ち向かおうとすると、忠明はいった。

「ご一同の方々や門人衆の腕前を試してくれというならば、一人試みるも、大勢一度に試みるも同じです。ですから、三人でも五人でも一度にかかってきてください」

そこで、柳生の門人の中から、木村助九郎、村田与三、出淵平八が出て忠明一人と対戦したが、忠明の前になすすべなく敗れてしまったという。

これまた史実としては疑わしい話なのだが、剣の腕前だけは誰にも負けないという忠明が主人公でなければ成り立たない話なのである。

中条流 小野派一刀流《おのはいっとうりゅう》

小野次郎右衛門忠常《おの・じろうえもん・ただつね》

◆慶長十三年〜寛文五年(一六〇八〜一六六五)

◈父・忠明に似た強情者の剣術師範

小野次郎右衛門忠常は父・忠明から一刀流の正統を受け継ぎ、将軍・家光の剣術師範をつとめた剣豪である。

忠明の弟といわれる伊藤典膳忠也《ただなり》(のちに自分の名をチュウヤと音読するようになった)も忠明について精進し、先師・伊藤一刀斎の姓と一刀斎が三十三度の戦いに用いた瓶割の剣を授けられ、忠也派《ちゅうやは》一刀流を興した。そこで、一刀流の流れは二派に分かれ、忠常が受け継いだ正統は小野派一刀流と呼ばれるようになった。代々将軍家の師範をつとめたのは小野派の方である。

忠常は剣風も父に似ており、恐ろしく強かったが、荒武者的で乱暴な性格まで父から受け継いでいたようだ。父・忠明は相手が将軍でもずけずけとものをいって、そのためにずいぶんと損をしたようだが、忠常も同じだった。『撃剣叢談』に次のような話がある。将軍・家光は剣法が好きで、柳生・小野両派の剣術を習っていた。もう一人の師範だった柳生宗矩はそんな家光を相手に稽古するときは適当に手心を加えたので、将軍から大いに気に入られた。だが、忠常は父と同様の一徹な男だったので、たとえ将軍相手でも手心を加えることがなく、少しも遠慮せずに将軍を打ちのめした。こんなわけなので、小野家は将軍の待遇において柳生に及ばなかったのだといわれている。

剣法だけでなく、忠常は普段から少しばかり子供じみていたというか、ある意味で異常なところがあったようだ。ある日、忠常が桜田御門橋を通りかかったときのこと。人夫たちが御城普請の大石を綱で引きずって運んでいたが、それが橋の上で動かなくなり、道がふさがってしまった。通行人たちはしかたなく、石が通り過ぎるのを待っていた。ところが、その場所にやってきた忠常は身の軽さには自信があったので、いらいらして待ちきれなくなると、橋の上の大石をひらりと飛び越え、御門前に降り立った。しかし、連れていた供の者が飛び越えることができないので、結局は石が移動するのを待たなければならなかったのだという。しかも、この日以来、忠常の異常は目に見えてひどくなり、まったく狂人のようになってしまったという。

第三章　江戸前期の剣豪たち

- ◆宮本武蔵玄信
- ◆吉岡憲法直綱
- ◆佐々木小次郎
- ◆東郷藤兵衛重位
- ◆川崎鑰之助
- ◆樋口又七郎定次
- ◆松山主水大吉
- ◆松林左馬助
- ◆小笠原源信斎
- ◆針ヶ谷夕雲

- ◆小田切一雲
- ◆真里谷円四郎
- ◆深尾角馬
- ◆辻月丹
- ◆荒木又右衛門保知
- ◆堀部安兵衛
- ◆林崎甚助
- ◆田宮平兵衛重政
- ◆和田平助正勝

時代とともに変化する剣豪たち

◈技芸となって実戦からはなれた剣術

戦国の世が終わり江戸時代になると世が泰平となり、武士たちの多くが尚武の気風を失い、徐々に軟弱になっていった。こうした時代風景の中で、剣術の世界も変化することになった。

江戸時代も始まったばかりのころは、あたりにはまだ戦国時代の空気が漂っていたから、戦国時代ふうの実戦的な剣豪が多く登場した。二天一流の宮本武蔵や示現流の東郷重位《とうごうしげかた》などがその代表だが、彼らにとっては剣術といえば人を斬るためのものに他ならなかった。この時代には、他にも前章で紹介した柳生但馬守宗矩や小野次郎右衛門忠明などがいたのだから、ある意味で剣豪の黄金時代でもあった。

しかし、これらの剣豪たちでさえ、戦国時代から見ればはるかに進歩した剣豪だった。彼らの剣術は戦国時代の多くの武士がそうだったように力まかせに刀を振り回すものではなかった。これらの剣豪たちは高度な理論と技術を身に付けていた。この理論と技術がそれ以降の平和な時代に、ただ単に人を斬るという目的から離れて、いわば一種の技芸とし

て剣豪たちに受け継がれていったのである。

日本にはいわゆる剣術の他に居合という術があるが、これなどはまさに平和な江戸時代ならではの発展をした技術といえるだろう。世が平和になれば武士といっても戦場で合戦することはなくなったので、仮に戦わなければならないことがあるとしたら、それはふだんの生活の中でふいに危機が襲ってきたときに違いなかった。そこで居合術では、ふだんと同様に武士が座敷に座っている状態から敵の攻撃に先んじて電光石火の早業で刀を抜いて斬りつけるという技法が中心に置かれるようになったのである。

こうして江戸時代の剣術は技芸となって実戦から離れたが、そこからさらに精神性を重要視した道へと変化していったといわれている。いわゆる武士道の世界である。この傾向は治天国家の剣を標榜した柳生宗矩の中にすでにはっきりと現れているが、泰平の世とともに一般的なものになったのである。

しかし、そうはいっても実際に人を斬るという目的を失ったことで、剣術そのものが衰退していったことも確かだった。多くの武士たちにとって、剣術はもはや武士にとって第一のものではなく、茶道や書道と同レベルの教養の一つになってしまったのである。

こんな時代に剣一筋に生きるのはどうも時代錯誤のようで、剣豪にとっては困難な時代といえた。が、それでも少数の優れた剣豪はその困難に耐えた。こうした人々によって、剣術はなお命脈を保ったのである。

流祖 二天一流《にてんいちりゅう》

宮本武蔵玄信
みやもと・むさし・げんしん

◆天正十二年〜正保二年（一五八四〜一六四五）
◆本姓は新免《しんめん》。幼名、弁之助。

◈剣の道を超えた不世出の天才剣士

しばしば日本一の剣豪といわれる宮本武蔵は、その生涯の前半と後半においてまったく異なる二つの顔を持った、複雑で謎の多い存在である。

武蔵はその前半生の終わりにあたる二十九才のときに巌流島の決闘で佐々木小次郎を倒したとされるが、これ以前の武蔵はただひたすら戦い続ける、ぎらぎらしてあぶらぎった人生を送っていた。人生に六十余度の勝負をして一度も負けなかったというのはこの時代のことで、武蔵が最晩年に書いた畢生の名作『五輪書《ごりんのしょ》』の冒頭にはこのころのことが次のように記されている。

「我若年のむかしより兵法の道に心をかけ、十三歳にして初めて勝負をす。そのあいて新当流有馬喜兵衛《ありまきへえ》という兵法者に打ち勝ち、十六歳にして但馬国《たじまのくに》秋山という強力の兵法者に打ち勝ち、二十一歳にして都へ上り、天下の兵法者にあい、数度の勝負を決すといえども、勝利を得ざるということなし。その後国々所々に至り、諸流の兵法者に行き会い、六十余度まで勝負すといえども、一度もその利を失わず、そのほど年十三より二十八九のまでのことなり」

この戦歴だけを見ても、武蔵が塚原卜伝や上泉信綱、伊藤一刀斎などに匹敵するまれにみる剣豪だったことは間違いない。

ところが、小次郎との決闘を最後にして、武蔵は剣豪としての勝負から離れ、兵法を追求する求道者的な人生を歩み始めたといわれている。こうして極められた兵法が武蔵の最晩年に『五輪書』という書にまとめられたというのである。この『五輪書』には武蔵の兵法観だけでなく、人生観までが展開されており、現在でも多くの読者を獲得している。翻訳もされており、武術書としてはもちろんだが、経営や処世の術として欧米でも高い評価を受けている。そんなわけで、武蔵は剣豪ではあるが、たんに剣の道にとどまらず、人生そのものを極めた達人として多くの人に尊敬されているのである。

とはいえ、武蔵の求道者的人生を強調するのは、どちらかといえば最近の見方のようである。江戸時代の芝居や講談に登場する武蔵はあくまでも戦う武蔵であって、最も人気を博するのはなんといっても巌流島の決闘である。一九三〇年代に、吉川英治が小説『宮本武蔵』を書き、この中で求道者としての武蔵を強調したが、これが国民的な人気を得たことで、武蔵といえば人生の達人というイメージができあがったのである。

◈勝負にこだわった野生児

最後にはついに人生の達人になったといわれる武蔵ではあるが、その生来の性格には一刀流の小野次郎右衛門にも似た粗暴で傲慢なところがあったようだ。『五輪書』の記述が事実とすれば、武蔵は十三歳で新当流の有馬喜兵衛に勝ち、十六歳で秋山という強力な兵法者に勝ったことになっているが、そもそも十三歳や十六歳でまともな兵法者に挑戦したということからも、武蔵が相当な自信家であり、血気に盛んなところがあったことがうかがわれる。

武蔵の死後一世紀ほどして書かれた『丹治峯均筆記《たんじほうきんひっき》』『二天記《にてんき》』などには、そんな武蔵の粗暴さ、勝つことに対するこだわりがよく描かれている。これらの本の信憑性はかなり疑われているが、少年のころに強力な武芸者に挑戦するほどの武蔵なら、そんなこともあり得ただろうと思わせる話である。

武蔵の出生についてはいろいろな説があり、生まれたのは美作《みまさか》（岡山県）あるいは播磨《はりま》（兵庫県）で、新免無二斎の実子あるいは養子だったといわれている。無二斎は十手術の師範で、将軍足利義昭の命令で将軍の剣法師範だった吉岡庄左衛門兼法（憲法）と対戦して勝ち、「日下無双《ひのしたむそう》」の号を賜ったほどの達人だった。十手というと捕り物に使われる片鉤のものが思い浮かぶが、当時のものは片鉤ではなく、両側に横鉤が三寸以上も突き出した形をしていたらしい。

ところが、武蔵は幼少のころから、父の十手術にかなりな不満を持ち、はっきりと批判したり、冷笑的な態度をとったこともあったという。ある日、そんな武蔵の顔を見て、無二斎が腹を立て、手にしていた小刀を投げつけたことがあった。これまたとんでもない親ではあるが、武蔵はすっと顔をそむけただけで小刀をよけてしまった。無二斎はさらに腹を立て、今度は手裏剣を打ちに打ったが、武蔵はこれもかわしてしまった。これが、武蔵が九歳のときの親子関係である。子供に小刀を投げつける親もすごいが、それでも考えを変えない九歳の子供というのも度を越した頑固さだといえよう。もちろん、こんな親子関係が長続きするはずもないので、この直後に武蔵はさっさと家出してしまったのである。

武蔵が十三歳で新当流の有馬喜兵衛と対戦したときも、武蔵はまるで血に飢えた狼のようなひどく残酷なやり方をしている。この戦いで、武蔵はまず木刀を持って喜兵衛に立ち向かったが、すぐにもそれを投げ捨てると、まるで柔術のように喜兵衛の身体に組み付いた。剣の試合で相手に組み付くというのはいまから考えると奇妙なようだが、当時としてはそうでもなかったらしい。当時の兵法はいわば総合武術といえるものだったので、試合となればほとんどどんなことをしてもよかった。剣に対して槍で立ち向かうなどは当たり前で、なかには弓矢まで持ち出すものもいたという。だから、武蔵が特別変わっていたのではないようだ。成人した武蔵は六尺にちかい巨漢だったといわれているから、子供のころから体は大きく、力にも自信があったのだろう。とにかく、武蔵は喜兵衛に組み付くとその身体を持ち上げ、頭からまっ逆さまに地面に打ちつけた。勝負はこれで決まったも同然だったが、武蔵は攻める手をゆるめず、倒れている喜兵衛の頭を木刀でさらに十四、五回も殴打して即死させてしまったという。

これが武蔵の生涯における最初の試合だが、この場面の中に若き日の武蔵の性格が見事に表れているといっていい。それはどこまでも負けず嫌いであって、勝つためには何でもするし、しかも徹底的に勝つという姿勢である。この姿勢は、武蔵にとっての基本だったようだ。

武蔵は十七歳のときに、西軍の一員として関ヶ原の戦いに従軍した経験があるが、このときに次のようなことがあった。武蔵が友人と二人で竹薮の上の道を歩いていると、竹が切られており竹槍のように削げた状態になっていた。これを見た武蔵は、「この下を敵が通ったらどうするか」と友人に尋ねた。友人は飛び降りれば竹で怪我をするから見逃すしかないといった。これを聞いた武蔵は、「俺ならこうしてやる」といい、足を傷つけるのも気にせず、その竹の上に飛び降りた。何事によらず、武蔵はこの調子だったのである。

晩年の武蔵は人間的にも成熟し、完成の域に達したなどともいわれるが、にもかかわらず、この手の逸話には事欠かない。

武蔵は五十歳を過ぎてから五年間ほど九州小倉の小笠原家に客分として迎えられていたことがあった。生涯のほとんどを放浪していたにもかかわらず、武蔵には何故か二人も養子がおり、そのうちの一人の宮本伊織《いおり》が寛永三年から小笠原家（明石藩主、のちに小倉に移封）に仕え、大いに出世していたからだ。そんなある日のこと。少しばかり剣法をかじったことのある小笠原家の料理人が、いくら武蔵でも不意打ちを喰らわせれば打てぬことはないだろうと考え、暗い廊下に身を潜めて武蔵に打ちかかった。このとき武蔵は、刀のコジリで男の胸を突き、倒れたところをさらに刀で打ったので、男の手は折れてしまった。剣法家としてとるにたらぬ料理人相手にこのやり方である。いざというときには相手が誰であれ手を抜いたりしないという性格は終生変わらなかったのかも知れない。

こんなわけだから、剣豪との試合となれば、武蔵の勝負にかける執念はすさまじいものがあった。二十一歳で京に上り、将軍足利義昭の師範をしていた吉岡清十郎（武蔵の父が戦った吉岡庄左衛門の子、『吉岡憲法直綱』の項参照）と戦ったときもそうだった。この試合に敗れた清十郎は家名の恥と出家し、これを恨んだ弟・伝七郎、清十郎の子・又七郎が相次いで武蔵に挑戦したが、武蔵はこの二人を斬り殺し、吉岡家を断絶に追い込んだのである。佐々木小次郎（『佐々木小次郎』の項参照）との有名な巌流島の決闘では、武蔵は約束の刻限にわざと四時間近くも遅れたり、小次郎の刀の長さを調べた上でそれよりも長い木剣を使用したりしているが、これなども勝負にかける執念の表れといえるだろう。こうして、武蔵は生涯に六十回以上も勝負し、一度も負けないという記録を作ったのである。

◈日本初の二刀流「二天一流」

これまで、勝ちにこだわるという武蔵の性格ばかりを取り上げてきたが、柳生新影流の柳生宗矩、一刀流の小野次郎右衛門忠明らとほぼ同時代を生きた武蔵が、数多い戦いを通して、やがて自分の流派を興したのは当然のことだった。

宮本武蔵はいわゆる「二刀流」の元祖とされる剣豪である。富田流、京流、新影流、影山流、心形刀流などにも二刀を使う技は存在しているが、二刀を基本としたのは武蔵が初めてだった。この流派を武蔵は当初は円明流、晩年になってからは二刀一流あるいは二天一流と称した。

武蔵が二刀流を興したきっかけについては、杉浦国友の『武蔵伝』に次のような逸話がある。いつのことかわからないが、武蔵が備後鞆ノ津《びんごとものつ》を遊歴中に、海辺近くに住む二つの村の農民たちの間に水争いの喧嘩が起こった。武蔵は逗留先の村の庄屋に頼まれ、木刀を持って警戒に出かけた。このとき、相手方の村の農民が群をなし、それぞれ得物を持って押し寄せてきたので、武蔵はとっさに砂浜に落ちていた櫂《かい》を拾い、左手に握った。こうして武蔵は、左手の櫂で相手の打ち下ろす得物を受けとめては、右手の木刀で打つということを繰り返し、ついにたった一人で大勢を追い散らした。この経験から、左手の櫂が非常に有効だと悟った武蔵は、ここで初めて二刀の形を思いついたというのである。

これとは別に、武蔵は子供のころから、二刀が有効だと知っていたともいわれている。

それによれば、武蔵の父・新免無二斎は十手術の達人で、その流派を〈当理流〉といったが、この当理流に二刀の技が含まれており、武蔵は子供のころからこれを父に仕込まれていたらしい。しかし、武蔵が二刀流こそすぐれていると考えたのに対して、父は頑固に家伝の十手術を守ろうとした。このせいで、武蔵と父とは仲が悪かったのだという。

しかし、二刀流をいつどこで発明したかというような問題は、武蔵の刀法にとってそれほど重要ではないかもしれない。というのは、武蔵の考えに従えば、二刀流への到達はごく自然な成り行きだったからである。

これは、『五輪書』の中でいわれていることだが、刀は本来が片手で使うべきものだとして、武蔵は次のようにいっている。

「槍・薙刀《なぎなた》のような大道具は仕方がないが、刀・脇差しはいずれも片手で持つ道具である。太刀を両手で持って悪いのは、馬上で悪く、走るときに悪く、沼、深田、石原、けわしい道、人ごみで悪い。左に弓槍を持ち、そのほかの道具を持っても、みな片手で太刀を使うものであるから、両手で太刀をかまえるのは本当の道ではない。もし片手で斬りにくいときは、両手で打ち止めればよい」(『武蔵の世界—「五輪書」技から道へ』寺山旦中著より現代語訳引用)

同じところで武蔵は、武士は大将も兵卒も、共に直接二刀を腰につけていることを指摘した後で、次のようにもいっている。

「一命を捨てるときには、道具を残さず役に立てたいものである。道具を役に立てず、腰におさめたままで死ぬのは不本意である」

このような考えから、二刀流という結論が導かれるのはまったく当然といえるだろう。こうして、武蔵はまったく独自に二刀流を大成したのである。

しかし、「もし片手で斬りにくいときは、両手で打ち止めればよい」といっているように、武蔵は二刀というかたちにこだわっているわけではない。刀法の基本は異なるにしても、太刀を両手で持ってしまえば、見た目は通常の一刀を用いる形と同じになってしまう。武蔵にとって大事なことは敵を斬ることであって、そのためには現実に即した臨機応変な態度が重要なのである。

この考えは、二天一流の基本的な構えにも共通している。

二天一流には「五方」と呼ばれる五つの構えがあり、ただこれだけしかないが、それは上段・中段・下段・左脇・右脇の五つである。

太刀を右に、脇差しを左に持った状態で、これらの構えをしている図を想像するのはなかなか難しいが、太刀も脇差しもまったく同じようにかまえるのが基本だという。例えば、中段ならば左右の腕を幾分開き加減に前方に出し、太刀と脇差しの切っ先が向き合うように構えるのである。

ところが、これらの構えについて説明しながら、武蔵は同時に「有構無構《うこうむこう》のおしえ」

（構えあって構えなしのおしえ）を説くのである。つまり、大事なことは敵を斬ることなのだから、場所によって、状態によって、刀は斬りよいように持てばいいという。「上段も時によっては、少し下がり気味となれば中段になり、中段も利によって少し上げれば上段となる」「このようなわけで、構えはあって構えはなしと言うのである」と武蔵はいう。

これが武蔵の二刀流であって、極めて現実的な臨機応変なものだったのである。武蔵自身が、二十九歳までに行った試合の中でも二刀を用いて戦ったという記録は残されていない。二刀を使うことは基本ではあるが、実際の戦いの中で必ずしもそうする必要はないのである。

とはいえ、両手で自由自在に刀を操るのが非常に困難なのは当然だ。現在の剣道でも二刀を使うことは禁じられてはいないのに、実際に二刀を使う剣士がほとんど見られないのは、一刀を使うのに比べてそれが難しすぎるからだといわれている。その意味では、二刀流は武蔵の天才があって初めて可能なものだったといえるだろう。

◈仕官を求めた漂白の後半生

すでに二十九歳の若さにして、六十回以上の勝負に全勝し、それなりに有名になった武蔵ではあったが、その後の人生はそれほど恵まれたものとはいえなかった。多くの場合、武蔵の時代に腕に覚えのある者たちが他流試合のようなものを繰り返したのは、何も剣豪として生きたいからではなかった。その当時、各地に存在していた有力な戦国武将や大名たちの家臣となって、確実な地位を得ることが彼らの望みだった。武蔵もそうだったといわれている。この意味では、武蔵はただ剣のみに生きようとするような世捨て人のような剣豪とは違っていたのである。だが、武蔵の望みは叶えられなかった。

武蔵はすでに十七歳で関ヶ原の戦いに西軍の一員として従軍しているが、このときは負け戦で、武蔵は落人になったばかりで仕官どころではなかった。

二十九歳で佐々木小次郎に勝ったときには、それなりの名声は手に入れたが、やはり仕官の口は見つからなかった。

それでも武蔵はあきらめず、慶長十九年（一六一四）の大坂冬の陣、翌元和元年の大坂夏の陣にも西軍として従軍した（夏の陣の時には東軍だったともいわれる）。しかし、大した戦功も上げられず、仕官することはできなかったのである。

大坂の陣の直後には、武蔵は明石藩主・小笠原忠真に客分として招かれ、約九年間も勤仕し、城下町の町割りや寺院の庭を作る仕事をしたといわれる。剣豪の武蔵が城下町や庭の設計をしたりするのは何だか奇妙だが、武蔵には書画や彫刻に特別な才能があり、その見事な作品は現在でも見ることができるのである。とはいえ、ここでもまた武蔵は正式な仕官をしていない。

このように、武蔵はなかなか仕官の口を得られなかったわけだが、これについて司馬遼太郎は『真説宮本武蔵』に次のような話を載せている。武蔵は明石を去ったのち、諸処をさまよい、四十七歳の時に尾張に赴いて尾張徳川家に仕官を望んだことがあった。司馬によれば、このとき尾張城主・徳川義直は武蔵の不世出の天才を認めていたという。問題はその天才が世間にとってどれほど役に立つかということだった。つまり、武蔵は確かに剣豪だが、その剣技はどこまでも彼自身の天才によるところが大きかったので、人に剣術を教える立場には向かない。また、武蔵はいかつい顔立ちの大男で、いかにも恐ろしげだったので、数多くの士卒を支配する大将という感じではない。そのうえ、武蔵は俸禄に対する望みが大きすぎた。当時の兵法師範といえば、江戸将軍家の小野次郎右衛門忠明で六百石、尾張藩の柳生兵庫助利厳でも当初は五百石だった。にもかかわらず、武蔵は最初から千石以上を望んだのだという。確かに、柳生宗矩のように一万石を超える大名となった兵法師範もいるにはいるが、それはあくまでも政治家としての能力が認められて栄進したものので、兵法師範の例にはならないものだった。

そんなわけだから、武蔵が仕官できなかったのも当然だった。あたりまえの世間の組織に、武蔵はなじみにくい人間だったわけだ。

しかし、やがてそんな武蔵の生活にも転機が訪れることになった。

寛永十七年（一六四〇）、肥後熊本五十四万石の細川忠利が武蔵に使者を送り、熊本に来て長く逗留してくれるようにと礼を尽くして誘ったのである。

このころ、武蔵は九州小倉で客分として手厚く遇されていた。六歳の時から武蔵の養子となっていた伊織が、小倉藩主・小笠原忠真に仕えて家老にまで出世していたからである。武蔵にしてみれば、このままの状態でも生活に困りはしなかったが、家老にまでなった養子と同じ藩にいるのは気が重かったのかもしれない。それに、すでに五十七歳になっていた武蔵にはかつてのような大きな野望はなくなっていた。細川忠利から処遇について問われたとき、「自分はもう老人の身なので、格別の望みはない。出馬の時に相応の武具を整え、乗り替えの馬の一匹も引くほどの身分であればよい」と書状で答えている。忠利も気のきく男だったので、武蔵の兵法に値段を付けるような真似はせず、武蔵が望んだとおり身分は「客分」とし、手当は十七扶持、現米三百石とした。さらに、家老と同様に鷹野を許し、熊本城下にある旧千葉城跡に宏壮な屋敷を営ませたのである。

熊本における武蔵の生活はかなり満足できるものだったらしい。細川忠利自身が柳生宗矩から印可を授けられたほどの兵法者であり、武蔵のことをよく理解し、藩主と一介の兵法者という関係を超えた友情が生まれたようである。残念なことに、忠利は寛永十八年三月に急逝してしまうが、武蔵は忠利の生前に『兵法三十五箇条』を完成し、忠利を喜ばせた。また、忠利の死後、現在でも数多くの読者を持つ『五輪書』を書き上げた。武蔵が熊本で生活した期間は最晩年の六年間に過ぎないが、肥後藩は全体的に武蔵に好意的だったようで、二天一流は肥後藩を中心に継承されることになったのである。

京流　吉岡流《よしおかりゅう》

吉岡憲法直綱
よしおか・けんぽう・なおつな

◆生没年不詳
◆前名、清十郎。父を継いでからは憲法。

足利将軍家の兵法師範を務めた吉岡家

宮本武蔵の伝記『二天記』によれば、吉岡憲法直綱は慶長九年春に当時二十一才だった武蔵と試合をして敗れたとされている剣豪である。負けてしまったのでは本当に剣豪だったのかどうかわからないともいえるが、『二天記』はあくまでも武蔵の直弟子たちの話を基に作られた武蔵伝なので、武蔵が勝ったと書くのは当然である。貞享元年（一六八四）に世に出た吉岡側の資料『吉岡伝』では、この試合では直綱が勝ったとされているのだから、実のところどっちが勝ったのかは決めがたい。仮に『二天記』のとおりだったとしても、そんなに弱い相手ではたとえ勝っても武蔵の自慢にはなるまい。二十一才の武蔵がわざわざ京に上り、自らの名を売るための対戦相手として吉岡憲法直綱を選んだ。これだけでも、当時直綱がかなりの腕前であり、京都での評判も高かったことがわかる。そして事実、直綱は武蔵が名を上げるための相手としてはうってつけだったのである。

もともと、吉岡家は足利将軍家の兵法師範を務めていた武門の名家だった。家祖・吉岡直元は足利十二代将軍義晴に仕えて軍功をあげたが、彼以来その弟・直光、直光の息子・

直賢《なおかた》が足利将軍の兵法師範を務めた。この直賢は、十五代将軍足利義昭の前で武蔵の父・新免無二斎と試合をしたとされている人物であり、武蔵と蓮台野《れんだいの》で試合した直綱は直賢の長男である。

吉岡家の流派は吉岡流で、鬼一法眼に発する京八流の流れを汲むといわれるが、正確なところはわからない。将軍家師範の家として古くから今出川（現在の同志社大学のあたり）に兵法所（道場）を構え、京都の人々からは「けんぽうの家」と呼ばれていたという。憲法という名は、吉岡家の人々が古《いにしえ》を好み、義を守り、正直を法律としていたところから世人が与えたものだが、これが吉岡家の屋号となり、家の当主は代々憲法と名乗ったのである。

こんなわけだから、なかなか名の上がらない宮本武蔵が対戦相手として吉岡憲法直綱を選んだのはまったく当然だった。すでに足利の時代は終わっており、直綱が将軍師範ではなかったとしても、京都では名高い第一の剣法家だった。こうして、武蔵と吉岡一門との決闘が始まったのである。

◈蓮台野と一乗寺下り松の決闘

『二天記』を見る限り、吉岡一門と宮本武蔵の戦いは武蔵の圧勝で終わったことになっている。

まず、武蔵と直綱の試合だが、これは京都洛外の蓮台野で行われ、直綱は真剣、武蔵は木刀で戦い、武蔵が勝った。しかも、木刀で打たれて気を失った直綱は門弟たちに家に運ばれ、そこで意識を取り戻したが、負けたことを恥じて剃髪してしまった。すると、今度は直綱の弟・直重《なおしげ》（伝七郎ともいう）が武蔵に挑んだ。直重は勇猛で知られた男で、五尺あまりの大木刀を持って来た。ところが、この木刀を武蔵に奪われ、打ち倒されて死んで

吉岡流 系図

吉岡憲法直元──吉岡憲法直光──吉岡憲法又三郎直賢
- **吉岡憲法直綱**
- 吉岡又市直重
- 吉岡清次郎重堅

※太字は本書で紹介している剣豪

しまった。このの ち、直綱の息子・又七郎は数十人の兵を率い、弓矢まで持ち出し、洛外東北の一乗寺下り松というところで武蔵と対戦した。しかし、またしても吉岡側は敗れ、又七郎は斬り殺され、他の者たちも逃げるしかなかった。こうして、武蔵のために吉岡家はついに断絶してしまった。

吉岡家にしてみれば惨憺たる結果である。

武蔵の養子・宮本伊織が武蔵の死後十年ほどして小倉の手向山に建てた碑文では、又七郎は吉岡の門下生数百人を引き連れて来たことになっており、『二天記』よりさらにひどい。

もちろん、身内の評価だから完全に信じるわけにはいかない。だいたい、武蔵との決闘のあとでも吉岡家は断絶していないのだから、それだけでも『二天記』の記述は嘘だということになる。

そこで、吉岡側の資料である『吉岡伝』を見てみると、当然のように吉岡一門が武蔵に勝ったことになっている。これによると、武蔵と直綱の試合は京都所司代板倉伊賀守勝重の仲介で行われ、心力を尽くした戦いののちに、ついに武蔵の方が眉間を打たれておびただしい血を流した。そこで、多くの者が直綱の勝ちといったが、相打ちという者もいた。「それなら明日またもう一度やろうじゃないか」と直綱がいうと、武蔵は「直綱との勝負はすでに決まった。今度は弟の直重とやりたい」といった。そこで日を定めて試合ということになったが、その試合の前に武蔵はこっそり逃げ出してしまった。こんなわけで、世の人々は「直重は座したままで勝利を手にした」と評判したという。

これが『吉岡伝』の伝えるところだが、ここでは吉岡一門の者は誰も武蔵に負けていないのだから、『二天記』とは正反対の内容といえる。もちろん、これまた身びいきといってしまえばそれまでだが、吉岡一門にも彼らなりの意地とプライドがあるのだから、当然の記述といえるだろう。

◈最後は染物屋に転業して富豪となった吉岡家

宮本武蔵に勝ったと書くだけのことはあって、『吉岡伝』ではその他の部分でも当時の吉岡一門の強さが強調されている。それによれば、当時の吉岡一門の中でもとりわけ武勇を誇ったのは、吉岡の当主として憲法を名乗っていた直綱ではなく、むしろその弟の直重だったようである。

慶長九年八月というから、『二天記』に従うならすでに直重は死んでいるはずだが、『吉岡伝』では直重が朝山三徳という兵法者を打ち破ったと述べている。この三徳は、どうやら斎藤伝鬼坊をモデルに創作された剣豪らしいといわれるが、身長が六尺以上あり、七尺もある大棒を軽々と振り回す力持ちで、天流と号して九州で名を轟かせていた。それがあるとき、天下一を目指して京に上り、京都一の剣豪である吉岡直綱・直重兄弟に挑戦した。

このとき、兄直綱は病床にあったので、直重が相手をした。さすがの直重も最初は少々手こずったが、最後は後ろへ回って飛び上がり、三徳の頭を砕いて打ち殺したという。

また、同十年には関東で名を馳せていた鹿島林斎という、これまた作り詰めいた剣豪も京都に来て、吉岡兄弟に挑戦した。今度は兄弟どちらも試合を望んだが、抜け駆けによってまたしても直重が林斎と戦った。林斎も身長六尺を超える大男で、七尺あまりもある棒の先に一尺五寸の真剣をはめ込んだ武器を遣った。この武器を軽々と持ち上げ、自由自在に振り回すのである。が、直重は少しもひるまず、「林斎よ、兵法は力づくのものではない。気の毒だが、お前の命は俺がもらうから、念仏でも唱えるがよい」と声をかけた。そして、おのれ猪口才なと襲いかかってきた林斎の棒を見事に避け、林斎の頭を打ち割ったのである。

吉岡兄弟の従弟にあたる吉岡清次郎重堅《しげかた》もかなりの強者だったが、向こう見ず過ぎたせいか、吉岡家が先祖代々の兵法所をやめなければならなくなるような大事件を起こしてしまった。

慶長十八年のこと。祝宴の能が禁裏（皇居）で行われ、一般の者たちも拝観が許されたが、このとき普段から犬猿の仲だった只見弥五左衛門という役人が座席の警護をしながら、重堅が頭を高く上げすぎるといって、棒で三度も彼の頭を打った。これに重堅が腹を立て、すぐにも刀を取って来て弥五左衛門を斬り殺してしまった。さらに、取り押さえようとやってきた奉行役人たち多数に傷を負わせ、六人ばかり殺し、そのあげくに重堅も斬り殺された。当人が死んでしまったので、吉岡一族が死罪になることはなかったが、このために吉岡の兵法所は閉鎖されてしまったのである。

その後、吉岡兄弟は縁者の三宿越前守長則のもとに蟄居していたが、三年のちに京に戻るとどういうわけか染物屋を家業とするようになった。これは、門人だった李三官という者から黒色を染める方法を伝えられたためとされているが、とにかくこの染め物が憲法染あるいは吉岡染と呼ばれて評判になり、吉岡家は最後は染物屋として富豪になったのである。

寛永御前試合《かんえいごぜんじあい》

徳川三代将軍・家光は誰もが認める武芸愛好家で、柳生但馬守宗矩から剣術を習ったほどだからきっとこんなこともあったに違いない。というわけで、あの剣豪とこの剣豪を戦わせたらどうなるかなどと江戸時代の人々が想像力をたくましくし、その結果として生まれてきたのが『寛永御前試合』と呼ばれる講談のフィクションである。

ときは寛永十三年五月五日、場所は江戸城吹上御苑。将軍・家光の見守る中に天下に名だたる武芸者たちが次から次へと登場し、どちらが強いか競い合ったという。この話はまるで事実だったかのように勝海舟の書いた歴史書『陸軍歴史』にも紹介されているが、それによれば上覧された試合の内容は井場泉水軒VS浅山一伝斎、仙台黄門政宗VS秋元但馬守、大久保彦左衛門VS加賀爪甲斐守、荒木又右衛門VS宮本八五郎など計十二試合だったという。

もちろん、『寛永御前試合』そのものがフィクションなので武芸者の組み合わせは作者によって異なってくる。例えば、荒木又右衛門VS宮本武蔵、柳生十兵衛VS宝蔵院覚禅、伊達政宗VS前田利常、塚原卜伝VS伊東弥五郎、丸目蔵人VS疋田文五郎、柳生宗冬VS由比正雪などなどといった具合で、当時の年齢とか試合の実現可能性とかは一切関係ない。いかにも好き勝手な想像といった感じである。

しかし、家光の時代に『寛永御前試合』は開催されなかったとしても、剣術や槍術などの世界で当時有名だった武芸者による上覧試合そのものはしばしば行われた。家光は徳川将軍の中でも最も多く上覧試合を見た人で、剣術の試合を七十九回見たといわれている。とくに慶安四年（一六五一）四月の死の直前の三か月間は病で弱った身体を慰めるように頻繁に上覧試合を行っている。こうした興味深い事実が江戸時代の想像力を刺激し、江戸も中期以降になって『寛永御前試合』という講談としてまとまってきたのだろうといわれている。

それにしても、宮本武蔵と柳生宗矩ではどっちが強かったのだろうか、というのはやはり気になるところである。

佐々木小次郎

中条流 巌流《がんりゅう》

ささき・こじろう

◆生年不詳〜慶長十七年(?〜一六一二)

◈巌流島で武蔵と戦った西国一の天才剣士

佐々木小次郎は、慶長十七年(一六一二)四月十三日、巌流島で宮本武蔵と歴史に残る決闘を演じた剣豪である。当時西国第一の剣豪だったといわれる。吉川英治の『宮本武蔵』では、小次郎は前髪《まえがみ》立《だ》ての美青年で、物干し竿といわれるほどの長剣を背負い、〝燕返し〟という秘剣を遣ったとされている。それで、佐々木小次郎といえばいまでは多くの人が美青年を想像する。

宮本武蔵の死後百二十年ほどして書かれた武蔵の伝記『二天記』によれば、小次郎は越前宇坂庄浄教寺村の生まれで、同国の中条流の剣豪・富田勢源の家人となり、幼少のころから兵法の稽古に励み、勢源の打太刀をつとめるほどになった。勢源といえば小太刀の名手である。稽古でも相手に三尺以上の大太刀を持たせ、自分は小太刀で戦ったという。小次郎は大太刀を使ったが、勢源の小太刀に対してまずまずの技能を発揮した。小次郎はさらに鍛錬を続け、勝つことを工夫したので、高弟たちさえも小次郎の太刀先に及ばなくなった。最後に勢源の弟・富田治部左衛門景政《じぶざえもんかげまさ》と勝負し、これにも打ち勝った。これを機に、小次郎は勢源のもとを立ち去ったのである。

こののち、小次郎は自らの流派を巌流と呼び、諸国をめぐり、高名の武芸者と数度勝負をしたが一度も負けなかった。

小次郎が豊前小倉にやってきたとき、その評判を聞いた藩主・細川忠興《ただおき》が小次郎を小倉に留め、小倉では小次郎の門弟となる者が増えた。

ここに武蔵がやってきて、お互いの腕前を競うために、巌流島で決闘ということになった。このとき小次郎は十八才だったと『二天記』は記している。

ただし、『二天記』のこの記述はかなり疑わしいといわれている。というのは、富田勢源は生没年不詳の人だが、その弟・景政は文禄二年（一五九三）に七十才で死んだとされている人物である。巌流島の決闘の時、小次郎が本当に十八才だったとすれば、生まれたのは文禄四年となり、この時点で勢源が生きていたとしても七十才をゆうに超えているので、小次郎が勢源の弟子となるのはほとんど不可能ということになってしまう。そんなわけで、武蔵と決闘したときの小次郎の年齢は『二天記』では十八才となっているが、他にもいろいろな説があり、六十才を超えていたという説すらもあるのである。

とはいえ、ここではとにかく『二天記』を信じて、武蔵と小次郎の決闘の様子を確認しておくことにしよう。

◈武蔵の策略に翻弄されて死んだ小次郎

『二天記』によれば、武蔵は小倉藩の老臣・長岡興長《おきなが》を通じて、小次郎との試合を申し込んだことになっている。興長は武蔵の父・新免無二斎の門人であり、小倉に来た武蔵は彼の屋敷に寄宿していたのである。

武蔵の申し出はすぐに藩主・忠興に伝えられ、慶長十七年四月十三日辰《たつ》の上刻（午前七時）、巌流島においてと場所と時刻が決められ、その前日に武蔵に伝えられた。巌流島は小倉と下関からともに舟行一里の距離にある小島で、当時は小倉側からは向島、下関側からは船島と呼ばれていた。島へは小次郎は藩主の舟で、武蔵は興長の舟で向かい、試合の見物は禁止されることも決まった。

しかし、これを聞いた武蔵はその夜のうちに密かに興長の屋敷を出て、下関の回船問屋・小林太郎左衛門の宅へ向かった。『二天記』ではこの場面で武蔵から興長へ宛てた手紙が紹介されており、細川藩の剣術指南と試合をするのに興長の舟で出かけ、のちになって興長が気まずい思いをしてはいけないと武蔵が考えたことになっているが、このときすでに武蔵は小次郎に勝つための作戦を開始していたのかもしれない。

試合当日となる翌朝、武蔵は何故かいつまでも寝床から起き出さなかった。船問屋の亭主太郎左衛門は心配してもうすぐ辰の刻になると武蔵に知らせたほどだった。そこで武蔵は起き出し、飯をすませたが、そのあとで太郎左衛門から一本の櫂《かい》（櫓《ろ》だったともいわれる）を譲り受けると、これを削って大きな木刀を作った。小次郎の長大刀に対抗するための木刀である。それから武蔵は悠然として太郎左衛門の使用人が漕ぐ舟に乗り、巌流島へと向かったのである。このとき、武蔵は絹の袷《あわせ》を着て手ぬぐいを帯にはさみ、その上に綿入れを着ていた。船中で紙縒《こより》を作って襷《たすき》にしてからは、綿入れで身体を覆って舟に横たわっていた。これは、海風で身体を冷やさないための武蔵流のやり方だったといわれている。

ようやく武蔵が巌流島についたのは巳《み》の刻（午前十時）過ぎだった。浜辺で舟を下りた武蔵は刀は舟に残し、短刀を脇に差し、木刀を下げ、袴の裾を上に上げて歩き出した。歩きながら手ぬぐいを鉢巻きにした。

当然のことだが、小次郎はすでに長いこと待たされていらいらしていた。藩差し廻しの舟でやってきた彼が遅れるはずはないから、彼は巌流島の浜辺で三時間も待たされたのである。しかも、その恰好は猩々緋《しょうじょうひ》の袖なし羽織に染革の立付を着ていたというものだから、潮風に身体も冷えていたに違いない。遠くからやってくる武蔵を見つけた小次郎は憤然として水際に進むと、「遅れるとは何事か。その方、臆したか」といった。

おそらく、これが武蔵の作戦だったのだろう、武蔵は何も答えず、黙っていた。小次郎は三尺を超える長大刀を抜くと、鞘を水中に捨てて武蔵を待ちかまえた。老獪な武蔵はこれを見ると笑みを浮かべていった。

「小次郎敗れたり。勝つ者が何故、鞘を捨てたりするのか」

これを聞いた小次郎はますます頭に血が上ってしまった。武蔵が近づくやいなや、小次郎は長大刀を振り上げ、真っ向から武蔵の眉間めがけてうちかかった。武蔵も木刀を打ち下ろした。この木刀が見事に小次郎の頭蓋を打ち砕いたのである。小次郎の長大刀は惜しくも武蔵には届かず、武蔵のしていた鉢巻きがすぱっと切られて落ちただけだった。頭を打たれた小次郎はその場にうずくまった。武蔵はそこにもう一度打ち込もうとしたが、小次郎は伏せながらも無意識のうちに長大刀を横に払った。その切っ先が膝の上に垂れていた武蔵の袷の裾を三寸ほど切り裂いた。この直後、武蔵がとどめの一撃を加え、小次郎は口鼻から流血して死んだのである。

◈燕返しは敵の意表を突くフェイント技

巌流島の決闘で小次郎が死んでしまったために、小次郎の興した巌流は後世に残らず、それがどのような流派であったか知ることはできないのだが、一般に〝燕返し〟として知られているような秘剣を小次郎が遣ったということは確かなようである。

ただし、燕返しというのは小説などで用いられる俗称で、本来は〝一心一刀〟または〝虎切《こせつ》〟と呼ばれていた。

天保十四年（一八四三）に刊行された『撃剣叢談』は、小次郎の遣う一心一刀について次のような解説を載せている。

「これは大太刀を真っ向に拝み打ちするように構え、つかつかと進み、敵の鼻先を目付にしてやにわに平地まで打ち込む。打つなりにかがみ込んで、敵が上から打ってくるところへ大太刀をかつぎ上げて勝つのである」

つまり、最初に打ち下ろした太刀で敵を驚かしておき、次に下からかつぎ上げて切り返した太刀によってしとめるというのである。したがって、どちらかといえば幻惑的な刀法ということになるだろう。吉川英治の『宮本武蔵』では小次郎は毎日川の畔へ出て、空を飛ぶ燕や柳を切ってこの技を編み出したとされているが、刀身が三尺以上もある長大刀を振るった小次郎にはぴったりの技といえるだろう。ちなみに、刀身が三尺ある場合には、柄の長さも二尺以上となるので、小次郎はこれを背負っていた。

また、『撃剣叢談』には、小次郎の弟子の一人が虎切について触れ、この技はとてつもなく強いので、武蔵との決闘でも小次郎はこの技を遣うだろうといったという話も紹介されている。そして、『二天記』の記述の中にも事実、小次郎がこの技を遣ったらしい描写がある。小次郎が武蔵の眉間めがけて長大刀を振り下ろしたあと、それを横に払ったという場面である。『二天記』には武蔵の木刀の具体的な長さは記されていないが、それが小次郎が予想したよりも長かったことは確かで、四尺六寸もあっただろうといわれている。このために、完全な燕返しを振るう前に小次郎は頭に致命的な打撃を受けてしまい、武蔵を斬ることができなかったのである。

この結果、小次郎は負けてしまったが、これは武蔵の老獪な作戦が功を奏したからに違いあるまい。

流祖 示現流《じげんりゅう》

東郷藤兵衛重位《とうごう・とうびょうえ・しげかた》

◆永禄四年～寛永二十年(一五六一～一六四三)
◆通称、弥十郎、藤兵衛。肥前守と称す。
流儀では重位をチュウイと読む。

◈一刀のもとに斬り倒す玉砕主義的剣法

東郷藤兵衛重位は薩摩藩門外不出の兵法だった示現流を興した剣豪である。

示現流の特徴は「一太刀の打ち」といわれ、一太刀の激しい攻撃がそのまま防御を兼ね、先を制するとするものである。

『野太刀示現流教程』という書におよそ次のようなことが書かれている。

「そもそも意地と打とは、示現流の精神であって、防御をかえりみず、攻撃を主とし、こまごまとした戦術を退け、神速果断を尊ぶ。意地というのは内省の工夫、打というのは実行の業であり、これらは完全に結合し溶けあって、一にして二、二にして一のものである。その活動が奮躍、邁進、健闘するところ、一件一事をもって生死を断じ、自他を没し、勝敗を超越し、活殺を一如にするのである」

つまり、最初の一刀に全生命をかけ、その一刀で敵を両断するか、さもなくば倒されるというのが示現流なのである。

練習方法も変わっている。示現流では稽古といっても、防具をつけた二人が竹刀で勝負を競ったりはしない。示現流の基本は「立木打《たてぎうち》」にある。これは、椎または栗などの堅牢な木を直径三~五寸、長さ九尺ほどに切り、その三尺ばかりを地中に埋めて立て、なら、くぬぎなどの棒を持ち、四、五間の距離から走りかかり、右から左から打ちつけるというものである。示現流には、東郷示現流の他に薬丸示現流があるが、後者では丸木を十数本たばねたものを樫の又木に横に渡したものを打つ。これが示現流の稽古である。

その構えは蜻蛉《とんぼ》と呼ばれる、右頭上に木刀を構えた形である。この姿勢から、甲高いかけ声とともに、繰り返し繰り返し立木を打ち続けるのである。立木を数本立て、その間を駆けめぐりながら打つ「打ちまくり」という稽古もある。

東郷重位の時代からこの基本は変わらず、明治維新まで受け継がれた。

重位の時代は戦国末期から近世初期にかけての時代で、この時代に生まれた流派は柳生流を含め、もともと戦場で勝つことを目標としていた。が、多くの流派は平和な江戸時代とともに変化せざるを得なかった。薩摩藩の鎖国主義によって門外不出とされ、他流との交流が禁じられたことで、示現流は変化を免れたのである。

このような剣法が戦場において大いに力を発揮するのは当然で、内乱が繰り返された幕末から明治維新の時代には薩摩の示現流はひときわ注目されることになった。この時代、戦いの中で多くの者が斬り殺されたが、斬ったのが薩摩人の場合には一目でそれとわかった。というのも、示現流の太刀に斬られた者たちはみながみな袈裟掛けにへそのあたりまで深々と斬られ、その無惨さは目をおおいたくなるほどだったからだ。薩摩人の斬り込む姿も人々を驚かした。彼らはみな、剣を蜻蛉に構え、走りながら猿が叫ぶような甲高い声を発したが、敵対する者たちはこの声を聞いただけで、逃げるのが精一杯だったという。

新撰組の近藤勇も薩摩人の示現流には大いに悩まされ、示現流を遣う薩摩人に対したときの心構えとして、「とにかく初太刀をはずせ」とくどいほど隊士たちにいいきかせていたといわれる。

示現流　系図

- **東郷藤兵衛重位**
  - 東郷肥前守重方
    - 東郷肥前守重利……
  - 薬丸刑部左衛門兼陳（薬丸示現流・野太刀示現流）……

※太字は本書で紹介している剣豪

◈善吉《ぜんきつ》和尚から天真正自顕流《じげんりゅう》を学ぶ

東郷重位によって興された示現流は、飯篠長威斎の天真正伝香取神道流を起源としている。永禄のころ、天真正伝香取神道流の流れを汲む常陸の郷士・十瀬与三左衛門長宗《ながむね》が鹿島神宮に参籠し、やがて空を舞う燕を切る術を得て天真正自顕流を開いた。十瀬の門人に金子新九郎盛貞《もりさだ》がおり、その門人に赤坂新九郎政雅《まさただ》がいた。政雅は父の仇を討つために十三才で金子に入門し、十七才で免許皆伝、十九才の時に父の仇を討った。そののち僧となって会津天寧寺《てんねいじ》の曇吉《どんきつ》和尚に入門し、善吉と号した。会津の天寧寺が戦火で焼けると曇吉も善吉も京に上り、寺町鞍馬口に万松山天寧寺を建立した。ここに重位がやって来て、善吉和尚から自顕流を伝授されることになるのである。次のような話がある。

重位は少年のころから兵法を好んでいたが、当時の薩摩藩の剣法は丸目蔵人佐が興したタイ捨流で、彼もこれを学んだ。天正十五年（一五八七）、重位は藩主・島津義久の供をして京都へ赴いた。このとき、重位が滞在した宿屋が天寧寺の隣にあった。兵法好きの重位はここでも稽古を怠らず、毎朝木刀を振って立木を打っていたが、たまたま宿屋にやってきた寺の小僧が気になることをいった。「隣の宿の客人は兵法熱心ではあるが、立木を打つ音を聞く限り、まだまだ素人だ」と善吉和尚がいっているというのだ。重位は最初はそれほど気にしなかったものの、そんなある日、天寧寺の境内を掃除していた一人の僧が、箒を木刀のように持ったかと思うとひゅんと素振りする姿を目撃してしまった。その

素振りの見事さに圧倒された重位はすぐにもその僧を訪ねたのである。

しかし、重位が請うても、善吉和尚はなかなかその流儀について教えようとはしなかった。そんなことを何十回と繰り返したあとで、重位は今日こそ最後と決め、善吉和尚を訪ねた。が、和尚はやはり教えてくれない。このとき、障子に月影が映っているのを見つけた重位は、「にごりえにうつらぬ月の光かな」という一句を残して立ち去ろうとした。と、これによって彼の並々ならぬ熱意を感じとった善吉和尚は重位を呼び止め、その夜から自顕流の伝授が始められたのである。こうして翌年の天正十六年六月十五日、重位は自顕流の皆伝を与えられた。授けられた伝書は「尊形」「聞書」「察見」の三巻で、技の数は約四十だった。重位二十八才、善吉二十二才のときである。

◈示現流を大成し薩摩藩の剣術師範になる

善吉和尚から自顕流の皆伝を受けたといっても重位の剣法はまだ確立されたわけではなかったようだ。薩摩に帰った重位はさらに思索と鍛錬を重ねた。そうするうちに彼の剣名も高まり、四方から挑戦者がやってきたが、重位はこれらの者たち四十余名をことごとく退けたという。

やがて重位の剣の腕前は藩主・島津家久の耳にも届いた。慶長九年（一六〇四）、家久は当時の薩摩藩剣術師範で、彼自身も師事していたタイ捨流の東新《あずましん》之《の》丞《じょう》に重位との勝負を命じた。試合は木刀で行われ、重位が勝った。驚いた家久は奥座敷に重位を呼び、彼に木刀を与え、自分は真剣を持って勝負しようとした。が、重位は真剣に向かっても自若として顔色一つ変えない。家久は大いに感心し、重位の剣技を褒め、自分の持っていた副刀を彼に下賜した。このときから重位は薩摩藩の剣術師範となり、四百石の禄を得るようになったが、それからというもの薩摩藩の武士たちはほとんどが自顕流を学ぶようになった。

自顕流の文字を示現流と改めたのもこのころのことらしい。自顕という字には、自らあらわれるという意味があるが、武士の中で頭のいい者はその意味を考え、それなら自分の中に自顕流はあるだろうと思い、自分勝手に流派を立て、本来の自顕流を学ばなくなるかも知れない。こんな心配があったので、大竜寺の文至和尚に相談したところ、観音経の中にある示現神通力という言葉から二文字が選ばれた。家久も重位もこの文字を気に入り、示現の二字に改められたのである。

このころから明治維新まで、示現流が戦国時代の実戦的剣法を伝えたといっても、めったやたらと人を斬っていいのでないことは当然である。重位自身、自分には厳しいが、他人には配慮が行き届き、礼儀正しい人物だった。薩摩藩の剣術師範でありながら、門弟たちが稽古を終えて帰るときには玄関まで見送ったという。剣法以外のあらゆる武芸に秀でていただけでなく、和歌や茶道もたしなみ、教養があり、能書家だった。薩摩の刀剣には鍔に二つの小さな穴があり、ここに紐を通して鞘の栗形に結びつけることで普段は刀が抜けないようになっていたが、明治維新に恐れられたことを考えると、これなども示現流の意外な一面といえるだろう。

しかし、藩主の命令となれば違った。示現流はまさに薩摩のための剣なのである。重位も藩主・家久の命令で生涯に十数人を上意打ちにした。家久の時代はまだ乱世の余韻が残っていた時代であり、凶暴な者たちが多かった。このような者たちの成敗を、家久は重位に命じたのである。あるときはその者の家で、またあるときは往来で、重位は彼らを斬り殺した。すべて見事な一太刀で、一度も打ち損じたことがなかったという。

中条流 東軍流《とうぐんりゅう》

川崎鑰之助
かわさき・かぎのすけ

◆生没年不詳(十六世紀後期の人)
◆名は時盛《ときもり》。流派名は東流ともいう。

◈天下五大流儀の一つとされた東軍流

現在では一般にはあまり有名でないかもしれないが、徳川四代将軍家綱の治世のころには、柳生新影流、小野派一刀流、二天一流、林崎夢想流と並んで東軍流という流派が大いに隆盛を誇っていた。この当時で直門が三千人おり、ここから二十四の分流が生まれ、さらに六十以上の支流が生まれたといわれている。

この流派の祖となるのが川崎鑰之助である。

鑰之助には剣豪としての逸話は残っていないのだが、彼は生来勇武であって、軍学を深く極め、剣術についても数流の奥義に達した。鑰之助は謙虚な性格だったので、進んで流儀名を名乗ろうとはしなかったが、当時の人々は彼のことを「日の本軍事の達人」と考え、「東軍者」と呼んだので、そこから東軍流という名がついたという。したがって、東軍流はもともとは軍学を含んでいたことになる。しかし、軍学に関しては人に伝えなかったので、剣術だけが伝えられたのである。

これだけでは東軍流がどのような流儀なのかわからないが、具体的には富田勢源の中条流の影響を受けているらしい。父が越前朝倉家の御用人で鞍馬八流の達人だったので、鑰之助は少年時代からこの父について諸武芸を学び、その後同じ越前にいた富田勢源について剣と槍を学んだ。このため、東軍流の技法には中条流との共通点が多いといわれる。

古い時代の流祖伝にはよくあることだが、鑰之助は東軍権僧正《ごんのそうじょう》（〝東軍僧正〟ともいわれる）という謎の天台僧から奥秘を授けられたという神秘的な説もあり、東軍流の伝書では同流の流祖は東軍権僧正で、鑰之助は二代目とされている。東軍権僧正は完全に謎の人物だが、彼が少年時代に父が浪人の身となったために鑰之助は天台宗の東軍僧正のもとに預けられ、そこで諸武芸を極めたというのである。

東軍流　系図

東軍権僧正 ― **川崎鑰之助** ― 川崎五郎 ― 川崎太郎 ― 川崎次郎太夫宗勝 ……

※太字は本書で紹介している剣豪

こんなわけだから、鑰之助がかなりの武芸者だったことは確かなようだが、彼からのちしばらくは東軍流は大した発展を見なかった。それが大いに隆盛したのは鑰之助から四代目の川崎次郎太夫宗勝《むねかつ》の代になってからだった。

川崎次郎太夫宗勝が東軍流の名を上げることになったのは、彼が当時としては珍しくなっていた大立ち回りを演じたからである。宗勝は生年は不明だが、寛文十一年（一六七一）に死んだことがはっきりしているので、活躍したのは江戸時代も平和になった時代であると考えられる。このころになると武士といっても実際に人を斬る者は少なかったので、宗勝はその事件で大いに名を上げたのである。

宗勝がまだ武者修行で諸国を巡っていたときのことだ。武州熊谷において、彼はある剣士と真剣の試合をし、相手を斬り倒した。すると、相手の門人数十人が師の恨みを晴らそうと宗勝を追いかけ、武州忍《おし》の原において彼を取り囲んだのである。こうして宗勝の大立ち回りが展開されたわけだが、これが天下の評判となった。その評判によって彼は一時期忍藩主・阿部正秋に召し抱えられ、そののち江戸に出て道場を構え、東軍流を大いに広めたのである。

こうして、東軍流はその当時の五大流儀に含まれるほどになったわけだが、その剣法の根本は、戦国時代風の実戦的なものだったようである。

東軍流では〝無明切〟というのを最も重要な原理とするが、これは迷いを切るというような意味である。すなわち、〝無明〟とは真剣勝負における迷いや恐れから生じるさまざまな不利益——敵の打つ太刀が見えなかったり、間合いを見失ったり、恐怖のために身を引いたり、目を閉じたり、破れかぶれになったりすることを意味しており、それを完全に断ち切ることが最も重要だとされるのである。死を恐れず、太刀の下に活路を見出すという哲学は実戦的な剣士たちによって必ず語られることといえるが、東軍流にもそんな戦国武士の気風が流れていたということだろう。

念流　馬庭念流《まにわねんりゅう》

樋口又七郎定次

ひぐち・またしちろう・さだつぐ

◆生没年不詳（一六〇〇年前後の人）

◈現代まで流派を伝えた樋口家の念流

群馬県高崎市吉井町の馬庭念流道場では念阿弥慈音によって興された念流が馬庭念流（樋口念流ともいう）として現在まで伝えられている。

樋口又七郎定次はこの流派の中で最も重要な役割を果たした剣豪である。

馬庭念流は樋口念流ともいうように樋口家に伝わる念流のことである。樋口家の祖は木曽義仲の四天王の随一といわれた樋口次郎兼光《かねみつ》とされるが、その子孫で十一代目の樋口太郎兼重《かねしげ》が念阿弥慈音の十四人の高弟の一人で、念流の教えを受け、兼重念流とも呼ばれた。しかし、兼重から十七代目の又七郎定次に至るまでの間に樋口家の念流には紆余曲折があった。

兼重の孫・樋口新左衛門尉高重《しんざえもんのじょうたかしげ》は念流の道統を受け継ぎ、永正七年（一五一〇）頃に群馬県馬庭村（高崎市吉井町）に居を移し、その地に剣術の道場を開いたのだが、どういうわけか神道流の柏原肥前守盛重の教えを受け、念流から神道流に鞍替えしてしまった。このため、それから数代の間は馬庭の道場では念流ではなく神道流が教えられ、いつしか念流の教えは失われてしまったのである。

十七代目となった定次はそれが残念でならなかったようだ。樋口家に伝わる伝書には、定次が先祖の流派を復興しようとしたものの、なかなか果たすことができなかったということが記されている。が、チャンスはまったく偶然にやってきた。

定次の従兄弟にあたる小串清兵衛は目を患っていたことから、たまたま平井村に訪れていた偽庵と称する目医者の治療を受けたが、話をするうちに、偽庵の本名は友松清三氏宗といい、念流六世・小笠原庄《しょう》左《ざ》衛《え》門尉《もんのじょう》氏重《うじしげ》から奥義を受け、念流正統七世を継承した剣豪だということがわかったのである。彼は目医者をしながら諸国を巡っていたが、それは剣術修行のためでもあった。試みに清兵衛は友松と試合をしたがあっさり負けてしまった。

この話を清兵衛が定次に伝えたのである。定次が喜んだことはいうまでもない。定次は清兵衛と話し合い、二人そろって友松の弟子になった。

そののち定次は天正二年（一五七四）に念流の目録を与えられ、同十九年には印可をことごとく伝えられた。そして、慶長三年（一五九八）、念流宗家八世を受け継いだのである。

◈斎藤伝鬼坊の流れを汲む村上天流を倒す

定次が念流八世となった時代は関ヶ原直前の不穏な時期であり、柳生石舟斎宗厳、丸目蔵人佐、宮本武蔵など多くの剣豪が登場し、各地にある有力な勢力と結びついて地位を高めようとしていた時期でもあった。

定次もそうしようと思えばそうできただろう。しかし、定次は馬庭村の道場を離れようとせず、そこで念流を教えることに専念した。自らの権勢よりも、先祖伝来の剣法を守ろうとする一本気なところがあったのかもしれない。

そんなわけなので、定次には人を何人斬ったというような武勇伝は少ないのだが、ただ一度だけ、どうしても戦わなければならないことがあったと伝えられている。

定次の道場は馬庭にあるが、そこは高崎からそう遠くないところであり、定次の門弟には高崎に住む者も少なくなかった。ところが、この高崎城下には斎藤伝鬼坊の流れを汲む天流の名人・村上権左衛門という者がおり、多くの門弟を抱えていた。こんな状況から流派同士の反目が生まれるのは当然の成りゆきだった。名人が二人いれば、どちらが強いか話題になるだろうし、それぞれの門弟たちにとってこればかりは絶対にあとへ引けないところである。村上権左衛門は生意気な男で、弟子たちもそれに似ていたからなおさらである。そのうちに、両者の反目は門弟同士の切り合いに発展しかねないほどに高まってしまった。

こうなってはしかたなかった。どうにか門弟たちを抑えようと思っていた定次もついにあきらめ、村上権左衛門と話し合うと、慶長五年三月十五日、烏川《からすがわ》において試合の日時

馬庭念流 系図

- 念阿弥慈音〈相馬四郎義元〉（念流）
  - 樋口太郎兼重（馬庭念流）——樋口次郎兼定
    - 樋口新左衛門尉高重——樋口三郎兼次——樋口新三郎定兼
      - 樋口飛騨重定
        - **樋口又七郎定次**——樋口主膳頼定……
  - 赤松三首座禅師慈三（正統念流）——（四代）——友松清三偽庵
    - **樋口又七郎定次**

※太字は本書で紹介している剣豪

を決めた。

村上は卑怯な男で、木刀に真剣を隠した〝振出し剣〟という武器を使うと噂があった。打ち出した瞬間に真剣が飛び出す仕掛けである。定次は隣村の八幡宮に三日間参籠したのち、枇杷《びわ》の木を切り出して木刀を作った。

いよいよ試合当日。試合場には名人同士の対決を見ようと、双方の門弟たちはもちろん多くの見物人が集まった。

最初に仕掛けたのは村上だった。打ち下ろされた木刀から振出し剣が飛び出し、定次の袂《たもと》の先を切り裂いた。が、定次は気にもとめず、今度は俺の番だとばかり枇杷の木刀を力の限り振り下ろした。『撃剣叢談』によれば、念流の本旨は一念を持って勝つということだという。右の手を斬られれば左の手で詰め、左右の手がなければ噛みついてでも一念をとおす。それが念流の極意だという。そんな一念がこのときの定次の一打にこもっていたのかもしれない。定次の一打を村上は木刀で受けとめたが、定次の勢いを止めることはできなかった。打ち下ろされた木刀と、受けとめた木刀、その両方がガキッとすさまじい勢いで村上の脳天を十文字に打ち砕いたのである。村上はその場で息絶えた。

こうして、樋口定次は馬庭念流の面目を保った。しかし、彼は以降も剣の修行を怠ることなく、やがて西国へ修行の旅に出かけ、どこで死んだかもわからないのである。

松山主水大吉
まつやま・もんど・だいきち

念流 二階堂平法《にかいどうへいほう》

◆生年不詳〜寛永十二年（?〜一六三五）

◈金縛りの術〝心の一方〟を得意とした異色の剣豪

剣豪というのであれば剣の腕前が注目されなければならないはずだが、松山主水大吉はだいぶ趣が違う。彼は一見するとまるで魔術のような金縛りの術を得意とした剣豪である。その技を〝心の一方〟という。

これについて次のような話が伝えられている。

大吉が熊本城主・細川忠利に仕えていたときのこと。特別な儀式のある日には多くの大名衆が江戸城に登城するため、その周辺は諸大名の行列で大変混雑するのが常だった。黒《くろ》鍬《くわぐみ》組と呼ばれる下級の役人たちが行列の整理にあたったが、混雑がひどすぎてらちがあかず、多くの行列が右往左往することも多かった。ところが、細川忠利の行列だけは違っていた。行列の先頭に大吉がおり、下向きにした左手を突き出し、〝心の一方〟の秘術を使っていたからだ。他の行列を進めるために黒鍬組の役人たちが六尺棒を持って忠利の行列を止めようとしても、忠利の行列に近づくやいなや、大吉の秘術のために体がすくんで動けなくなってしまうのである。こうして、忠利の行列だけは黒鍬組の交通整理など無関係に、少しも立ち止まることなく江戸城に入ることができた。他の大名たちはこれがどうにもうらやましく、「細川殿は重宝な家来を持たれている」としばしば口にしたといわれている。

これが〝心の一方〟だが、気合い一つといおうか、かけ声一つで人の身体を動けなくしてしまう術は現在にもある。とにかく術者の声がかかった途端、身体が石のようになってしまい、手も足もその瞬間の姿勢のまま固まってしまうのである。もちろん、術者の側に相当な威厳と気力の充実が必要な術で、大吉の姿形などはわからないのだが、その種の力に満ち満ちた人物だったことは間違いないだろう。

しかし、剣の立ち合いにおいて大吉がこの術を使ったという話は伝わっていない。

◈二階堂平法を受け継ぎ、忠利の剣術師範を務める

大吉の剣の流派は二階堂平法といった。源頼朝が鎌倉幕府を開いたときに政所《まんどころ》執事だった二階堂山城守行政の孫・行義と行義の子・義賢が二代続けて中条流を学び、二階堂流を興したといわれている。一説によれば、行義、義賢が学んだのは念阿弥慈音だともいう。大吉と同名の祖父・松山主水が二階堂家に仕えていた時代にこの流派を受け継ぎ、さらに京流である源流の剣術も参考にし、二階堂平法としたのである。兵法ではなく平法としたのは、この流儀では初伝を「一文字」、中伝を「八文字」、奥伝を「十文字」といい、これ

ら一・八・十の字をあわせると〝平〟の字になるからだといわれている。〝心の一方〟は秘伝として伝えられたようだ。

大吉は少年時代にこの祖父から二階堂平法のすべてを伝授され、祖父の名を受け継いで松山主水と名乗るようになったのである。

寛永九年、取りつぶされた加藤家の代わりに小倉から移ってきた細川忠利が熊本城主となったが、このころ大吉の剣の腕前は相当に有名だったようだ。忠利は旧加藤家の浪人を少なからず召し抱えたが、大吉の祖父・主水も一度は加藤家に仕えていたことがあり、大吉はさっそく忠利の近習となると、忠利の剣術師範となった。

忠利は柳生但馬守宗矩から柳生流を学んだほどの剣術好きである。忠利の父・忠興も剣術を重視し、小倉時代には藩の剣術師範は佐々木小次郎だった。宮本武蔵も晩年には忠利のもとに身をおいている。こうしたことから、細川忠利が剣術について相当の目利きだったことは容易に想像がつくし、その剣術師範を務めた大吉も相当の剣豪だったことがわかるのである。教え方もうまかったようで、大吉から学ぶようになった忠利の剣技は急激に上達し、「どうしてこんなにつよくなったのか」と柳生宗矩も不思議がったほどだったという。

この大吉の剣法が具体的にどのようなものだったかは伝わっていないが、運動能力を駆使して、右に左にと飛び回るものだったのではないかと想像できる。というのは、次のような逸話が残っているからだ。

細川忠興・忠利親子は仲が悪く、父は八代城、子は熊本城と普段から別々に暮らしていた。家臣同士も仲が悪かったので、両家がそろって江戸に向かうときや九州に戻るときには家臣同士の争いもよく起こった。九州大坂間はそれぞれ別の舟を利用し、船団を組んで海上を移動したが、それでも争いが起こることがあった。こんなときに、忠利の舟に松山大吉がいると、その争いがさらに大きくなったという。大吉は相当に身軽だったらしく、忠利側の舟から忠興側の舟へと自由自在に飛び移り、船内を駆けめぐり、気に入らない奴を次々殴っていったというのである。これほどの身軽さがその剣術に活かされないはずはあるまい。

しかし、こんなことが繰り返されたのか、大吉は忠興からはひどく嫌われてしまい、ついに暗殺されることになった。大吉が松江村（熊本市内）の光円寺で病臥中だったときのこと。忠興の密命を受けた荘林《しょうばやし》十兵衛という者が病気見舞いを装って近づき、布団に横たわっていた大吉を刺したのである。「卑怯な！」と大吉は叫んだが、動くこともできなかった。しかし、刺した荘林も大吉の側に仕えていた小姓に後ろから斬られて死んでしまった。そして、このときから〝心の一方〟の使い手はいなくなったのである。

流祖 願流《がんりゅう》

松林左馬助

まつばやし・さまのすけ

◆文禄二年〜寛文七年（一五九三〜一六六七）
◆名は永吉《ながよし》。号は願流、無雲。入道して蝙也斎。

◆まるで蝙蝠のように宙を舞う剣技

江戸時代の剣術が、柳生新影流や無住心剣術のように心法を重視する傾向にある中で、願流（無雲流、神明流ともいう）の松林左馬助はただひたすら肉体の能力に頼ったという点で、ひときわ異彩を放っている剣豪である。

それはまさに、見せ物にうってつけの剣法だった。

例えばこうだ。その昔、源義経は柳の枝を空中で切るのに、八断にしてもまだ水に落ちなかったといわれるが、その話を聞いた左馬助が試みると、水に落ちるまでに十三に断ったので、見ていた者たちはみなその早業に驚いた。また、左馬助は飛んでいるハエの首を小刀で切ることができ、しばしばやって見せたという。

将軍・徳川家光は剣技を好み、その晩年には数多くの剣士を江戸城に呼んで演武を見るのを楽しみとしたが、当時六十才だった左馬助も呼ばれて剣技を披露した。このとき左馬助は組太刀二十ヶ条の術と足譚《そくたん》という秘術を見せたのだが、その動きは驚くほど敏捷、足譚にいたっては相手の打ってきた太刀を足で踏み落とし、その余勢を駆って空中に飛び上があるという軽業的なものだった。剣技を見慣れた家光も、「まるで蝙蝠《こうもり》のようだ」と感嘆したという。これ以降、左馬助は蝙也斎《へんやさい》と名乗るようになったのである。

◈深山幽谷にこもり独自に願流を興す

松林左馬助は鹿島流を学んだともいわれるが、基本的には独学で剣法を身に付けたようである。彼は信州松代の生まれで、少年時代から剣技を好み、諸国を武者修行したり、深山幽谷にこもって修行を積んだという。その結果、まるで神業のような跳躍力や敏捷性を身に付けた。といって、こうした身体の動きだけは教わってどうなるというものでないことは確かだ。生まれながらに備わっていたすぐれた運動能力をまったく自分一人の努力で最高度に発展させたに違いない。

こうして、彼は一流を興し、それを願流と呼んだのである。

この彼が最初に仕えたのは関東郡代だった伊奈半十郎忠治《ただはる》で、武州赤山（埼玉県越谷市赤山町）に住んで武術を教えたという。そのうち左馬助の名も有名になり、仙台藩主・伊達忠宗（政宗の次男）に招かれ、伊達藩に仕えるようになった。左馬助五十一才のことである。

六十才で家光を驚かすような動きをした人だから、普段も鍛錬を怠ることはなかった。左馬助は刀を抜くこと千回を毎朝の日課としていたが、この日課は死ぬまで欠かさなかった。

次のような逸話もある。

左馬助は、剣士たるものは普段から油断があってはならないと考えていたので、かねがね弟子たちに向い、できるものならいつでもよいから俺を驚かして見ろといっていた。そんなあるときのこと。門弟たちと蛍の名所に遊びに行ったところ、飛び交う蛍に見とれていた左馬助を、門弟の一人が背後から肩を突いて突き倒そうとした。が、この瞬間、左馬助はさっと向こう岸へ跳んだ。そして、翌日「昨夜何かなくさなかったか」と左馬助はその門弟にいった。「はい。大切なものなのでひどく困っています」と門弟。これを聞いた左馬助はにわかに笑い出し、「これに違いあるまい」といって敷物の下から刀の中身を取り出して差し出した。つまり、昨夜その弟子に突き飛ばされそうになったとき、とっさに門弟の刀を抜き取り、素知らぬ顔で持ち帰っていたというわけだ。門弟は唖然として言葉もなかったという。何気なくこんなことができるのも日々の鍛錬があったからに違いあるまい。

武者修行の悲惨

武芸者たちが剣の腕を磨くために各地を旅して回ることを回国修行とか武者修行といい、応仁の乱（一四六七〜一四七七）ころから多く見られるようになったといわれている。乱世の始まりともいえるこの大乱のために、各地で豪族たちが没落し、多くの浪人が出現したからである。したがって、武者修行といっても、戦国時代には腕を磨くこと以上に、どこかの有力武将に認められて仕官することを最終目的にするものが多かった。彼らは各地を旅し、腕を磨き、合戦があればすぐに駆けつけ、どちらかの側について手柄を立てて認められようとした。こんなふうに、ただ認められるためだけに合戦に参加することを陣場借りといい、そこで手柄を立てて出世した者も多いのである。こんなわけだから、戦国時代の武者修行者の生活は基本的に悲惨だった。経済的に安定し、仕官など重要でなかった塚原卜伝は一族数十人を率いて豪勢に旅をしたといわれているが、こんなのはもちろん例外である。

では、武者修行者はどんな風に悲惨だったかというと、合伝流という軍学では武者修行者が耐えなければならない困難として次の七つを挙げている。

①寒天、炎暑、風雨に身をさらして剣山遠路を歩行する。
②暮野に臥し、山に宿す。
③金も食料も貯えず、飢えをしのぎ、着たままの衣服で寒さをしのぐ。
④国々に合戦があれば陣場を借り、手柄を立て、あるいは武芸者に会って仕合勝負を決し、ある

いは辻斬り強盗を斬り伏せ、あるいは取り籠もる者を捕らえる。
⑤悪霊・悪風・妖狐・毒蛇などのために人の通らないようなところを一人で往来する。
⑥わざと囚人になって牢獄に下り、自分の勇気と才覚でこれを脱出する。
⑦わが身を卑賤に下し、農民のもとで草鞋を作り、鎌鍬の業をなしつつ渡世を営む。
おそらく、宮本武蔵のような剣豪でさえ、武者修行中はこんな生活をしていたのである。

江戸時代になると名を上げるための武者修行が多くなったが、浪人の身分で旅する貧しい者たちの生活はこれとあまり違っていなかっただろう。ただし、江戸時代には合戦に参加することはできなかったので、浪人武芸者は道場破りなどをしてわずかな金を得たり、食事に預かったりしたのである。

小笠原源信斎
おがさわら・げんしんさい

新影流　真新陰流　しんしんかげりゅう

◆生没年不詳（一六〇〇年ごろの人）
◆玄信斎とも書く。名は長治《ながはる》。通称、金左衛門、上総入道。

◈中国の矛の術を採り入れ無敵の剣豪になる

小笠原源信斎は一時期唐（中国）にわたり、漢の張良の子孫だというものから矛の術を習ったという変わった経歴の剣豪である。

中国にわたる以前には、源信斎は日本で新影流の剣術を学んだことがあった。直心影流の伝書では正統四代目とされており、上泉信綱の門人で、新影流を神影流と改称した奥山休賀斎《きゅうがさい》の弟子だったという。

中国へわたったのは次のような事情からだった。源信斎は遠州（静岡県）高天神城主小笠原与八郎長忠の弟で、当初は今川家に仕えていたが、今川家の没落や徳川家康との対立などもあって、小田原の北条氏を頼った。ところが天正十八年（一五九〇）、この北条氏も豊臣秀吉に敗れ、小笠原家は四散することになった。この結果、源信斎はほとんど亡命同然に中国へわたったのである。

しかし、中国で矛の術を習ったことが源信斎の運命を変えることになった。その矛の術に「八寸の延金《のべがね》」という技法があったが、源信斎はこれを新影流に応用し、すぐれた刀法として完成したのである。

この「八寸の延金」がどのような技法であったかは完全な謎で、これは技法ではなく〝振杖《ふりづえ》〟（杖の先に鎖と分銅をつけた武器）のような武器ではないかという説もある。あるいは、敵との間合いを見切ることに関連した純粋な刀法だともいわれる。

が、いずれにしてもこの刀法を身に付けて帰国した源信斎は、日本で天下無敵の評判を得るほどの剣豪に成長していた。彼は帰国後に名のある剣豪すべてと対戦したが、そのすべてに打ち勝ったのである。上泉信綱の高弟・疋田文五郎さえが一歩も動くことができず、源信斎の技に驚き感嘆し、徳川家兵法師範だった柳生但馬守宗矩も、ただただ奇妙な兵法だと嘆美し、試合を拒否したという。

こうして、源信斎は有名になり、その道場は弟子が三千人を超えるほど隆盛した。ところで、このころは日本では同じ新影流から分かれた柳生新影流が隆盛を極めていた。そこで、源信斎はこれに対抗する意味で、奥山休賀斎から受け継いだ「神影流」を、「真新陰流」と改名したのだという。

しかし、源信斎が本当に無敵だったかというと疑わしい部分もある。源信斎の弟子に無住心剣術を興した針ヶ谷夕雲、心陰直心流を名乗った神谷伝心斎《かみやでんしんさい》がいるが、この二人とも源信斎を破ったとされているからだ。しかも、源信斎が無敵だったというのはこの二人を中心とした逸話の中で語られていることなのである。そんなわけなので、源信斎が相当に強かったことは確かだろうが、その当時日本一だったというような話は、もしかしたら針ヶ谷夕雲や神谷伝心斎の強さを引き立てるために作られたフィクションかもしれない。

流祖 無住心剣術《むじゅうしんけんじゅつ》

針ヶ谷夕雲《はりがや・せきうん》

◆文禄二年〜寛文二年（一五九三〜一六六二）
◆通称、五郎右衛門。流派名は離相流、夕雲流ともいう。

◈〝相ヌケ〟を目的とした奇妙な剣豪

針ヶ谷夕雲は〝相ヌケ〟という、引き分けあるいは相打ちに類似した状態を理想とした不可思議な剣豪である。その流派を無住心剣術という。

ただし、簡単に相ヌケが理想といっても、相手が誰であってもいいというのではない。無住心剣の相ヌケが成り立つのは、聖人といわれるほどの剣の遣い手同士が向き合った場合だけである。このような場合には二人とも互いの強さをはっきりと感じ、打ち合うこともできず、最後には二人とも互いの強さを認めあって剣を納めるしかない。これが相ヌケである。弱い者同士が互いに斬りあって二人ともに死んでしまうのを相打ちというが、これと相ヌケとは雲泥の違いがある。だから、現実には相ヌケが成り立つことはほとんどなかったようだ。無住心剣の遣い手同士であっても、相ヌケを成立させたのは二、三の剣士だけだったといわれている。師である夕雲との試合で相ヌケを成立させ、無住心剣を受け継ぐことになった弟子・小田切一雲は、一つの世には一人の仏しか存在しないという奇妙な理屈を使って、どんなに数多い弟子がいても、師と戦って相ヌケが成立する者はただ一人しかいないとさえ断言している。

しかし、無住心剣では相打ちというのをまったく馬鹿にしていたわけではない。無住心剣では修行の最初の手引として相打ちを考えていた。つまり、まず最初は相打ちを目指すのである。何故なら、相手と向き合うと誰でも勝ちたいと思うものだが、勝ちたい勝ちたいという気持ちで勝った者は昔から一人もいないからだという。大事なことは試合に臨んで自分を捨てることである。そのためには相打ちを目的とするのが一番なのである。こうして相打ちの練習を続けると、やがて相打ちではなく勝ちを収めることができるようになる。その段階を経たあとで、師と対戦しても相ヌケができるようになるというのである。

それにしても、理屈はどうあれ、引き分け・相打ちが理想などというのはいかにも奇妙な感じがして、本当に強かったのかと疑いたくなるが、夕雲の強さは掛け値なしで、宮本武蔵と並べたくなるほどである。

◈がむしゃらに強かった青春時代

一説によると上野針ヶ谷（ただし、上野には針ヶ谷という地名はないという）に生まれたという夕雲の生涯についてわかっていることは少ないが、身長は六尺あり、三人力の力持ちで、若い頃はかなり乱暴な力尽くの剣法を遣ったといわれている。徳川の時代が始まっていたといっても、当時はまだ戦乱の余塵の残る時代で、本人もそれで悩むことはなか

無住心剣術　系図

- **上泉伊勢守信綱（新影流）**
  - 奥山休賀斎公重（神影流）
    - **小笠原源信斎長治（真新陰流）**
      - 神谷伝心斎（心陰直心流）
      - **針ヶ谷夕雲（無住心剣術）**
        - **小田切一雲**
          - **真里谷円四郎**

※太字は本書で紹介している剣豪

ったようだ。夕雲は十三、四才からかなりな数の剣術・槍術を学んでおり、四十才頃までに他流との真剣による試合を五十二回行い、一度も負けなかった。しかも、使っている刀がすごかった。長さは二尺五寸でとくに長くも短くもないが、重く、刃引き（刃を削り落とすこと）がしてあり、人が斬れないようになっていた。ずっとのちに、夕雲が無住心剣を興してからの弟子・小田切一雲がその刀を見て不審に思い尋ねたことがあった。夕雲の答えは次のようなものだった。

「自分は身の丈六尺で、力は三人分ある。だから、一人が相手なら勝つのは簡単だ。問題は敵が大勢いたときで、こういうときはなまじ刀に刃があると、刃が欠けたときなどに引っかかったりして面倒なのだ。だから、わざと刃引きにして敵をたたき殺していたんだ」

夕雲は武蔵よりも十才ほど若い世代だが、この話からも、彼は体つきも剣風も若い頃の武蔵に似て、がむしゃらで迫力満点であったことがわかる。しかも、夕雲は完全に文盲の人だった。

こんながむしゃら剣を遣っていた夕雲が変わり始めたのは四十才頃のことだ。このころ、夕雲は剣豪・小笠原源信斎の門下におり、それも一、二を争う高弟だった。源信斎は上泉伊勢守の流れを汲む新影流の達人で、一時期中国にわたり、〝八寸の延金《のべがね》〟という秘術を悟り、帰国後は向かうところ敵なし、当代随一といわれていた剣豪である。この源信斎にも認められていた夕雲は、八寸の延金の秘術まで受け継いだほどだった。しかし、このころの夕雲はこれまでの剣の修行にどうしても満足できないものを感じていたようだ。というのも、これまで学んだ剣術は結局は弱い相手には勝ち、強い相手には負け、同程度のものには引き分けるという相対的なもので、らちがあかないように思えたからだ。

夕雲が四十才といえば、すでに徳川の時代が始まって三十年ほどもたち、元和偃武《げんなえんぶ》と呼ばれる泰平の世が訪れたころである。それはたんに強いだけでは評価されない時代でもあった。

こうした疑問と世の変化の中で大いに悩んだ夕雲は禅の思想に活路を求めたようだ。やがて東福寺の虎白《こはく》和尚に出会った彼は深く心酔し、禅の修行に努め、あるとき豁然《かつぜん》として悟ったのである。この悟りによって、夕雲の剣術はすっかり変わったのである。

◈他流の剣術が馬鹿に見えて仕方がない

虎白和尚との出会いによって夕雲に訪れた変化は、一言でいえば剣術の単純化、純粋化といえるものだった。これ以降、夕雲の剣術からは多くの流派にあるような複雑な太刀捌きは消え、ただたんに太刀を眉間まで上げて落とすという単純な動きだけが残ったのである。人々はその剣術を柔和無拍子とも赤子の戯れのようだとも評した。これほど単純であり、禅の影響もあるのだから、夕雲が心法を重視したのは当然だが、彼がとりわけ求めたのは〝本然受容〟という心のありようだった。つまり、自然のままに受けとめ、行動するということである。

「およそ太刀を執って敵に向かうときには特別なことは何もない。その間が遠ければ、太刀のあたるところまで行く。行きついたならば打つ。何も考えることはない」これが夕雲自身の解説である。

無住心剣術の三代目を継いだ天才剣士・真里谷円四郎《まりやえんしろう》は当流の本旨についてもっと詳しく次のように解説した。

「無住心剣術では敵を倒そうとするときは、とにかく静かに柔らかくということを心掛ける。敵の毛一本をも損なわないように見えるほどである。敵に対したときに、自分を守ろうなどと考えてはいけない。そんなことをすれば、敵が打ち込んでくる太刀を受けはずしたり、また切り返したりと、種々な動きをすることになり、このためにかえって負ける要素をつくり出してしまう。したがって、当流では常に静かで柔らかな動きをもっぱら心掛けて修行する。そうした毛一本も破らないような柔らかな動きの中から、大地に響くような強い打ち込みが出る」

こういうことを、針ヶ谷夕雲は悟ったのである。そして、この悟りの境地を手に入れたとき、獅子奮迅、飛蝶、猿飛などなど、まるで動物みたいな動きに夢中になっている他流派の剣術がまったく馬鹿なものに見えたという。当然のように、夕雲はこれまでに習い覚えた既成の流儀をすべて捨て去った。

そして現実に、夕雲はそれ以前よりも格段に強くなった。悟りを開いてから、夕雲はテストをかねて他流試合を行ったが、相手になる者などいなかった。新影流の師である小笠原源信斎の秘術・八寸の延金にも勝った。この勝ち方がすごかった。夕雲はまるで烈火が竹を破るように、枯れ木を打ち砕くように、源信斎を打ち破ったのだという。

こうして無住心剣術が生まれた。禅の師・虎白和尚の命名である。

これだけ強ければ、夕雲が有名になるのは当然だが、夕雲にはその生涯の間に三千人近い弟子がいた。終生仕官することはなかったが、晩年は紀州藩から内証扶持《ないしょぶち》を送られていたといわれる。

そして、その晩年のこと。弟子の一人である小田切一雲が夕雲と三度試合を行い、三度とも〝相ヌケ〟になるということが起こった。このときの夕雲の振る舞いが、奇妙でおもしろい。夕雲は何を思ったか懐中より念珠を取り出し、一雲に向かって香をたき、一雲を拝んだのである。こうして、小田切一雲が夕雲の後継者となったのだが、それから間もなく夕雲は亡くなったのである。

無住心剣術

小田切一雲

おだぎり・いちうん

無住心剣術 むじゅうしんけんじゅつ

◆寛永七年〜宝永三年（一六三〇〜一七〇六）
◆小出切《おでぎり》とも書く。初めは長谷川如庵、晩年は空鈍と称する。流派名は空鈍流《くうどんりゅう》とも呼ばれる。

◈無住心剣の理を徹底した知的な剣豪

針ヶ谷夕雲の興した無住心剣術の特徴は柔和・無拍子にあるといわれるが、小田切一雲はこの原理をさらに徹底した、知的で、多少偏屈なところのある剣豪である。

一雲は学識のある人で、幕府の医官として有名だった半井驢庵《なからいりょあん》の塾に学び、学頭まで務めたことがあった。現在、針ヶ谷夕雲のことを知るためになくてはならない書となっている『夕雲流剣術書』（『無住心剣術書』など異称が多い）は一雲の筆になるもので、夕雲が文盲だったことを考えると、一雲を弟子にしたことは夕雲にとっても幸運だったかもしれない。

もちろん、剣の腕前も卓越していた。

一雲は一説に会津藩の出身といわれており、夕雲の弟子になる前に十三の流派を学んだ。柳生但馬守宗矩の高弟・庄田喜左衛門からは印可まで受けていた。夕雲は小笠原源信斎に学んでいるから、夕雲も一雲も一度は新影流を学んだことがあることになる。一雲が夕雲の弟子になったのは彼が二十八才のときで、三十三才で印可を受け、無住心剣術の二代目を継いだのである。『夕雲流剣術書』にはこのときの様子が、「三十三才のとき、夕雲と真実の試合を三度して、三度ながら相ヌケをして、真面目という印可の巻物を受けとる。相ヌケの日は、夕雲いかが存ぜられけるか、懐中より念珠を取り出して、余に向かって香をたき、余を拝せらる」と記されている。

ところが一雲は不思議な人で、印可を受けたにもかかわらず、弟子もとらず、無住心剣術を広めようとしなかった。三十九才のときには深川に退去してしまった。無住心剣術の研究家・甲野善紀は『剣の精神史』の中で、一雲が弟子もとらずひっそり暮らしていた理由について、夕雲から印可を受けたものが一雲の他にもいたからだと説明している。その人物は片岡伊兵衛秀安という者で、一雲の兄弟子にあたっている。ただ自分一人だけが夕雲の剣術を受け継ぐ資格があると考えていた一雲にはそのような事情が堪えられなかったのだという。いうなれば、一雲は世をすねていたわけだ。

深川へ退去してからの一雲は少ないながらも弟子をとるようになり、天才的剣豪・真里谷円四郎もその中にいたが、自分から積極的に名を上げようなどというところがまったくなかった。剣術の達人だということは知られていたので、諸侯から招聘《しょうへい》されることもたびたびあったが、自分などとるにたりない者だといってすべて断っていた。こんな具合だから、その生活はとにかく貧乏だったようだ。一雲は独身だったので、借家で自炊して暮らしていたが、それを嘆く様子もなく、貧福は人力の及ばぬものといってすましていたという。晩年にかかった病気が重くなってからは、戸に鍵をかけて見舞い人も入れず、やがて物音もしないのを不審に思った人が戸を打ち破って入ると、彼はすでに死んでいたのだという。

こんな人なので、武勇伝は少ないが、剣の達人だったことは確かなようだ。天真白井流として知られる剣豪・白井亨《とおる》は、『兵法未知志留辺《みちしるべ》』の中で、一雲を「日本剣術史上最高の名人」と呼んでいる。こんな逸話もある。あるとき諸流に通じた剣の遣い手で植松三右衛門という者が一雲に試合を申し込んだが、一雲は羽箒《はねぼうき》を持って立ち合って、手もなくやっつけた。また、一雲の弟子の一人が、いくら名人でも眠っているときならばと居眠りしている一雲に打ちかかったこともあったが、反対に打ち倒され、しかも一雲は居眠りをし続けていたという。派手なところは少ないが、平和な江戸時代にはこんな剣豪も多かったのである。

真里谷円四郎

無住心剣術

無住心剣術 むじゅうしんけんじゅつ

まりや・えんしろう

◆寛文元年～寛保二年（一六六一～一七四二）
◆名は義旭《よしてる》。前名、山名勝之助。別号、無為軒、無窮軒。

◆千度の試合に一度も負けなかった天才

真里谷円四郎はまさに天才という言葉がぴったりくる剣豪である。日本に剣豪の数は多いが、現実に千回も試合をして一度も負けなかったというのは日本新記録なのに違いない。

とはいえ、すぐれすぎているというのが問題になってしまったようだ。日本には「出る杭は打たれる」という諺《ことわざ》がある。円四郎はまさにその好例だ。

円四郎は三河守だった武田清嗣《きよつぐ》の後裔で、上総国望陀郡真里谷村（千葉県木更津市真里谷）に生まれた。円四郎の少年時代について詳しいことはわからないが、無住心剣術の小田切一雲に入門したのが十才ごろのことで、少年時代から純粋に無住心剣術の剣士として育ったといわれている。おそらく、このころから剣の腕前は他の弟子たちを圧倒していたのに違いない。

二十五才のときに一雲から嫡伝免許を受けたが、これが無住心剣術そのものを揺るがす大事件になってしまった。

無住心剣術では最高の剣士同士の立ち合いは相ヌケに終わるとされている。相ヌケとは一種の引き分けだが、二人の聖人が戦えば、互いに打ち出すこともできない状態となるので、最後は相ヌケになるしかないと考えるのである。円四郎の師だった小田切一雲も、無住心剣術の祖・針ヶ谷夕雲と三度試合を行って三度とも相ヌケとなり、流派の二代目となったのである。

だから、無住心剣術を極めた円四郎にしても、師の一雲と戦えば相ヌケとなるのが自然だった。ところが、円四郎は二度まで戦って二度とも師の一雲を打ち負かしてしまったのである。しかも、円四郎はこんな大胆なことをしておきながら、少しも気にする様子はなかったようだ。

師の一雲は円四郎のことを心から気に入っていたので、こんな事件にも大変な喜びようで、自分の師・針ヶ谷夕雲が生きていたら、よい孫ができたと喜んだことだろうとさえいった。しかし、同門の兄弟弟子たちには我慢ならないことだった。流派の最高原理を平然と踏みにじるような男が無住心剣術の三代目を継いだのでは、流派全体が崩壊してしまうかもしれないからだ。こうして、円四郎は流派の中で浮き上がった存在になってしまった。

円四郎もこのような雰囲気を感じとったのか、あるいは若すぎるという理由からか、しばらくの間は嫡伝の免許を一雲に預かってもらい、師範代のような立場をとっていた。

が、さすがにうんざりしたのか、やがて一雲のもとを飛び出してしまった。弟子たちの中には円四郎を支持するものも多かったので、ここに無住心剣術は分裂してしまったわけである。元禄元年（一六八八）ごろのことだという。

それから円四郎は一雲からは独立して道場を持ったが、なんといっても天才剣士だったので人気は高く、大名・旗本を含めて門弟の数は一万人を超えたといわれている。

こんな円四郎ではあるが、師の一雲は最後まで愛着を持っていたようで、当流の書物や門弟たちの神文（入門者が師に差し出す誓紙）などをことごとく円四郎に託した。反円四郎勢力の門人たちの中には、「円四郎は剣は上手だが大酒のみで人柄も悪く、邪剣を遣う」などという風聞を流して嫡伝ではないと非難するものもいたが、とにかくも円四郎が無住心剣術の正当な三代目となったのは確かだった。

しかし、円四郎が破天荒な天才でありすぎたためか、円四郎から嫡伝を授けられるような剣士はついに登場せず、無住心剣術は三代にして終わることになったのである。

流祖 雖井蛙流平法《せいありゅうへいほう》

深尾角馬

ふかお・かくま

◆寛永八年〜天和二年(一六三一〜一六八二)
◆名は重義。前名、河田喜六。号は雖井蛙《せいあ》。

泰平の世に武士の意地を貫いた剣豪

深尾角馬は痩身短躯《そうしんたんく》で、見た目にはけっして強いと思えないような剣豪だった。鳥取藩家老・池田日向守之政《ひゅうがのかみこれまさ》の馬廻役として働いていたので、武者修行の経験もなかったようだ。しかし、剣にかける意地においてひときわ強固で、他を圧するようなところのある剣士だった。

雖井蛙流そのものはいくつもの流派の折衷剣法だった。角馬ははじめ父・河田理右衛門から丹石流の剣を学んだ。丹石流は永禄年間(一五五八〜一五六九)に美濃の斎藤義龍に属していた衣斐丹石軒宗誉《いびたんせきけんむねよし》が興した、戦場において甲冑を着用することを前提とした古風な具足剣法だった。角馬はさらに、去水流、東軍流、卜伝流、神道流、新影流、富田流、タイ捨流、念阿弥流など数多くの流儀を学び、これらを参考にして甲冑を使用しない江戸時代風の素肌剣法を興した。これが雖井蛙流平法で、他流の極意に対する返し技だけで構成されているという一風変わった特徴があった。例えば、雖井蛙流で〝碪《きぬた》〟と呼ばれている組太刀では、打太刀が卜伝の極意〝一《ひとつ》の太刀〟を用い、これに対して勝ちを収めるのが仕太刀の技となる。このように、数多い組太刀のすべてにおいて、打太刀は他流の極意の技を用い、それに対して仕太刀が勝ちを収めるという組み合わせになっているのである。数多くの流派を学んだ角馬らしい剣法といえるだろう。

実際の戦い方においては、角馬の剣法は、丹石流の時代には手荒い剣術だったが、雖井蛙流となってからは、まるで敵がいないかのようにすうっとやわらかに進んで行くばかりで、手荒い感じはなかったという。あるときはこんなこともあった。角馬が道場で竹刀を掌の上に立て、「誰でもよいから打てるものなら打ってみよ」といったので、弟子たちは代わる代わる立ち上がって打ちかかったが、誰も打ち込むことができなかった。そればかりか、角馬の掌の上の竹刀がまるで自然に倒れるように動いて、弟子たちを打ち倒してしまったのである。これだけでもその技の精妙さがわかる。

しかし、その剣法とおなじほどには角馬の心は精妙に振る舞うことができなかったようだ。角馬が生きたのは戦争のない泰平の時代だったのに、彼はいかにも愚直であり、道を歩くときは必ず右側を歩き、座敷に座るときは柱を背にし、不意に斬りかかられるのを用心していた。稽古のときも、定刻に出て、雑談など絶対にしないという風だった。こんなことだから、他人にはひどく窮屈がられ、彼とは付き合いたがらなかったという。

雖井蛙流という名前にも、角馬の剣にかける意地が表れているようだ。〝井蛙《せいあ》〟とは「井の中の蛙、大海を知らず」という意味である。そこで、〝雖井蛙〟（雖《いえども》は読まない）となると、「井の中の蛙といえども、大海を知る」という意味になる。つまり、角馬はこの名前によって「自分のような者でも剣の道は心得ている」ということを主張したかったのではないだろうか。見かけが強そうでなかっただけにそんな思いも強かったのだろう。

角馬の最期はおそらく彼自身の意に沿わぬものだったろうが、それでも彼は武士としての意地を捨てなかった。

あるとき、角馬の娘と豪農の息子・長右衛門が密通したのをきっかけに、彼は長右衛門を含めて親子三人を斬り殺すということが起こった。いくら腹が立ったとはいえ角馬にしてみれば一世一代の不覚だったろうが、とにかくこのために切腹を命じられた。このときのこと。切腹の座に座した角馬は介錯を頼んだ門人・鈴置四郎兵衛に、「拙者の切腹を手本としてよく見ておくように」といい、静かに両手を後ろに回して両足の親指の骨をねじ折ったのである。こうしておけば、首を落とされても不格好に仰向けに転がることがないと昔からいわれているからだった。そのうえで、自分の腹をかき切ったのである。

猫の妙術《みょうじゅつ》

「猫の妙術」とはいかにも珍妙な題名だが、これは江戸時代の剣術家がどんな境地を目指していたか知るうえで大いに役に立つ武芸書である。著者は下総（千葉県）関宿の久世大和守の家臣・佚斎樗山《いっさいちょざん》（本名、丹羽十郎左衛門忠明）。万治二年（一六五九）生まれで八十三才まで生きた。江戸時代の武士の必読書だった『天狗芸術論』という武芸書もある。この人に『田舎荘子』という本があり、その中に「猫の妙術」という短編物語が入っている。こんな話である。

あるとき、勝軒という剣術家の家で大ネズミが暴れるようになった。勝軒は近所からネズミ取りにかけては評判の猫を次々と借りてくるが、どの猫も大ネズミに歯が立たない。勝軒みずから退治しようと木刀を振り回しても家具調度を壊すばかりでらちがあかない。ここで勝軒は六、七町先に「無類逸物《むるいいちもつ》の猫」がいるという噂を思い出し、使いをやってその古猫を借りてきた。この猫というのがうすぼんやりしていていかにも頼りなさそうだったが、勝軒はとにかく大ネズミのいる座敷に放り込んでみた。と、驚くことに、さっきまで暴れていた大ネズミが「すくみて動かず、猫何のこともなく、のろのろと引きくわえて来たりけり」という結果になった。

これには勝軒ばかりか大ネズミに負けた猫たちもびっくりしたので、その夜、古猫のまわりに集まるとまるで師弟のような問答が始まった。

「わたしは代々ネズミを取る家に生まれ、幼少のころからその道の修練を積み、早業も軽業も完璧にこなします。それなのにあのネズミばかりは…」と鋭き黒猫がいうと、「きみが修練したのは手先の技だけなのだ。だから敵を倒そうという気持ちをなくすことができない。具体的な身体の動きに含まれた深い道理を理解しなければいけない。この道理を知らずに技巧に走ればかえって害を生ずる」と古猫が答えるという具合である。こうして、古猫はみなの質問に答え、技・気・心が一致することの重要性を説いたあとでさらにいう。

「しかし、わたしがいっていることなど道の極致ではない。むかし、隣村にいた猫は一日中居眠りばかりして気勢もあがらず、まるで木で作った猫のようだった。彼がネズミを捕ったところなど誰も見たことがなかった。ところがだ。彼をどこに連れていっても、その近辺からはなぜかネズミがいなくなってしまうのだ。いったいどういうことなのか。わたしは四度も彼に質問したが彼は答えなかった。いや、答えるという事さえ忘れていて答えられなかったのだ。つまり、彼はおのれを忘れ、物を忘れ、無物に帰していた。これこそ神武不殺の境地というべきで、わたしなどまだまだ彼には及ばないのだ」

いかにも心法を重要視した江戸時代の剣術思想といえそうである。

辻月丹
つじ・げったん

流祖 無外流 むがいりゅう

◆慶安二年～享保十二年（一六四九～一七二七）
◆通称、兵内。無外、一法と号する。都治月丹と書くこともある。

へなへなしていて弱そうで強かった剣豪

剣を構えた様子がへなへなしているというのはとても褒め言葉とは思えないが、辻月丹はどういうわけかしばしばそんなふうに評される剣豪である。風にそよぐ柳とでもいうのか、押せば引く、打てばすいとすり抜ける。なんともつかみどころのない剣法である。月丹の興した無外流に『無外真伝剣法訣』という伝書があり、十の剣名を挙げて説明を加えている。が、これを見てもつかみどころがないことに変わりはない。十の剣名とは獅王剣、翻車刀、玄夜刀、神明剣、虎乱入、水月感応、玉簾不断、鳥王剣、無相剣、万法帰一刀だが、この説明がすべて禅語でなされているからだ。一例として玄夜刀をとると、そこには「暗裡に文彩を施し、明中に蹤《あと》を見ず」と説明が付いている。「暗闇の中では色とりどりで、明るいところでは何も見えない」という程度の意味だろうが、これではどんな太刀筋なのかわからない。まったく、あってないようなものとしかいいようがない。『無外真伝剣法訣』には、これを理解するには禅の素養が不可欠であると断り書きが付いているが、多分、禅の教養があっても正確に理解することはできないだろう。

とはいえ、これこそが月丹の剣の神髄だったのかもしれない。

辻月丹は禅の思想と深く結びついた剣豪だった。柳生流の柳生宗矩が禅の思想を取り入れたように、日本の剣豪には禅に興味を示したものが少なくないのだが、月丹はなかでも最も禅に近づいた剣豪の一人といえる。

禅というのは〝不立文字《ふりゅうもんじ》〟といわれるように、文字（言葉）によって明確に定義することを避ける思想である。だから、理解しづらい。理解したと思って明確に定義すると、いつもそうではなくなってしまうのが禅なのである。

月丹の無外流もこのようなものだったのではないだろうか。つまり、明確な形を持つことを嫌う流儀ということである。剣名があるくらいだから、形はあるには違いないが、そんなものはあってもなきがごときもので、大切なことは別なところにある、と考えるのである。月丹の高弟・森下権平辰直が「無外流では術ということを嫌う。だから兵法の、兵道の、剣法の、という。またこの流については、真ということを宗とする」と語ったといわれているが、ここでいう〝真〟こそ、月丹の目指したものなのだろう。

その生涯を見ると、月丹自身が〝形〟よりも〝真〟を目指した人のように思える。

◈貧窮の生涯を飄々《ひょうひょう》と生きた求道者

月丹はその生涯を通して、剣の道を極めること以外には何の興味もないような人物だった。

彼は近江国甲賀郡馬杉（滋賀県甲賀市甲南町上馬杉）の生まれで、幼少のころから剣の道に志を抱き、ただ一人黙々と剣の修行に励んだ。十三才で京都の山口卜真斎に入門し、二十六才で皆伝を許されるまで十三年間修行した。山口卜真斎は鹿島神道流、阿波賀流、新影流などを学んで山口流を興した、上方では有名な剣士だった。月丹は近江の油日嶽《あぶらひたけ》や京の愛宕山《あたごやま》にこもって神仏に祈願したり、他国に武者修行に出ることも忘れなかった。このころ月丹が回った諸国は三十三カ国に上り、極めた剣術は十二流に及んだという。このち月丹は江戸に出て山口流の道場を開くが、それでもなお自分の実力に不満があったので、ただ一人で修行を続けた。その一方で江戸麻布吸江寺《きゅうこうじ》の石潭《せきたん》和尚について参禅を開始し、石潭の没後は後継者の神州禅師に学んだ。こうして参禅すること十九年間、月丹四十五才のときついに大悟するところがあったという。このとき神州禅師が次の一偈を与えた。

一法実無外　乾坤得一貞　吹毛方納密　動著則光清

これによって、流儀名が「無外流」となったのである。

これ以降、無外流の名は徐々に有名になり、月丹の門人は増え始めた。月丹の生涯にわたる門人総数は五千人を超え、そのなかには土佐藩主や小笠原佐渡守などの大名が三十名、直参の士が百五十名、諸大名の士が九百名もいたというから、相当な盛況といっていい。

しかし、月丹の興味は剣法にしかなく、収入などに頓着しなかったので、生涯にわたって困窮がはなはだしかったといわれている。

とにかく剣法のことしか頭にないので、身なりもひどいものだった。着物の裾から綿がはみ出し、羽織の肩や袖も擦り切れていた。大小の刀の鞘も色があせ、塗りがはげ落ちていた。江戸に出て間もない月丹は自分の実力を試そうと有名な剣士の道場を訪ねたこともあったようだが、こんな乞食のような恰好をしていたので、誰も相手にしてくれなかったのである。

髪の毛も油もつけずぼうぼうで、ただかみのこよりで束ねてあるだけだった。このこよりがふいに切れたことがあった。そのとき、月丹は往来の真ん中で数人の武士といまにも喧嘩を起こしそうな状況だったのだが、こよりの切れたぼうぼうの髪の毛が風に乱れて月丹の顔に垂れ下がると、その顔を見た相手の武士たちはびっくりして逃げ出してしまったといわれている。相当にひどい恰好だったに違いない。

こんなことだから門人たちも気を使い、しばしば贈り物をしようとしたようだが、月丹は決して過剰なものを受け取ることはなかったという。

このようにひたすら貧乏で、へなへな剣などといわれる月丹であるが、そこから打ち出される一太刀には恐ろしいほどの気合いがこもっていたようだ。晩年の月丹に次のような逸話がある。ある日、庭で薪を割っていたときのこと。一人の武芸者が来て月丹に立ち合いを求めるということがあった。月丹は黙っていたが、武芸者は「ぜひとも無外流を見たい」と一歩も後へ引かない。そこで月丹は転がっていた薪を手に取るとやにわに振り返り、「こんなものだ」といって一撃した。その一撃で屈強な武芸者はあっさり昏倒してしまったという。

なお、月丹は居合の達人でもあり、この流れだけが無外流居合兵道として現在にも残っている。

新影流　荒木流《あらきりゅう》

荒木又右衛門保知

あらき・またえもん・やすとも

◆慶長四年〜寛永十五年（一五九九〜一六三八）
◆講談などでは幼名は丑之助《うしのすけ》または巳之助《みのすけ》、名は吉村とされることもある。

◈仇討ちの助太刀で江戸庶民のヒーローになる

荒木又右衛門は江戸時代前期の寛永十一年（一六三四）十一月に義弟のために仇討ちの助太刀をしたことで、江戸庶民の間で宮本武蔵と並ぶ人気を得た剣豪である。又右衛門が活躍したのは後にも先にもこの仇討ちの場面だけなのだから、実際に武蔵ほどの実力があったかということになればかなり疑わしい。が、仇討ちの物語を愛好した江戸庶民は、仇討ちで活躍した又右衛門を、武蔵に匹敵する剣豪だと考えずにはいられなかった。江戸時代に人気の高かった講談『寛永御前試合』は、将軍・家光の前で有名な剣豪たちが試合をするというものだが、この講談の中でも又右衛門は武蔵と試合をし、引き分けたことになっている。又右衛門の人気はそれほどに高かったのである。

これほどの人気だから、又右衛門の仇討ちそのものが講談になるのも当然だが、講談というのはそもそもがフィクションなので、又右衛門の活躍には尾ヒレ背ビレがついて、二百年後には又右衛門は仇討ちの場で三十六人を斬り倒したという物語が生まれるまでになった。講釈師は「荒木の前に荒木なく、荒木のあとに荒木なし」と語った。これがいわゆる又右衛門の三十六人斬り伝説だが、当然のように、重い日本刀を振り回して次から次へと三十六人も斬り続けるのは神業としかいいようがない。現実には、このときに又右衛門が斬った相手は二人なのである。

とはいえ、これほどの物語が作られたのは、現実の又右衛門が十分に剣豪としての実力を備えていたからに違いない。その実力が一世一代の仇討ち場面に凝縮して表れたといえそうである。

◈柳生十兵衛から新影流を学ぶ

荒木又右衛門が現実にある程度優れた剣士だったことは、仇討ちの旅に出る直前まで彼が大和郡山藩の剣術師範だったことでわかる。

又右衛門は慶長四年（一五九九）、伊賀国服部郷荒木村（三重県伊賀市）に生まれた。父は服部平左衛門といい、はじめ藤堂高虎に仕え、一時的に浪人したのちに備前岡山藩の池田忠雄《ただかつ》に仕えた。そこで、又右衛門も池田家に小姓として仕え始めた。その後、又右衛門はのちに姫路藩主になる本多政朝の家臣・服部平兵衛の養子となるが、二十四才ごろになぜか養子縁組を解消すると故郷の荒木村に戻って姓を荒木と改めている。又右衛門が郡山藩剣術師範として二百五十石で召し抱えられるのはこののちのことで、正確な年代はわからないのだが、剣術師範になるくらいだから剣豪としての評判もかなり高かっただろうことは想像がつく。

しかし、又右衛門がいつどこで剣術の修行をしたのかという点については疑問が多い。又右衛門は養子となったときに養父・平兵衛から中条流を、叔父・山田幸兵衛から神道流を学んだといわれるが、面白いのは柳生十兵衛から新影流を学んだという説である。一般に、この説の出所は実録本『柳荒美談《りゅうこうびだん》』だとされているが、この本では荒木が入門したのが十五才となっており、これでは十兵衛は八才になってしまう。そこで、又右衛門が十兵衛に学んだとする場合には年代が調整されることになる。ヒントになるのは十兵衛が将軍家光の勘気を受け、寛永三年（一六二六）から同十四年まで大和柳生庄で暮らしていたという事実である。寛永三年の時点で又右衛門二十七才、十兵衛二十才。荒木村と柳生庄も遠くない。これなら、又右衛門が十兵衛に弟子入りしても不自然ではないというわけだ。こんなわけで、又右衛門の剣術は新影流だったといわれることが多いのだが、自分自身では荒木流を名乗っていたともいわれていて、実際に何流であったか特定するのは難しい。十兵衛から新影流を学んだ上で、自分では荒木流を名乗ったというのが、話としては面白いかも知れない。

◈弟の仇討ちに乗り出した渡辺数馬《かずま》

荒木又右衛門は仇討ちの助太刀として有名なわけだが、仇討ちである以上はまずはじめに誰かが殺される必要がある。

この事件が起きたのは寛永七年七月二十一日。殺されたのは岡山藩家臣・渡辺源太夫《げんだゆう》、ときに十七才だった。源太夫は藩主・池田忠雄の寵愛する小姓だったが、これに同じ小姓仲間の河合又五郎が横恋慕し、挙げ句の果てに殺してしまったのである。ところで、源太夫にはすぐ上に数馬という兄がおり、その上にみねという姉がいた。このみねが又右衛門の妻だった。荒木又右衛門が渡辺数馬の助太刀として仇討ちの場面に登場するのはこういうわけである。

しかし、この時代には目上の者の仇を目下の者が討つというのは許されていたが、その逆は禁じられていた。つまり、弟の仇を兄が討つことはできなかった。したがって、いくら源太夫を殺されたといっても、兄である数馬にはその仇討ちをすることは許されなかった。それが可能になったのは、時間が経つうちに少しずつ事情が変わったからである。

源太夫を殺した河合又五郎の父は半左衛門といったが、この人物にはかつて上州高崎城主・安藤重長に仕えていたときに同輩の一人を殺して逃げ出し、池田忠雄に助けられて家臣になったという過去があった。つまり、半左衛門は忠雄に恩があった。ところが、息子が可愛かった半左衛門は又五郎の出奔に手を貸したうえ、又五郎の方はあちこち逃げ回ったあげく、よりにもよって安藤重長の実弟で旗本だった安藤四郎右衛門のもとに身を隠したのである。これで話が面倒になった。

又五郎の居所を突き止めた忠雄は安藤側と取引をし、かつて安藤重長を裏切った半左衛門と源太夫殺しの又五郎を交換する約束をしたが、忠雄を憎んでいた四郎右衛門にははなからそんな気はなかった。池田側が半左衛門を引き渡すやいなやころりと態度を変え、又五郎の引き渡しを拒んだのである。忠雄が激怒するのは当然だった。寛永八年十月、忠雄はついに幕府に訴えた。岡山藩内部の小姓殺しが、幕府を巻き込む大問題へと発展したのだった。さらに、寛永九年四月、池田忠雄は疱瘡《ほうそう》にかかり、「何としても又五郎の首を取れ」と言い残して死んだ。こうして、又五郎退治は渡辺数馬にとってただの仇討ちではなく上意討ちの性格を帯びることになった。堂々と弟の仇討ちができるようになったわけだ。

荒木又右衛門が数馬の依頼を受け、妻子を残したまま仇討ちに同行することになったのは寛永十年三月だった。が、河合又五郎は親戚の者らに守られてあちこち逃げ回るので、居場所さえなかなかわからなかった。又右衛門一行は彼らの行方を捜し回って東奔西走した。そんなことが一年半も続いた。

そんなあるとき、又五郎一行が奈良に潜伏しており、間もなく江戸へ下ろうとしているという確かな情報が又右衛門一行に届いたのである。又右衛門らは慎重に計画を立て、待ち伏せによって仇を倒すことに決めた。

◈伊賀上野鍵屋の辻で仇討ちを果たす

又右衛門たちが待ち伏せの場所として選んだのは、伊賀上野鍵屋の辻という場所だった。そこは上野城下のはずれで、一本道が崖に突き当たるようにして丁字路になっている場所だった。丁字路の一つの角には地名にもなっている鍵屋があり、反対の角には萬屋《よろずや》があった。この萬屋に又右衛門らは身を潜め、又五郎一行を待ち伏せた。ときは寛永十一年十一月七日未明である。

さて、この日の早朝にいよいよ仇討ちの決闘が行われるわけだが、その前に双方の陣容を比較しておくと、又右衛門側は又右衛門、数馬を含めて四人だった。対する又五郎側は十一名で、その中に河合甚左衛門、桜井半兵衛という剣と槍の達人がいた。甚左衛門はこのとき四十一才で、かつては郡山藩の剣術師範だったが、郡山藩はもちろん又右衛門が仕えていた藩である。つまり、又右衛門と甚左衛門は同じ藩で剣術師範をしていた知り合いだった。しかも、甚左衛門は三百石取りだったから、又右衛門より上席にあたる。この甚左衛門がどういう偶然か又五郎の叔父に当たっていたのでこの日の決戦となってしまったわけだが、簡単に勝てない相手であることは確かだった。また、半兵衛は又五郎の義弟でこのとき二十四才、十文字槍の達人で、〝霞の半兵衛〟という異名を持っていた。したがって、この日の仇討ちは決して容易なものではなく、下手をすれば返り討ちにあいかねない情勢だった。そこで、又右衛門らは決してしくじらないように綿密な計画を持ってその場に臨んだのである。

こうして、ついにそのときがやってきた。遠くから、又五郎一行十一人がゆっくりと馬に乗って鍵屋の辻にさしかかった。少しして一番最後の甚左衛門がやってきたとき、物陰から又右衛門が飛び出して名乗りを上げた。又右衛門は剣豪らしく身長六尺を超える大男で、長さ二尺七寸の伊賀守金道《かねみち》の豪刀を差していた。この豪刀を抜き放ち、甚左衛門の左足に斬りつけた。甚左衛門は強敵だったが、又右衛門にとって運の良いことにはこの日の彼は風邪を引いて厚着をしていたために動きが鈍くなっていた。又右衛門は甚左衛門が抜刀するより早く足を鐙《あぶみ》ごと跳ね上げ、落馬したところを力の限り拝み打ちした。甚左衛門は鎖頭巾をしていたので頭は割られなかったが、その代わりに首が胴体にめり込んでしまった。

この戦いの間、又右衛門側の二人が半兵衛の前に立ちふさがり、槍持ちから槍を受け取ろうとする半兵衛の邪魔をしていた。作戦どおりだった。そこへ甚左衛門を倒した又右衛門が駆けつけ、刀で応戦している半兵衛を斬り倒した。半兵衛はついに得意の槍を持たずに倒されたのである。

さすが又右衛門といいたいところだが、この戦いの直後、ただ主人に仕えて又五郎一行に加わっていただけの小者の市蔵というものが木刀で背後から襲いかかったので、又右衛門は腰を打たれ、豪刀金道が折れてしまった。又右衛門はすぐにも長さ二尺一寸の差添え

（小刀）を抜いて敵を追い払ったが、相手が真剣だったら斬られているところなので、これがこの戦いにおける又右衛門の唯一の不覚になったといわれている。

とはいえ、敵の中心勢力を倒したことで、残りの者たちはその場から逃げ出してしまった。この段階でまだ終わっていなかったのは、数馬と又五郎の一騎打ちだけだった。

この戦いには又右衛門も手出しはしなかったが、数馬も又五郎もとくに腕が立つというわけではなく、それでも腕が互角だったので、なかなか決着が付かなかった。午前八時ごろに始まったのが午後一時まで続いた。こうなると互いによろよろするばかりでとても刀の勝負には見えない。それでもどうにか数馬が勝ち、ついに又五郎の息の根を止めたのである。

こうして仇討ちは終わった。最終的な結果は、又右衛門側は一人死亡、二人重傷、又右衛門はかすり傷。又五郎側は、又五郎、甚左衛門、半兵衛ら四人死亡、二人負傷、五人は無傷だった。

この仇討ちのあと、又右衛門と数馬の処遇はなかなか決まらず、四年間ほど二人は藤堂藩に預けられた。そののち、二人は鳥取に移封になっていた池田家に引き取られ、これにて一件落着となるのだが、池田家に引き取られて間もなく又右衛門は急死してしまった。あとに仇討ちの物語だけが残ったのである。

念流　堀内流《ほりうちりゅう》

堀部安兵衛

ほりべ・やすべえ

◆寛文十年〜元禄十六年（一六七〇〜一七〇三）
◆名ははじめ応庸《まさつね》、のちに武庸《たけつね》。

◈三十四年の生涯に二度の仇討ちをした果報者

堀部安兵衛は、荒木又右衛門と同じく、仇討ちによって有名な剣豪である。

江戸時代も最初の三十年を過ぎると世は泰平となり、武士といっても実際に刀を抜いて人を斬るような機会はまったくといっていいほどなくなってくる。剣一筋に生きるような剣豪であってもそうだった。こうなると、たとえ剣の道を極めた剣豪ではなくても、いかにも武士らしい信義のために人を斬るということがあれば、それが人々の注目を集めるというのは誰にでも想像がつく。安兵衛が活躍した元禄年間ではそれはなおさらだった。元禄というのは、現在でさえ、華美で享楽的な文化を呼ぶときの代名詞とされるような時代で、多くの武士にとっては実際に人を斬るなど想像もできないような時代だった。

こんなわけで、安兵衛もまた仇討ちで人気を得ることになるのだが、彼の場合は尋常ではなく、短い生涯の間に二度も仇討ちをする機会を得てしまった。しかも、彼にとっての二度目の仇討ちは、日本で一番人気のある赤穂浪士としての吉良邸討入りである。赤穂浪士である以上は最後は切腹することになるので、彼のことを果報者と呼ぶのは現代の感覚では幾分気が引けるが、武士の論理からすればやはり相当な果報者ということになるだろう。事実、赤穂浪士たちは事件勃発当初から多くの武士にとって羨望の的だった。彼らに切腹が申し渡されたのも、建前上は絶対に許されない行為ではあるが、彼らの信義は十分に評価するという可能な限りぎりぎりの選択だった。

堀部安兵衛は決して剣一筋の剣豪というわけではないが、剣に生きた武士として人気が高いのもうなずけるのである。

◈赤穂藩士となるきっかけとなった高田馬場の仇討ち

赤穂浪士として活躍した堀部安兵衛が赤穂藩士だったのは当然のことだが、彼は最初からそうだったわけではなかった。いったいどういう因果か、彼の最初の仇討ち事件が彼を赤穂藩士とするきっかけとなったのである。

堀部安兵衛の父・中山弥次右衛門は越後新発田《しばた》藩士だったから、本当なら安兵衛も新発田藩士となるのが自然だが、父は仕事上の不手際があって浪人し、安兵衛が十四才のときに死んでしまった。母は安兵衛を生むとすぐに死んでしまっていたので、父の死後、安兵衛は母方の実家や姉・きんの嫁ぎ先に身を寄せることになった。こんな安兵衛が中山家再興を目標にするのは当然で、このために彼は上州馬庭の樋口十郎右衛門将定に入門し念流を学び、蘊奥《うんおう》を極めたといわれている。

十九才のとき、安兵衛は江戸に出て、さらに剣術の腕を磨くために堀内流の堀内源左衛門正春に入門した。堀内源左衛門は厳格ではあるが武士の意地をわきまえた人物で、のちに安兵衛が吉良邸に討ち入りするときには、自らが愛用の大太刀を安兵衛に与えている。この大太刀は長さ二尺八寸、柄が七寸もあるもので、それを遣った安兵衛の膂力《りょりょく》がうかがえるのである。

ちなみに、この堀内流も念流系の流派なので、安兵衛の剣の基本は念流ということになる。

さて、こうして堀内門に入門した安兵衛はそれから数年後に最初の仇討ち事件を迎えるのだが、これは仇討ちといっても血のつながった肉親や主君のためのものではなかった。このころ、安兵衛の同門に伊予西条藩士の菅野六郎左衛門というかなり年長の人物がおり、普段から馬があったので、二人の間には叔父甥の義約が結ばれていた。この菅野が、元禄七年二月十一日午前十一時ごろに、同僚の伊予藩士・村上庄左衛門と高田馬場で果たし合いをすることになったのである。原因は藩内部における菅野の人気が高いことに対する村上の一方的な妬みによるもので、村上の性格から加勢を引き連れてくることは確実だった。そこで、事態を知った安兵衛が助太刀として菅野とともに高田馬場に出向くと、案の定、村上は二人の仲間を引き連れてきていたので、安兵衛はそれら二人を斬り捨てた。それから、年老いた菅野も大いに傷ついていたので、庄左衛門までも斬り倒したのであとはいえ、菅野はその直後に死んでしまったので、この事件が高田馬場の仇討ちとして知られることになったのである。

講談の類では話はかなり演出されており、安兵衛は前日の夜から遊び歩いて酒浸りで、決闘の刻限も迫ったころになって初めて事態を知らされたことになっている。驚いた安兵衛は八丁堀の長屋から高田馬場まで駆け続けるが、残念なことに到着したのは菅野が倒された直後で、安兵衛はその場で仇討ちの戦いを開始する。しかも、斬った相手は十八人である。しかし、実際には安兵衛は新宿区納戸《なんど》町に住んでいたといわれている。考えてみれば、八丁堀から高田馬場まで走るのは大変である。駆けつけたのが事実としても、納戸町からと考えるのが自然のようだ。

いずれにしても、安兵衛の最初の仇討ちはこれで終わったのだが、安兵衛にとってこれが次の仇討ちの始まりになった。高田馬場の仇討ち事件には多くの見物人が押し掛けており、その中に赤穂藩江戸留守居役の堀部弥兵衛という老武士がいた。この弥兵衛が、安兵衛のいかにも勇敢な戦いぶりを見て、一人娘の婿養子になってくれと申し出たのである。実は、弥兵衛には息子もいたのだが、その息子は二年前になくなっており、是非とも婿養子が必要だった。安兵衛は、なんとしても中山家の再興を願っていたので、婿養子となって堀部姓になるわけにはいかないという理由で、最初はこの申し出を断った。が、弥兵衛の誘いは執拗で、しかも婿養子となっても中山姓でいられるように取り計らってくれた。

血気盛んな安兵衛もその熱意に動かされたのか、ついに婿養子となり、のちに堀部家を継ぐことになったのである。

こうして、晴れて赤穂藩士となった安兵衛だが、それから数年後の元禄十四年、江戸城の松の廊下で赤穂藩主・浅野内匠頭《たくみのかみ》が吉良上野介《きらこうずけのすけ》に斬りつけるという刃傷事件が起こってしまった。このため、浅野内匠頭は切腹、赤穂藩浅野家は断絶となり、二年後の赤穂事件へ向けて事態は急展開していく。

義理の叔父のためにすでに三人の男を斬ったことのある安兵衛だから、二度目の仇討ちにおいても大いに活躍したことはいうまでもない。浅野家筆頭家老大石内蔵助は浅野家再興を目標に最後まで吉良邸討ち入りには慎重な態度をとり続けたが、血の気の多い安兵衛は終始一貫して主戦派的な態度をとり続け、上野介の首を取ることを主張した。吉良邸討ち入りの日の活躍も光っていた。討ち入りは奇跡的な大勝利で、四十七士の中には死者も出なかったのだが、吉良側の実力者・鳥居利右衛門には多くの者が手を焼いた。このとき安兵衛は他の者たちを退かせて一騎打ちをし、利右衛門の頭を二つに割った。なんといっても誰がどこで誰と戦っているのかわからないような状態だったので、安兵衛が何人斬ったのかなど知る術はないのだが、この戦いのあと安兵衛の刀はひどく刃こぼれしていたというから、相当に暴れ回ったことは確かである。

赤穂事件

「忠臣蔵」としてよく知られる赤穂事件は主君の仇を討ったという点では確かに武士らしい事件なのだが、事件の周辺部分からは元禄時代の武士たちがいかに武士らしくない、情けない存在になっていたかもうかがえる。

そもそも事件の発端からして当時の武士の情けなさがつきまとっている。この事件は、江戸城で行われる特別な式典の準備を担当していた赤穂藩主・浅野内匠頭《あさのたくみのかみ》が、式典の実行方法を伝授する役目にあった吉良上野介《きらこうずけのすけ》の態度に腹を立て、江戸城松の廊下で小刀で切りつけたことに端を発する。元禄十四年（一七〇一）三月十四日のことである。ところが、内匠頭はせっかく切りつけたのに相手に浅手しか負わせられなかったうえに、そばにいた別の武士に即座に取り押さえられるという情けないありさまだった。また、江戸城内での大名クラスの武士による刃傷沙汰は以前にも二度起こっており、これまでは加害者はその場で別の武士に斬り捨てられていた。それが昔の武士の常識だったのである。が、内匠頭は取り押さえられただけで、事情聴取の結果として切腹と決まった。もちろん、加害者を即座に斬り捨てるのがいいとは思わないが、武士の気風が変わっていた証拠にはなるだろう。

元禄十五年十二月十五日の吉良邸討ち入り事件にしてもそうだ。前日の雪が積もっていたこの日、討ち入りに参加した赤穂浪士四十七人は火事装束に身を包んで午前四時頃に吉良邸前に集結、前後から二手に分かれて広大な吉良邸を襲うとそれから二時間もたたないうちに上野介の首を取っている。つまり、赤穂浪士の復讐はほぼ完璧に成功したのだが、これは見方を変えれば相手がそれほど弱かったということになる。実のところ吉良側では大した抵抗もしなかったのだった。赤穂浪士側に死者はなく、吉良側の死者も十六人しかいなかったことでそれはわかる。この日、吉良邸には百人以上の戦闘可能な人員がいたにもかかわらず、彼らのほとんどは戦うことがなかったのである。

こんな風に情けない武士が多かった時代だから、赤穂浪士の復讐はうまくいったし、この事件が燦然《さんぜん》と輝くことにもなったのである。

流祖　神明夢想林崎流《しんめいむそうはやしざきりゅう》

林崎甚助《はやしざき・じんすけ》

◆天文十一年～没年不詳（一五四二～？）
◆名は重信《しげのぶ》。幼名は民治丸。

◈剣道とは別の発展をした居合道

抜刀術・居合術は剣道と同じ剣技でありながら、現在は剣道とは別の居合道として発展している。剣道と居合道とはその根本において発想が異なっているというのがその理由だ。

剣道の場合、誰もが知っているように、二人の剣士は勝負の初めから剣を抜いており、立った状態で立ち合う。が、居合道は違っている。そもそも〝居合〟という言葉は〝立ち合う〟の対語である〝居合う《いあう》〟から来ているといわれる。これは武士が通常の状態で〝居る〟こと、つまり刀を鞘の中に納め、屋敷の中の座敷で正座している状態から勝負を始めることだと考えていい。この状態で不意に敵に襲われたとき、とっさに刀を抜き、抜いたと同時に勝負を決してしまうのが居合なのである。もちろん、居合にも立技はあるが、基本は同じで、瞬時に刀を抜いて勝負を決するのが目的となる。したがって、居合とは刀を抜く技なのである。平和な江戸時代になって戦争がなくなったとき、武士たちは日常のさまざまな場面で起こる急変に対処できる武術を必要とした。武士は座敷に座っていることも多かったので、刀を抜く技術だった抜刀術でも座った状態から行う技法が中心となり、居合という言葉が使われるようになったのである。

もちろん、刀を抜いた瞬間に勝負が決しないような場合には、その後の展開は通常の剣法と同じような立ち合いになるわけだが、居合ではそうなる以前に勝負を決しようとする。そこで、居合の達人の技といえば、一般人にはほとんど神業としか見えないものになる。これは講談や小説などで語られることだが、とにかく刀の動きが目に見えないのである。刀を抜いたと思ったらチャリンと音がして、もう鞘の中に納まっている。斬られた方もあまりにうまく斬られたので斬られたことに気が付かず歩き続ける。少しして何かにつまづいた拍子に首が落ちる。こんなことはフィクションには違いないが、居合の持っている雰囲気だけはよく伝えているように思える。

ところで、居合というのは刀を抜く技術で、抜刀術ともいわれるが、これは何も武士が座敷に座っているときにだけ必要になるというわけではない。戦場においても、不意に敵に襲われたときや、戦っている最中に槍が折れたときなどには、とっさに刀を抜いて抜き打ちに攻撃する技が重要になるのは当然といえる。そんなわけだから、戦国時代の戦場における総合的な武術の中から剣術が専門化したのと同じころに、抜刀術も一つの武芸として発展し始めることになったのである。

神明夢想流　系図

- **林崎甚助重信**（神明夢想林崎流）
  - 片山伯耆守《ほうきのかみ》久安（抜刀伯耆流）
  - **田宮平兵衛重政**（田宮流）
    - 田宮対馬守長勝
    - 関口弥六右衛門氏心《うじむね》（関口流）
    - 長野無楽斎《むらくさい》（無楽流）
    - 三輪源兵衛 ― 山本亦兵衛生夢 ― 朝比奈夢道貫泰
      - **和田平助正勝**（新田宮流）

※太字は本書で紹介している剣豪

◈居合道の中興の祖とされる林崎甚助

通常の立ち合いを基本とする剣術の場合、その源流に位置する剣豪として、飯篠長威斎家直が中興の祖と呼ばれているが、居合道の世界でも中興の祖と呼ばれる剣豪が存在している。神明夢想林崎流を興した林崎甚助である。

甚助は長威斎よりも百年ほどのちの人だが、戦国の世を生きた点では同じなので、おそらく実際の戦いの中から刀を速く抜くことの利点を追求するようになったのだろう。最後に、彼は通常よりも柄《つか》の長い長柄刀を使用するようになった。柄が長いと、重心の関係で刀を速く抜くことができるからだ。また、抜刀後の戦いでも有利な点が多いという。彼は三尺三寸の太刀に九寸五分の腰刀を用いたともいわれている。

甚助の出生や経歴については次のような話が伝えられている。甚助は奥州楯岡《たておか》（山形県村山市林崎）に生まれ、六才のときに父が暗殺されるという悲運にあった。女丈夫の母に育てられた甚助は八才のときから剣の修行を始めたが、少しも上達するところがなかった。こんなことでは仇討ちなどできそうになかったので、母子ともに大いに悲嘆する日々が続いたという。そこで、母子は林崎明神神社（甚助の生地にある）に仇討ち成就と剣道上達を祈願し、さらに修行を続けることにした。と、そんなある夜、甚助に林崎明神の神夢が現れ、三尺三寸の太刀と九寸五分の腰刀を伝授するということがあった。これによって甚助は翻然として自得し、その剣技は絶妙の域に達したのだという。その後、十八才で元服した甚助は父の仇を訪ねて全国を行脚し、二年後に仇敵を倒したのである。ところが、奥州に戻るとすぐに今度は母が死ぬという不幸に襲われ、甚助は天涯孤独の身となった。

これを機に、甚助は諸国修行の旅に出た。

これ以降の甚助の経歴は曖昧だが、二十七才のとき上杉謙信の家臣だった松田尾張守の武術師範となり、武田信玄との戦いに出陣したこともあるようだ。同じころに、塚原卜伝から剣術を学んだともいわれている。四十八才のときから武州一宮（現在の大宮）に居住して抜刀術を工夫し、五十四才のときに再び諸国歴遊の旅に出た。七十才ごろに川越に住む甥・高松勘兵衛を訪れ、翌年に奥州へ旅だったが、その後の消息はまったく不明だという。

とはいえ、甚助が生涯の間に数多くの弟子を育てたのは確かで、その中から片山伯耆守《ほうきのかみ》久安《ひさやす》、田宮平兵衛重政、関口柔心氏心《じゅうしんうじむね》などの居合の剣豪が登場するのである。

神明夢想流　田宮流《たみやりゅう》

田宮平兵衛重政

たみや・へいべえ・しげまさ

◆生没年不詳（一六〇〇年ごろの人）
◆名は業正《なりまさ》、成政、茂政とも書かれる。通称、対馬。流派名は抜刀田宮流ともいう。

◈数々の名流を生み出した田宮流の祖

田宮平兵衛重政は抜刀術の祖・林崎甚助重信について学んだのち、工夫に工夫を重ねて田宮流を興した剣豪である。田宮流は、その門流から関口弥六右衛門氏心《うじむね》の関口流、長野無楽斎《むらくさい》の無楽流、和田平助正勝の新田宮流、長谷川主税助英信《ちからのすけひでのぶ》の長谷川英信《えいしん》流など、数々の名流を生み出したことで知られている。

『日本武芸小伝』によれば、重政は「林崎重信にしたがって抜刀の妙を得、実に変を尽くし神に入る」という腕前で、甚助と別れてからは長柄刀をさして諸国を兵法修行して回った。長柄刀は師の甚助も用いていたが、重政は相当に理論的な人だったようで、実戦を通して長柄刀の効用をさらに追求したようだ。彼は長柄刀について、「柄に八寸の徳、みこしに三重の利」があるとし、「手にかないなばいかほどにも長きを用うべし。勝つこと一寸まし」というのを兵法第一の教えにしていた。

「柄に八寸の徳、みこしに三重の利」とは難しい言葉だが、『日本武芸小伝』には田宮流兵法家・原清音《すがね》の『剣法神秘奥義』から次のような解説が引用されている。「当流の長柄

は普通のものより二寸長きを法とす。柄長きときは同寸の刀も柄長きにより、先二寸の益あり。その柄長きによりては場間に二寸の益あり。また二寸長きがためにこれよりは達し易く、彼よりは達し難し。あわせて四ヶの利あり、ゆえに八寸の得という」「また長柄に三重の神妙あり。一は長柄を持って上太刀にかまえ、掛け合わせて敵を眼下に見るの利あり。上より見るときは近く、下より見上ぐるときは遠し。また柄の長きにより、彼よりは場合遠くして、進み寄らざれば活きするも達せず、また一利なり。またそれに代えおのれよりは場間近ければ進まずして達すべし。勝負の未だ分かれざる前にこの三つの利あり」

このように、長柄の利点が理論的に説明されたので、田宮重政の影響を受けて人々がみな長柄刀をさすようになったほどだという。

この重政が人間的にどのような人だったかはっきりしたことはわからないのだが、次のような逸話から、徹底的に厳しく剣の道を追求するタイプの人だったことが推測できる。

重政の子・長勝は家康に気に入られ、のちに紀州藩主となる徳川頼宣《よりのぶ》に仕えた人だったが、少年時代には何故か前足に悪い癖があってどうしても居合の術に上達できなかった。これに我慢がならなかった重政はついに長勝を見限り、「そんなに癖の悪い足は斬ってやる」といって息子の太股に刀を突き刺したのである。が、このかいがあったのかどうか、これ以来長勝の足の使い方がよくなり、父の伝をことごとく受け継ぎ、世間でも評判の高い剣豪になった。こうして、田宮流は紀州藩においてとくに盛んに行われるようになったのである。

神明夢想流　新田宮流《しんたみやりゅう》

和田平助正勝

わだ・へいすけ・まさかつ

◆寛永二年～天和三年（一六二五～一六八三）
◆名は政勝とも書く。

◈目に余る奇行で身を滅ぼした剣豪

和田平助正勝は性格がひどく歪んでおり、かた意地だったことばかりが目立つ剣豪である。剣の道を追求するあまり、性質狷介《けんかい》不遜《ふそん》といわれる剣豪は多いが、正勝の場合はとくにひどかった。

剣の腕前は確かだった。父・和田道也直勝の代から水戸藩士だった正勝は早くから水戸藩居合道師範・朝比奈夢道について田宮流の居合を、また水野新五左衛門重治（柳滴斎）について水野流の居合・柔術を修めた。このころ水戸藩は有名な光圀《みつくに》公の時代で、武道がことのほか盛んだったが、平助の技能は抜群で藩内無双といわれたという。居合の術を独自に研究することも怠らなかったようで、夢道から学んだのは「座撃の法」だったが、平助はこれに「立撃の法」を加え、のちに新田宮流と称するようになったのである。柔術においても平助は秀でていたが、柳滴斎の柔術は戦場組打ちから興ったもので小太刀を用いるものだったという。こうして寛文三年、水戸藩田宮流居合術の師範となると他藩からも数多くの者が入門し、平助の門人は三千人に及んだという。これだけでも、その剣名がいかに高かったか想像できる。

だが、平助には人間性にかなり問題があったようで、その行動には奇行の部類に入るものが多かった。

ある夜にはこんなことがあった。平助が弟子たちと話をしているとき障子に狐の影が映った。平助はこれを見て、扇で煙草盆の縁を叩きながら拍子を取って歌いだした。狐がこれに聞き入ると、弟子の一人に代わって拍子を取らせ、平助は障子を開けるやいなや抜き打ちに狐の身体を真っ二つに斬り裂いたという。これなどは、平助の卓抜した技能を伝える逸話かもしれないが、相当に奇妙な振る舞いといえるだろう。

またある時のこと。同僚の宇都宮隆綱が先祖伝来の兜を出し、戦場用になるかどうか試してくれと平助にいったことがあった。平助は己の技量を試しているのだと思って再三辞退したが、宇都宮はどうしてもという。平助が意を決して刀を下したところ、兜が真っ二つになった。宇都宮はまさかそんなことにはなるまいと思っていたのでかえって赤面し、座が白けてしまった。それ以来、二人の仲もうまくいかなくなってしまったという。

こんな平助の奇行の中でも極めつけといえるのが、子・金五郎に対するものだった。金五郎は父・平助に似て幼いころから武術にすぐれた才能を発揮したが、平助は満足できなかったのか、つねに仮借ない厳しい態度でのぞんだ。それが尋常でなかった。平助は金五郎が一時たりとも油断することを許さず、暗闇で不意に打ちかかったり、毎日のように寝ているところを襲ったりした。こんな仕打ちにも金五郎は一度も打たれたことがなかったが、さすがに耐えきれなかった。睡眠不足と神経衰弱から、天和元年（一六八一）に二十一才の若さで死んでしまったのである。

こんな変人だから、最後は自分で割を食うことになったとしても不思議はない。天和三年ごろに平助と知遇のあった朝比奈家で遺産相続問題が起こったとき、すでに光圀公の決断が下っているにもかかわらず、平助は平然としてそれに逆らう行動を起こしたのである。このため平助は水戸から国外退去を命じられ、同年九月に自刃した。罪人並みの扱いで、当時は墓を建てることも許されなかったという。

敵討《かたきう》ち

荒木又右衛門や堀部安兵衛の名を有名にした「敵討ち」というのは、主君や父親を殺された者が復讐の目的でその殺害者を討ち殺すというもので、仇討《あだう》ちと呼ばれることもあるが、とくに日本特有の野蛮な伝統というわけではなく、法律が確立していなかった時代には世界中どこでもよく行われていた一種の私刑である。日本では明治六年（一八七三）に法律で禁止されたので、現在では敵討ちは認められていないが、それ以前はとくに悪いこととはされていなかったし、江戸時代にあってはむしろ当然のことと考えられていた。父の敵を討たないという理由で処罰された者もいるほどである。

中国では古くから孔子などが「父の仇は不倶戴天の敵」という考え方を認めており、この考えが日本にも影響したといわれている。したがって、日本でも敵討ちは古くから存在しており、紀元一世紀ころに顕宗《けんぞう》天皇が父王を殺した敵である雄略天皇の陵墓を暴こうとしたのにも不倶戴天思想の影響があるといわれている。以降、敵討ちはしばしば行われるようになり、建久四年（一一九三）に父の敵を討った曾我兄弟のように敵討ちで後世に名を残した者もいるほどだが、江戸時代になるとその数は一気に膨らむことになった。これは封建的倫理観によって敵討ちが推賞されるようになったためだが、江戸時代に行われた敵討ちは記録に残っているものだけでも百件を超えている。

しかし、敵討ちの相手は逃げてしまってどこにいるかわからないのが普通だから、敵討ちを成し遂げるというのはかなり困難なことで、又右衛門や安兵衛のように二、三年内に敵を討てたというのは相当にラッキーなことだった。記録にある敵討ちでも、もっとも長いものでは敵を討つまでに五十三年もかかったというのがあるほどである。当然のことだが、その間に敵が死んだり、自分が死んだりした場合もあるはずで、敵を討とうとして討てなかった者の数も相当数に上るはずだ。仮に敵に出会っても、相手が強ければこちらが負けてしまうこともある。これが、「返り討ち」といわれるものだが、これを避けるために敵討ちはしばしば不意打ちの形で行われたのである。荒木又右衛門や堀部安兵衛は敵討ちの助太刀をしたわけだが、助太刀が必要とされるのも返り討ちにあわないためである。

江戸時代中期以降は瓦版という簡単な印刷物が登場し、敵討ちがあるたびに必ず絵入りで紹介されるようになったので、敵討ちを成し遂げた者は一躍日本中で有名になるようになった。敵討ちを成し遂げたことで特定の剣術流派が人々の人気を集めたのも、こうしたことがあったからに違いない。

第四章 江戸後期の剣豪たち

◆山田平左衛門光徳
◆男谷精一郎信友
◆島田虎之助
◆榊原鍵吉
◆伊庭是水軒秀明
◆逸見太四郎義年
◆櫛淵虚中軒宣根
◆平山行蔵子竜
◆桃井八郎左衛門
◆桃井春蔵直正

◆福井兵右衛門
◆斎藤弥九郎
◆千葉周作
◆高柳又四郎
◆寺田五右衛門
◆白井亨義謙
◆大石進種次
◆近藤勇
◆山岡鉄舟

新しい時代を作った剣豪たち

◈竹刀・防具の登場で息をふきかえした剣術界

江戸の泰平の世の中で剣術は技芸化し、いつしか衰退してしまったが、やがてそんな剣術界に活気をもたらすような変化が生まれた。何といっても画期的だったのは竹刀と防具を使った剣術が可能になったことだった。

竹刀と防具を使った剣術をどうにかして一般化しようと頑張ったのは直心影流の山田平左衛門、長沼四郎左衛門の親子で、享保年間（一七一六～一七三五）ごろのことだった。宝暦年間（一七五一～一七六三）には一刀流の中西忠蔵子武《ちゅうぞうたねたけ》もこれを採用するようになったので、剣術の中身が一気に変わったのである。

これ以前には剣術の稽古は真剣や木刀による形稽古が中心だった。江戸初期のころには木刀や真剣による試合も行われていたが、これだと負けた方は命を落としたり、体が不自由になるということもざらだった。そこで他流試合は幕府によって禁止されることになり、剣術の稽古も形稽古が中心となったのである。形稽古だけでは誰にとっても退屈に違いないから、このために剣術が衰退することにもなったのである。

が、竹刀と防具が一般化したことで退屈な形稽古ではなく、お互いに激しく打ち合う試合剣術が可能になった。

享保年間はちょうど武芸好きだった八代将軍吉宗の時代で、武芸が奨励され、それに秀でた武士が積極的に登用された時代でもあった。こうした事情が重なって、剣術界にも活気が生まれてきた。そして武芸人口は増加し、流派の数も一気に拡大したのだった。

もちろん、竹刀と防具を使った剣術など剣術ではないという意見もあった。剣術とは本来命がけのものなので、斬られても死なない剣術など剣術であるはずがないというわけだ。確かにそれも一理あるので、斬られても怪我をしないのをいいことに、動作ばかりがやたらと派手派手しく、実戦では役に立たないような剣術になってしまう可能性もないわけではなかった。しかし、自由に打ち合う稽古によって、江戸時代の剣術が大いに発達したのも確かだった。

こうして活気を取り戻した剣術界の隆盛は幕末を迎えて最高潮に達することになった。この時代になると長い間忘れていた諸外国の存在がはっきりと感じられるようになり、日本人の間に危機感が高まり、武士以外の人間にさえ武芸の必要性が感じられたからである。当然のように、この時代には優れた剣豪も数多く登場し、華々しい活躍を見せたのである。

山田平左衛門光徳

やまだ・へいざえもん・みつのり

新影流　直心影流《じきしんかげりゅう》

◆寛永十六年～享保元年（一六三九～一七一六）
◆一風斎、一風軒と号す。本姓は長沼。山田は母方の姓。

◈竹刀・防具を使った試合剣術を実現した親子

山田平左衛門は特別に強かったという評判があるわけではないが、日本剣道の歴史を振り返ったときに決して忘れてはいけない剣豪の一人である。というのも、平左衛門とその三男の長沼四郎左衛門国郷《くにさと》の努力によって、木刀や真剣の代わりに竹刀と防具を使った剣道が一般化するようになったといえるからである。

竹刀と防具を使った剣道などは剣術の堕落だと考える人もいるかもしれない。だが、そうとばかりはいえない一面もある。

剣術とはつまるところは人を斬る技術なのだから、江戸時代が安定期に入ったとき、多くの武士たちがそれに関心を持たなくなるのはきわめて自然なことだった。しかも、この当時の剣術修行は木刀による形稽古か、旧来の〝ふくろしない〟を用いて素面・素籠手で行う稽古が主流だった。いくら〝ふくろしない〟といっても激しく打ち合えば互いに傷つき、自由な稽古ができなかった。このために剣術の稽古はむしろ畳の上の水練のようなものになり、剣術そのものの衰退を招いていたのである。

直心影流　系図

小笠原源信斎長治（真新陰流）
―神谷伝心斎（直心流）
―高橋弾正左衛門《だんじょうざえもん》重治《しげはる》
―**山田平左衛門光徳（直心影流）**
―長沼四郎左衛門国郷
　―長沼四郎左衛門徳郷……
　―長沼正兵衛綱郷
―藤川弥次右衛門近義（藤川流）
―赤石郡司兵衛《ぐんじべえ》孚祐《たかすけ》（直心影正統流）
―団野源之進義高（団野派）
―**男谷精一郎信友（男谷派）**
―**島田虎之助**
―**榊原鍵吉**

※太字は本書で紹介している剣豪

こんな状況を何とかしようとしたのが高槻藩士・山田平左衛門と長沼四郎左衛門の親子だったのである。

平左衛門が竹刀と防具に意を注ぐようになったのは、若いころに木刀で試合をし、相手とともに大怪我をしたことがあったからだった。それ以来、安全な剣術修行の方法を模索していたのだろう。三十二才のときに新影流の流れを汲む直心正統流の高橋弾正左衛門重治の稽古を見て大いに感銘を受けた。その流派では怪我を減らすために、不完全ではあるが面・手袋を工夫した稽古が行われていたからだ。そこで、平左衛門はすぐにも高橋重治に入門し、四十六才で免許皆伝となった。同時に流派名を直心影流と改めたのである。このために一般的には直心影流の流祖といわれることが多いが、直心影流の人々は平左衛門を七代目としている。直心影流は内容的には新影流と同じで、鹿島の神官だった杉本備前守（松本備前守尚勝ともいわれる）に興り、有名な上泉信綱に伝えられたものを代々にわたって受け継いでいるからである。平左衛門がそれを直心影流と改めたのは、代替わりのたびに流派名を変えて世を混乱させるのをはばかったためで、これ以降は直心影流という名が現在まで伝わっているのである。

高橋重治の用いていた面・手袋に注目した平左衛門はそれ以降も防具の改良に努めたに違いないが、それをさらに安全性の高いものへと工夫・改良を加えたのは平左衛門の三男の四郎左衛門だった。一例を挙げれば、従来の面の物見部には竹や籐が使われていたが、四郎左衛門はこれを鉄製の頑丈なものに変えている。この面は面布団が短く肩に届く程度で、面金も横枝梧《よこしご》七本しかなく、現代のものから見るとはるかに粗略ではあるが、それでも当時としては画期的だったといわれている。こうして改良された防具と竹刀を、四郎左衛門は門人全員に使用させた。

こうした変革に他流派の者たちは当初は批判的だったという。しかし、防具と竹刀を用いることで、真剣や木刀では不可能だった激しく打ち合う試合剣術が可能になったことは確かで、最終的には多くの修行者に支持された。宝暦年間（一七五一～一七六三）には、江戸第一といわれた一刀流の中西忠蔵子武《たねたけ》の道場でもこれを採用するようになった。こうして、剣術界全体が、退屈な形剣術から試合剣術へと大変革を遂げたのである。

この変革の先駆けとなった四郎左衛門の直心影流が大いに繁栄したのは当然だった。四郎左衛門の門で学んだものは前後一万人以上に及んだといわれている。

竹刀と防具

剣術の練習に竹刀や防具が普及したのは江戸後期の宝暦年間（一七五一～一七六三）ごろからだが、それ以前から一部では竹刀も防具も使用されていた。

竹刀については、戦国時代末期に新影流の祖・上泉信綱が考案した「ふくろしない」が真剣や木刀に代わる竹製の用具の最初だといわれている。この竹刀は長さ三尺三寸ほどの竹を柄の部分七寸ほどを残し、そこから先を十六本くらいに細かく割って馬の革の袋に入れたもので、柄部分は竹がむき出しになっていた。これが当たると大きくしなったので、「しない」と呼ばれたという。この竹刀は他の流派にはなかなか普及せず、江戸中期ごろまでは真剣や木刀で稽古する流派が多かったが、柳生流では現在も用いられている。

しかし、真剣や木刀に比べてふくろしないでの練習は安全で自由活発な打ち合いができるので、徐々に世の中に受け入れられた。そして、直心影流の山田平左衛門光徳、長沼四郎左衛門国郷親子が登場して竹刀・防具の改良を進めたことで、広く普及するようになったのである。

竹刀の改良はその後も進み、文政年間（一八一八～一八二九）ごろには現在と同じく、四つの割竹の前後に柄と先革をはめ、弦で結び、中結を一カ所つけるタイプのものが使用されるようになったのである。

防具については、一部では江戸初期からあったといわれているが、一般化が進み始めるのはやはり山田、長沼親子の改良以降である。宝暦年間には一刀流の中西忠蔵子武《たねたけ》が面、籠手、胴のようなものを考え、現在に近いものになったという。とはいえ、江戸時代末期までは、胴は竹を並べて革で綴《と》じたもの、籠手は麻屑を革で包むという粗略な作りだった。

新影流　直心影流男谷派　じきしんかげりゅうおだにはち

男谷精一郎信友

おだに・せいいちろう・のぶとも

◆寛政十年〜元治元年（一七九八〜一八六四）
◆幼名、新太郎。通称、精一郎、のち下総守。静斎、蘭斎と号す。

◈幕末第一の強さを誇った剣聖

一般の町民や農民たちに武芸の修行が許されたのは江戸も最末期になってからだが、それ以前から、彼らは武士たちに混じって盛んに武芸の修行を行うようになっていた。十八世紀も終わりに近づいたころから、外国の艦船がぼつぼつと日本の近海をうろつくようになったことから、日本人の国際的な危機感が高まり、武の重要性が再認識されるようになったというのが大きな理由だった。

直心影流が竹刀と防具を一般化したことで、安全で実戦的な稽古が可能になっていたことも理由の一つではあった。幕府は武士以外の一般人の武芸修行を繰り返し禁止したが、彼らはいうことを聞かなかったのである。

こうして、幕末の剣術界は殷賑《いんしん》を極め、数多くの剣豪たちが登場するようになった。その中でも第一の強さを持っていたといわれるのが、幕末の剣聖・男谷精一郎信友である。

俗に幕末の三剣士といえば、異説は多いながらも、千葉周作（北辰一刀流）、斎藤弥九郎（神道無念流）、桃井春蔵（鏡新明智流）の名が挙げられるが、これらの剣士と比べても、男谷の強さは格別だったといわれている。

しかし、その強さは次から次へと敵をなぎ倒すような、野蛮な強さではなかった。その強さの特徴は、のちに天才剣士といわれた島田虎之助との最初の対戦によく表れている。

若くして九州一の実力を誇った島田虎之助は天保八年（一八三七）、二十四才のときに新たな修行の場を求めて江戸に出ると本所亀沢町にあった男谷の道場を訪ねた。やって来た田舎剣士と男谷は喜んで対戦した。三本勝負のこの試合の結果は、二勝一敗で男谷の勝ちだったが、とくに圧倒されたという感じがしなかったので、島田は男谷といっても大した剣士ではないと思ったようだ。有名な男谷がこれくらいなら他も大したことはあるまいと思いながら、島田は次に井上伝兵衛の道場を訪ねた。井上も直心影流で、大いに名を売った剣士だったが、男谷と互角に戦ったと思っていた島田はまさか負けるとは思っていなかった。ところが、井上の前に島田は容赦なくやられてしまった。驚いた島田がすぐにも入門を請うたところ、井上は島田の才能を見抜いたので、江戸随一の剣士である男谷の道場への入門を勧めたのである。男谷とはすでに対戦していた島田は大いに不満だったが、そんな彼に井上はいった。「それは貴殿の実力が足りないから、男谷の強さがわからないのだ」こういわれて、島田はあらためて男谷を訪ね、二度目の対戦をしたのだが、今度は一本とるどころではない。じりじりと攻め寄る男谷の気合いに手足はすくみ、脂汗が吹きだし、島田はついに道場の隅に追いやられると我知らず平伏してしまった。ここに初めて、島田は男谷の道場に入門することになったのだという。

そんなに強いなら最初から島田を圧倒してしまえばいいとも思えるが、男谷は決してそんな勝ち方をしない性格だったのである。男谷はしばしば他流派の剣士とも対戦したが、試合はいつも三本勝負と決まっていて、一本目は自分がとり、二本目は相手に譲る、そして三本目を軽く自分がとるのを常としていた。そうすることで相手が屈辱感を味わわないように注意し、試合のあとにも遺恨が残らないようにする。男谷はそれほど心優しい、柔和な男で、その性格が剣術にも表れていたのである。

◈真の剣術を目指して流派を否定する

剣聖といわれるだけあって、男谷は見識という点でもすぐれたところがあった。若いころの経験が、彼の見識を育てる上で大いに力があったようだ。

男谷の家は幕府の旗本で、その家系には乱暴者で有名な勝小吉（勝海舟の父）がおり、信友は彼の四才年上の甥に当たっていた。年齢が近かったせいか、男谷は若いころには小吉と一緒にあちこち道場破りをするなどかなり武辺なところもあったようだ。が、その一方で男谷は十七才ごろまでの数年間、平山行蔵のもとで学んだことがあった。平山行蔵は文武を兼ね備えた奇傑であって、総合武術ともいえる講武実用流を唱え、『海防問答』という書を残したことで知られている。男谷が平山のもとで学んだのは二、三年間だったが、それが彼の生涯に大きな影響を与えた。

平山は「常在戦場」を信条とし、自身に厳しい修行を課していたが、男谷の鍛錬もそれに負けなかった。その頃の男谷は毎朝水風呂に飛び込んだあと、荒縄で数度身体を摩擦した。それから庭に出て重さ十六貫（約六十キロ）の花崗石の石砲を十五回素だめする。さらに長さ四尺八寸の枇杷《びわ》材の木刀を千回素振りしたという。男谷は団野源之進義高（真帆《しんぱん》斎《さい》）について直心影流を学び、二十四才のときには師を超えたといわれるが、そんな進歩も厳しい鍛錬のたまものといえるだろう。

二十五才ごろに独立して道場を持ってから、男谷が他流試合を好んで行ったことにも、彼の見識の高さが表れていた。その当時は、実は多くの流派において他流試合が禁止されていた時代だった。戦国の名残を残した江戸初期の時代はさておき、長い泰平の時代の中で士風が脆弱化し、剣術の遊芸化、形式化が進んでしまったことがその原因だった。が、男谷はそのような陋習《ろうしゅう》を嫌った。「自流内で互いに競い合うのも悪いとはいわないが、それでは井の中の蛙になってしまう。一定の流儀にこだわるために、特別な達人を出すこともなくなってしまう。他流と渡り合って彼の長を取り、自分の短所を補おうとしないからだ。だから、何々流などということにこだわることはない。槍は槍術、剣は剣術でいいのだ」男谷はこう考えていたのである。幕末の時代には多くの剣士たちが盛んに他流試合を行うようになったが、男谷こそそうした風習に先鞭を付けた剣士だったのである。

平山のもとで学んだだけに、男谷は国防に関する関心も大いにあった。安政三年(一八五六)、幕府は諸外国船の来航に対する国防策の一つとして、講武所という公立武道専門学校を設置したが、これは男谷の建議によるもので、彼が頭取を務めたのである。講武所では弓術、剣術、槍術、柔術、砲術が教えられたが、ここでの教育によって、従来の流派武術が持っていた閉鎖的な傾向が大いにあらためられたという。時代の大きなうねりの中で、講武所は十年後には陸軍に呑み込まれてしまうが、この仕事一つをとっても、男谷がたんなる剣豪を超える存在だったことがわかるだろう。

新影流 直心影流《じきしんかげりゅう》

島田虎之助
しまだ・とらのすけ

◆文化十一年〜嘉永五年（一八一四〜一八五二）
◆名は直親《なおちか》。見山と号す。

◈剣聖・男谷精一郎を超えた天才剣士

島田虎之助はわずか三十九才の若さで死んでしまったことがあまりにも惜しまれる天才剣士である。幕末にとくに強かったとされる三剣士の組み合わせにはいろいろな説があるが、山田次郎吉の『日本剣道史』によれば、江戸末期の天保・弘化（一八三〇〜一八四七）のころには、天下の三剣豪として男谷精一郎、大石進と並んで島田虎之助の名が挙げられたという。しかも、ほぼ同世代の男谷・大石と比べて、島田はおよそ十七才ほど若い。このことからも島田の天才ぶりをうかがうことができる。

若くして天下の三剣豪に名を連ねるだけあって、島田の剣への取り組み方には格別なものがあった。彼が生まれた文化・文政のころはいわば文化の爛熟期であり、士風も脆弱化した時代だったから、彼は当時としてはかなり変わった人間だったのかもしれない。竹刀剣術の時代ではあったが、島田の剣に対する姿勢にはあたかも戦国時代の剣豪然としたところが感じられるのである。

本格的に剣の修行を開始したのは十三才のときだった。九州中津藩（大分県中津市）の下級武士の家に生まれ、幼少のころから乱暴者だった島田はその年に藩の剣術師範・堀次郎太夫に入門、一刀流を学び始める。それがわずか三年で同門中右に出るものがいないほどの腕前になると、剣法で天下に名をなすには十分他流試合をやって腕を磨かなければ駄目だと考え、十六才の若さで彼は九州一円の武者修行に出発したのである。もちろん、宮本武蔵の時代ならば、十六才で武者修行というのも珍しくはないだろうが、すでに江戸も終わろうという時代である。九州の田舎侍だから、そんなことを思いついたのかもしれない。が、彼はやはり若かった。いくら強いといっても経験が足りないから、この武者修行では満足できる結果を得られなかった。つまり、連戦連勝というわけにはいかなかったようだ。そこで、彼は中津に戻るとさらに訓練し、神仏にも祈り、十八才のときに再び九州における武者修行の旅に出たのである。この武者修行では、島田は前回に不覚をとった相手にも打ち勝ち、ほとんど唯我独尊の状態だったという。ただ、どうしても勝つことのできない相手が一人だけいた。大石神影流の祖・大石進だった。大石は六尺を超える巨体で、五尺三寸の長竹刀を持ち、突技を得意としたが、その突きに島田は圧倒されたようだ。島田も相当に立派な身体をしていたらしいが、大石ほどではなかったようだ。しかし、島田はあきらめずに修行を積み、二年後の天保四年（一八三三）には大石と戦っても負けないまでに成長したという。

ここまできたら目指すは江戸となるのは当然で、天保八年ごろに島田はついに江戸の土を踏んだのである。ここで、島田はあちこちの道場を荒し回ったといわれるが、とにかくも最後には当時江戸随一の剣豪だった男谷精一郎の亀沢町にあった道場に入門した。島田がなぜ男谷の道場を選んだか、その経緯については男谷のところで述べたとおりである。結局のところ、この段階では所詮田舎剣士だった島田は男谷の敵ではなかったのである。

しかし、男谷の道場では島田の実力は最初から群を抜いていたようだ。島田はその道場で三年間修行を続けるが、一説によると、彼は最初の一か月で免許皆伝まで得てしまったという。

この当時、剣術の伝授の方式は戦国末期に比べるとはるかに発展しており、実力を示す階級も分化していた。階級の名称は流派によって異なるが、およそ四、五段階の称号があったという。初目録、中目録、大目録、皆伝。あるいは、初伝、目録、極意、免許、印可という具合だ。男谷の道場の場合は、霊剣、切紙《きりかみ》、目録とあって、最後が免許皆伝だったという。そして、普通の人の場合は、最初の三つの称号を得るのにそれぞれ一年はかかった。最後の免許皆伝を得るのは大変で、駄目な者は何年修行しても駄目だったという。この免許皆伝を島田はわずか一か月で得てしまったのである。すさまじいとしかいいようがない。

島田は天保十三年ごろにまたしても武者修行の旅に出て腕を磨き、戻ってきたときにはほとんど江戸随一という評価を得るほどの剣士になっていたといわれる。男谷精一郎を超えたという意見さえあった。

このころ、浅草新堀に自分の道場を持ったようで、勝海舟も彼の道場に入門したのである。撃剣興行で有名な榊原鍵吉も島田の弟子の一人である。

これほどの腕前だからいくつかの藩から召し抱えの話もあったが、一時期、旗本・松本内記に仕官した他は、島田は正式な仕官はしなかった。そのかわりに、各大名に招かれて模範試合をしたり、出稽古をしたりすることはあった。そうしながら、意に沿うところがあったら仕官しようと思っていたのかもしれない。しかし、剣士としてはまだまだこれからという三十九才の若さで惜しくも病死してしまったのである。

新影流 直心影流《じきしんかげりゅう》

榊原鍵吉《さかきばら・けんきち》

◆天保元年～明治二十七年（一八三〇～一八九四）
◆名は友善。

榊原鍵吉は幕末から維新にかけて生きた代表的剣客で、剣豪の時代の最後を飾った達人である。

◈剣豪の時代の最後を飾った達人

この時代は剣一筋に生きる武士にとっては大変な時代だった。日本の剣術は幕末という危機的時代に隆盛を極めたが、明治維新となるや一転して衰微を極めた。明治はもはや武士の時代ではないのだった（明治維新後、武士は士族という階級になり、この階級は第二次大戦後に廃止されるまで続くが、特典があったわけではないので、まったく意味がなかった）。明治四年八月には士族の脱刀の自由を認める脱刀令が、同九年三月には帯刀を禁止する廃刀令が発せられ、刀剣そのものが禁止されてしまった。明治十年の西南戦争では西郷軍・政府軍双方の抜刀隊が活躍し、剣術は再び人気を取り戻したが、しかし、明治時代の剣術の中心が警視庁だったことからもわかるように、もはや昔ながらの剣豪が活躍する時代ではなくなっていたのである。

こんな時代に、榊原鍵吉はただひたすら剣の道に生き、剣の腕前だけによって日本全国に名を知られた唯一の剣豪だった。決して派手な剣豪ではなかったが、この時代には剣客といえばとにかく鍵吉であって、三才の子供までがその名を知っているほどだったという。

年齢的にも、鍵吉は新撰組の近藤勇より四才年長で、幕末の雰囲気を残す剣士の最後の世代に属しており、最後の剣豪と呼ぶにふさわしいといえる。

明治時代に東京高等商業学校（商科大学）、東京帝大などの剣道師範を務めた山田次郎吉も、その著『日本剣道史』の年表を榊原鍵吉の死をもって終え、さらに次のように記している。

「旧師（榊原鍵吉）没して以後は、名の実にそわず、技の法にかなわざるもの多く、撃剣は盛んなるに似たるも、道術は破れたるにちかし。これを思えば、むしろこの年をもって剣道のある世紀の終末とみなすの妥当なるかを疑う」。

山田次郎吉にとって鍵吉は師であって、かなりな思い入れがあるものの、鍵吉をして最後の剣豪と呼ぶことがそれほど不都合でないということがわかるだろう。

◈男谷精一郎から直心影流を学ぶ

榊原鍵吉は天保十三年（一八四二）、十三才の時に幕末の剣聖ともいわれる直心影流の男谷精一郎に入門、嘉永二年（一八四九）に免許皆伝を得ているが、修行時代には大いに

苦労したという話が残っている。

榊原家は江戸時代以前からの直参旗本ではあったものの、玄米八十石という小禄であったうえ、父・益太郎が妾《めかけ》遊びに散財し、家にも寄りつかないような生活をしていたため、家計は火の車だった。あげくに鍵吉が修行を開始した年に母が死んだので、鍵吉が弟二人の食事の世話まで見なければいけなかったのである。それでも男谷の道場が近ければ良かったのだが、鍵吉の家が下谷根岸にあるのにその道場は麻布狸穴《まみあな》にあり、片道十二キロもあった。当然、徒歩である。道場では剣術の修行はもちろんだが、月謝を免除してもらうために雑益の仕事もしていた。そこで、鍵吉は午前六時に家を出て、午前十時の稽古前までに道場の清掃を終えて、漢籍の勉強もするという生活を続けた。

さすがの男谷もこれでは大変だと思ったのか、「近所の道場に替わったらどうか」と勧めたが、鍵吉は「わたしは二人の師には仕えません」といって断ったという。

少年時代からこれほど性根のすわった男だったから、その鍛錬ぶりにはすさまじいものがあった。まさか少年時代からではないだろうが、鍵吉は毎朝縄たわしで身体を摩擦したあと、樫でできた六尺の六角棒を千回振ったという。おかげで身長五尺九寸（百七十九センチ）、体重二十四貫（九十キロ）というたくましい身体になった。剣技の上達も早かった。が、いくら上達しても鍵吉は免許皆伝を得たいと自分から言い出さなかった。皆伝を得ると師への謝礼や祝宴などで金がかかるからだった。事情を知った男谷は、「謝礼、祝宴は遠慮のこと」と断ったうえで鍵吉に免許皆伝を与えたのである。

◈親衛隊として将軍・家茂《いえもち》に尽くす

安政三年（一八五六）、鍵吉の剣名が社会的に認知された最初の出来事があった。この年、幕府が講武所を開設すると、剣術教授方として鍵吉の名が挙げられたのである。講武所頭取に任命された男谷精一郎の推輓《すいばん》だった。

講武所は諸外国との緊張関係の中で国防強化のために作られた公立の武芸者養成所で、なんといっても近代的な軍隊とはほど遠い組織だったために十年後には廃止されてしまう運命にあったが、当時としては一流の武芸者が教授に任命されたことは確かだった。

この講武所の重要な仕事として将軍や幕府高官の身辺警護があり、鍵吉も文久三年（一八六三）四月に将軍・家茂の奥詰（親衛隊）となっている。親衛隊として講武所から送られた武芸者は六十人だったが、最も将軍の近くに仕える二の丸御留守居格布衣《ほい》となったのは鍵吉を含めて五人だったから、このころから彼の技量が高く評価されていたことがわかる。

まだ十六才だった将軍・家茂はいかにも英雄豪傑風の鍵吉の人柄を大いに愛したようで、鍵吉の試合を見たいと望むこともあった。そこで、鍵吉も将軍の前で何度か試合をすることになったが、日本一といわれた槍の名手・高橋泥舟《でいしゅう》との試合では得意の大上段から面を打ち込み、新影流・天野将曹との試合ではやはり上段から面を決めたが、相手が「参った」といわないので、強烈な諸手突きをくらわして天野を突き倒したといわれている。

家茂は将軍としては不幸で、尊王攘夷派が勢いづく時代になんとか皇室と妥協しようと試み、心ならずも三度も上洛することになったが、そのたびに幕府の権威は失墜した。それだけに、鍵吉としては命がけで家茂に尽くしたいという気持ちが強かったに違いない。慶応二年、家茂が二十一才の若さで死ぬと鍵吉は大きなショックを受けた。その直後に講武所も廃止され、剣客たちが近代戦の主力ではないこともはっきりした。それで、鍵吉は陸軍所遊撃隊頭取に任命されたものの、さっさと職を辞してしまった。彼は下谷車坂の屋敷内に町道場を設け、門人の育成に専心する決心をしたのである。

こうして鍵吉は野に下ったわけだが、それから間もなく彼の勇猛果敢さが大いに発揮される事件が起こっている。慶応四年（明治元年、一八六八）五月、上野で旧幕府武士団の彰義隊が新政府軍に抗して蜂起したときのことだ。鍵吉は、古くからの知己であり、町道場建設資金を援助してもらった仙波（埼玉県川越市）の喜多院住職・円中僧正から、彰義隊が擁した輪王寺宮（のちの北白河能久《よしひさ》親王）の救出を依頼されたのである。鍵吉はすぐにも黒い陣羽織を身に付け、朱鞘の備前近定を差し、六尺の手槍を持って家を出た。途中、馴染みの中条酒屋で冷や酒一升を飲み干した。上野では彰義隊の敗北は決定的だったが、まだ残党退治が続いていた。その中を、鍵吉は何人かの土佐藩士を峯打ちで倒しながら、寛永寺本堂まで駆け抜けた。そして、「仙波僧正の請により、輪王寺宮をお預かり申す」と叫ぶや、宮を背負い、三河島まで逃げ延びたのである。明治時代には鍵吉は剣豪として名高かったので、この活躍の際には多数の土佐藩士を斬り捨てたと噂されたようだが、実際には一人も斬っていないという。人を斬ることをよしとするような剣豪ではなかったのである。

◈全国に名声を高めた撃剣興行と兜割《かぶと》りの天覧

さて、鍵吉の開いた町道場はごく一時的には繁盛したものの、すぐにもうまく行かなくなった。

慶応四年八月から、鍵吉は新政府によって駿河に転封された徳川家に仕え、明治三年に職を辞して東京に戻ったが、このころには道場の経営はかなり悪化していたようだ。やがて、困窮を極めると、鍵吉は道場を売りに出そうと考えたほどだった。

こんなときに思いついたのが撃剣興行という試みで、これによって鍵吉の名声はこれまで以上に高くなり、日本全国で知られることになるのである。

この撃剣興行は相撲と同じような形式で何組もの撃剣（剣道）の試合を見せ物にして観客から木戸銭を取るもので、最初の興行は明治六年四月、浅草左衛門河岸《さえもんがし》で十日間行われ、大盛況を博した。五月には横浜で十日間開催されやはり大人気を取った。

とはいえ、最初の流行はすぐに終わった。撃剣興行に人気があるとわかるや、千葉、斎藤など各流の道場も興行を始めたので、自然と客足が減ってしまったのである。さらに各所で興行にまつわる不祥事も起こったため、七月には政府によって禁止されてしまったのである。

この興行が再び許されるようになったのは、剣術の役割が再認識された明治十年の西南戦争後だったが、人気はすぐにも回復した。鍵吉は大勢の剣士を率いて関東近県の巡業にも回った。試合の内容は新聞でも報道されたので、鍵吉の名が広まるのも当然だった。

こんなふうに書くと、鍵吉の名声は撃剣興行という見せ物で高まったようだが、もちろんそうではない。明治維新以降も、武術が問題になる場合、新政府は必ず鍵吉を招聘しようとしたが、彼はそれを断り、いつも自分の弟子などを推薦し続けたのである。警視庁の撃剣会（剣道大会）には鍵吉はよく招かれて出席している。つまり、撃剣興行があってもなくても、この時代に剣術といえば鍵吉だった。彼が新政府に仕えなかったのは将軍・家茂に仕えていた者として意地を通したのである。明治二十七年に死ぬまで丁髷《ちょんまげ》を切らなかったのも、そんな意地の表れだろう。

しかし、剣術家としての鍵吉の名誉を不滅のものにしたのは、何といっても明治二十年に天皇臨席のもとに行われた兜割りだったに違いない。兜割りとは、真剣で兜を切り割ることだが、この年十一月十一日、明治天皇が臨幸した伏見宮邸で三人の有名剣士がこれに挑戦したのである。警視庁で師範を務めていた鏡心明智流の逸見宗助と上田美忠《よしただ》（馬之助）、それに榊原鍵吉だった。このとき逸見と上田はついに兜に傷つけることさえできなかったが、鍵吉が刀を振り下ろすや刃は兜を突き破り、三寸五分も切り込んだのだった。まさに、鍵吉一世一代の見せ物だったに違いない。

短命だった講武所の効用

講武所は安政三年（一八五六）に幕府によって設置された公立武道学校というべきものである。この時期の日本には米、露、英など諸外国の艦隊が来航し始め、国防体制を整える必要があったというのが講武所設置の理由だった。

講武所は当初、江戸築地の広大な敷地に開設され、弓、鉄砲、槍、剣、水練の調練が行われた。万延元年（一八六〇）、築地の敷地が海軍の基礎ともいえる軍艦操練所に利用されるようになったため、講武所は小川町に移り、引き続き調練が行われた。

しかし、講武所は軍隊としては欧米の組織に対抗できるようなものではなかった。講武所の教授には弓、槍、剣術など各部門の名人たちが就任したが、仮に戦争が起こったとしても、この教授たちには指揮官になる資格がなかった。江戸の幕藩体制は世襲門閥制によって成り立っていたので、戦争の指揮を執《と》るのは上級幕臣に限られていた。さらに、講武所調練への参加は幕臣の自発性によっていたので、参加者の方にも長続きしない傾向があったからである。また、個人技を中心とした武士の戦法で、西欧の近代的軍隊に打ち勝つのは不可能だった。こうしたことはやがて誰の目にも明らかなこととなり、慶応二年（一八六六）には講武所は陸軍所の所管となり、廃止されることになったのである。

こんなわけなので、古い軍制下に設立された講武所は大した成果を残すこともできずに消え去ることになったともいえるが、日本の武術に与えた影響は大きいといわれている。剣術の世界を見てもわかるが、日本の武術は多くの流派に分かれ、自分の世界に閉じこもってしまう傾向があった。しかし、講武所での調練はそのような流派に関係なく行われたので、剣術は剣術、槍術は槍術というように流派を超えた共通理解が進むことになったのである。

神道流 心形刀流 しんぎょうとうりゅう

伊庭是水軒秀明

いば・ぜすいけん・ひであき

◆慶安二年～正徳三年（一六四九～一七一三）
◆通称、想（惣）左衛門。剣号は常吟子。

◈諸流の刀法から長所を取り集めた新興流派

伊庭是水軒秀明は幕末の江戸で大いに隆盛した心形刀流を興した剣豪である。幕末時代には、千葉周作の玄武館、斎藤弥九郎の練兵館、桃井春蔵の士学館がとくに有名で俗に江戸三大道場と呼ばれたが、心形刀流八代目・伊庭軍兵衛秀業《ひでなり》の道場もこれらと肩を並べるほどの人気で、これを含めて江戸四大道場といわれるほどだった。

流祖の秀明についてわかっていることは少ないが、けっして一つの流儀にこだわることなく、いろいろな流派からよいものをとり、剣術の普遍化を目指した剣豪のようだ。

平戸藩九代藩主・松浦静山は文人であると同時に心形刀流の達人で、江戸時代最大の随筆『甲子夜話』二百七十余巻の他に、『剣攷《けんこう》』『心形刀流目録序弁解』など心形刀流に関する著書なども残しているが、それによれば、信州に生まれた秀明は若いころから武芸に打ち込み、最初は柳生流、神道流、一刀流などを学んだ。そののち、武者修行の途中で出会った本心刀流の志賀十郎兵衛秀則（如見斎）に師事し、天和元年（一六八一）に皆伝を授けられ、翌年に江戸へ出て心形刀流を興したという。したがって、心形刀流の技法に本心刀流のものが多いのは当然だが、このほかにも柳生流や一刀流の技法も多く含まれていた。それだけ技法の数も多く、一刀・二刀・小太刀の技を含んでいた。つまり、心形刀流の技法は秀明がそれまでに学んだ流儀からよいと思ったものを集めたものなのである。ちなみに、本心刀流は神道流の流れを汲む流派なので、心形刀流は三大流派の総合ともいえるわけだ。

このように秀明が剣術の普遍化を目指していたことは、心形刀流という流儀名からもうかがうことができる。そもそも、〝心形刀〟の心とは自分自身の心、形とは自分の体の形、刀とは自分が用いる刀である。心形刀流では、これら心・形・刀が一致することを最も重要な奥義とするが、これは何流であろうと変わるものではなく、剣術そのものの奥義といえるものだ。このことからわかるように、心形刀とはもともと特定の流派を表す言葉としてではなく、剣術そのものを表す言葉として用いられたのである。時代とともにそれが流儀名となったとしても、その根本にあった思想は忘れられるべきではないだろう。

◈優れた養子を後継者にして大発展する

さて、とにかくこうして心形刀流を興した秀明の剣技は精妙を極め、門人も増えたといわれている。しかし、門人の数などについて正確なことはわかっていない。新興流派が簡単に流行するとも思えないので、門人が増えたといっても大した数ではなかったのではないだろうか。むしろ、何代にもわたる努力によって幕末時代の隆盛を築いたと考えるのが自然だろう。

伊庭家の剣術にかける執念のようなものは、宗家の継承の仕方にはっきり表れている。伊庭家では、ただたんに親から子へと流派を伝えるのではなく、必要ならば優秀な養子を後継者にするという姿勢が頑固に貫かれたのである。伊庭家の道統は秀明以降十代にわたるが、次のようにこのうちの一人は娘婿、四人は養子である（なお、ここで「常〇子」というのは心形刀流の免許を得た者が必ず名乗る剣号である）。

流祖　伊庭是水軒秀明（常吟子）
二代　軍兵衛秀康（常全子）……秀明の子
三代　軍兵衛直保（常備子）……娘婿
四代　軍兵衛秀直（常勇子）……二代秀康の子
五代　軍兵衛秀矩（常明子）……養子
六代　八郎次秀長（常球子）……養子
七代　軍兵衛秀淵（常成子）……六代秀長の子
八代　軍兵衛秀業（常同子）……養子
九代　軍兵衛秀俊（常心子）……養子
十代　想太郎　　　　　　　……八代秀業の子

たとえ愛する実子であっても実力がなければ別に実力あるものを選んで後継者にするというのは、口で言うほど簡単なことではないだろうが、こうした姿勢を貫いたことで心形刀流の発展があったのである。

当然、後継者たちはみな実力者ぞろいということになるが、中でも八代秀業《ひでなり》は有名で、心形刀流中興の名手といわれている。ちょうどこのころ下谷御徒町《おかちまち》にあった伊庭道場が江戸四大道場の一つといわれたわけだが、このころは武士たちの気風が軟弱になった時代でもあり、武士たちの間に細身の刀を差し、雪踏《せった》を履くことが流行った。が、秀業の伊庭道場ではこうした恰好を断固として戒めた。このために、いかにも粗豪の風をして大道を闊歩するものがあると「あれは伊庭の弟子だ」と指さされたほどだという。

しかし、残念なことに十代想太郎が明治三十四年、東京市会議長・星亨《ほしとおる》を刺殺して刑務所で死亡したために、宗家の道統は絶えることになったのである。

逸見太四郎義年

一刀流　甲源一刀流　こうげんいっとうりゅう

へんみ・たしろう・よしとし

◆延享四年～文政十一年（一七四七～一八二八）
◆名は義利と書かれることもある。

◈埼玉県秩父を中心に農民層に支持された流派

逸見太四郎義年は幕末の時期にとくに農民たちの間で人気を得た甲源一刀流を興した剣豪である。甲源一刀流宗家六代目・英敦《ひであつ》が明治二十八年に東京の靖国神社に奉納した額には三千人以上の名が列記されていたというから、幕末時代における同流の人気は相当なものだったことがわかる。

江戸幕府は武家に対してだけ武芸を奨励し、その他の階層には禁止していたので、農民に武芸が流行るというのは建前上はあり得ないことである。しかし、江戸初期から武芸に打ち込む農町民は存在していたし、農町民の間に豊かな階層が生まれるようになってからはその傾向は一段と加速したのだった。こうした背景があって、甲源一刀流も庶民階層の間に浸透することになったのだろう。

武州秩父郡両神村小沢口（埼玉県秩父郡小鹿野町）にあった流祖・義年の家も農業を生業とする郷士にすぎなかった。が、逸見家は甲斐源氏の祖・新羅《しんら》三郎義光の流れを汲む名門でもあり、義年は若年から武芸で身を立てたいという思いを持っていたのだろう。義年は一刀流の桜井長政から剣術を学び、それに工夫を加えて甲源一刀流を興した。甲源というのはもちろん甲斐源氏という意味である。そして、義年は小沢口に耀武館《ようぶかん》という道場を建て、この道場を中心にして甲源一刀流を伝えることになったのである。

残念なことに流祖の義年がどれほどの剣豪だったかはっきりしたことはわからないのだが、甲源一刀流からはその後も多くの名剣士が生み出されており、流祖の名前を高めているのである。

農民に支持された流派なので農民出身の剣士を多く輩出したが、中でも傑出していたのは比留間与八《ひるまよはち》である。与八は武州高麗《こま》郡梅原村（埼玉県日高市梅原）の農民の子で、義年から甲源一刀流を学んで後に梅原に道場を構えたが、人格的にも立派であり、入門者は千人を超えたといわれている。幕末の三剣豪としてよく男谷精一郎、島田虎之助、大石進の名が挙げられるが、大石進の代わりに比留間与八が入れられることもあるほどで、与八の剣技がそれだけ優れていたことの証明になるだろう。

甲源一刀流宗家の中では、とくに五代目の逸見長英《へんみながひで》が有名になった。長英は文政元年～明治十四年（一八一八～一八八一）の人で身長が六尺一寸（約百八十四センチメートル）あり、才能にも恵まれており、天保七年（一八三六）に神道無念流の達人・大川平兵衛と他流試合を行い見事に打ち破ったのである。大川はこのころ相当に有名な剣士で、年齢も脂ののりきった三十五才、前評判では長英が不利だといわれたようだが、この試合に勝ったことで長英の名は四海に鳴り響いたといわれている。これによって、甲源一刀流の名も大いに高まったのに違いない。

甲源一刀流　系図

- **逸見太四郎義年** ― 逸見彦九郎義苗 ― 逸見太四郎義豊
  - 逸見太四郎長秀 ― 逸見太四郎長英 ……
  - 比留間与八

※太字は本書で紹介している剣豪

神道流

櫛淵虚中軒宣根

神道一心流　しんとういっしんりゅう

くしぶち・きょちゅうけん・のぶもと

◆寛延元年〜文政二年(一七四八〜一八一九)
◆通称、八弥、弥祖吉、弥兵衛。

◈弟子の仇討ちで名を高めた流派

櫛淵虚中軒宣根は、幕末のころに江戸、上州、越後などで人気を得た神道一心流を興した剣豪である。

宣根の家は農業を営んでいたが先祖は武士で代々神道流を家伝として伝えており、彼もまた最初はこの流派の剣法を学んだ。そののちに秋尾善兵衛利恭《としみつ》について微塵流《みじんりゅう》を学び、他に三和無敵流、真心影流、戸田武甲流薙刀などを修めて神道一心流を興したのである。

しかし、いくら一流を興したからといってそれだけで有名になれるわけではない。宣根も数年間は地元の道場で剣術指導したり、武者修行の旅をしたりして過ごす必要があった。寛政二年(一七九〇)になってついに江戸に出ると、同四年には一橋家に召し抱えられ、自宅に道場を開いて本格的に神道一心流の普及に乗り出したのである。

このあたりの経歴は剣豪としてはありきたりでいかにも地味な印象があるが、宣根その人はかなり人情味があって生真面目で一徹な人だったようだ。寛政年間に、宣根の道場に仙台の農民の貫蔵というものが内弟子になっていたことがあった。貫蔵は長松という農民に母親を殺された身で、仇討ちのために宣根の道場に身をおいていたのだが、農民だから当然名字もなければ帯刀も許されていない。そんな貫蔵に宣根は徳力《とくりき》という名字を与え、さらに帯刀まで見て見ぬ振りをして剣法の修行をさせていたのである。寛政十二年、偶然にも貫蔵が天王町で仇の長松を見つけて斬り殺してしまったことから、宣根が勝手に名字帯刀を許していたことも露見してしまった。このために、宣根は何度も奉行所に呼び出されて吟味されることになったが、ただひたすら貫蔵のことを思い「母親の仇なのだからしかたあるまい」と同じことばかり繰り返したという。そして最後は宣根も貫蔵も無罪ということになったのである。

しかも、この事件は神道一心流の名前を一躍高めるのにも役立ち、こののちは宣根の道場は大いに繁盛することになった。

ところで、神道一心流は肉体を駆使した実戦的で豪快な剣法だったようで、宣根の道場は激しい試合をすることで当時の江戸で評判だった。体格的にも立派であることが要求されたようだ。宣根自身が五尺八寸（百七十六センチメートル）、三人力という立派な体格の持ち主だったが、有名な弟子の吹雪算得《ふぶきさんとく》は六尺二寸（百八十七センチメートル）、山崎孫四郎は元相撲取だった。道場には体の小さな平山行蔵も出入りしていたようだが、彼はもちろん講武実用流を興した豪傑で、迫力満点の人物である。こんな剣士たちが出入りしているくらいだから、宣根道場での稽古は並大抵の激しさではなかったに違いない。

真貫流《しんかんりゅう》　講武実用流《こうぶじつようりゅう》

平山行蔵子竜

ひらやま・こうぞう・しりゅう

◆宝暦九年～文政十一年（一七五九～一八二八）
◆名は潜《ひそむ》。通称、子竜。号は兵原、練武堂、運籌真人《うんちゅうしんじん》など。

◈頽廃の世に頑固を通した幕末の奇傑《きけつ》

平山行蔵子竜は〝奇傑〟と呼ばれた幕末の剣豪である。奇傑というのは風変わりな豪傑という意味だが、こんな言葉で呼ばれるのはもちろんそれなりの理由があるからである。

そもそも彼はたんなる剣豪ではなかった。代々幕府の御家人で伊賀組同心の家に生まれた平山行蔵は幼少のころから文武両道に励み、そのおかげで剣術だけでなくあらゆる武芸において奥義を極め、さらに学問でも儒学から農政・土木まで身に付けた。国際的な緊張が高まる中で国防問題にも強い関心を示し、晩年には『海防問答』などの著述もある。つまり、彼は当時にあって文武両道において相当に傑出した人物だったのである。

そのうえで、行蔵は当時の世間の風潮とは隔絶したような頑固な人生を貫いたのだった。彼の生きた時代は江戸文化が爛熟し、ついに頽廃の極に達したとされる文化・文政期（一八〇四～一八二九）を中心とした時代で、武士を含めて人々はみな軽佻《けいちょう》浮《ふ》薄《はく》な生活に流れていた。十八世紀後半にはロシアの船が現在の北方領土付近にも現れるようになり、少数の者たちは海防の必要性を説き始めていたが、気にする者はほとんどいない。そんな時代だった。そんな中で彼は、武士である以上は常に戦場にいる心構えでなければならないという意味の「常在戦場」という信条を持ち、それを日常生活のあらゆる場面に適用した。

まずその風体だが、多くの武士がファッショナブルになってちょんまげの結い方など気にしている時代に、彼は真冬でも袷《あわせ》一枚でとおした。足袋もはかず、袴の裾は短く、堂々と毛臑《けずね》を出して歩いた。刀は二尺三寸くらいの短いのが流行っているのに四尺近いのを差した。冬でも布団を敷かず、薄い布団を一枚掛けて板の間に寝た。六十才過ぎたころに松平定信から布団一組を送られ、初めて夜具を用いるようになったという。食事はいつも玄米飯と生味噌と漬け物で済ませ、湯茶は沸かさず、食後には水を飲んだ。毎朝七つ（午前四時）になると起きだし、冷水で身を清めてから、七尺五寸の棒を持って素振り四百回、居合を抜くこと三百回、その後でさらに鉄砲、弓、馬術の練習までした。このあと昼夜にわたって読書をするのだが、この際には二尺四方のケヤキ板を敷物代わりにして着座し、両手の拳をケヤキ板に打ちつけながら読書した。これについて理由を問われた行蔵は「本を読むといって空しく読んでいてはいけない。こんなふうに両手拳を堅い板に突き当てていれば拳は鉄石のようになって、これで胸板だって突き砕くことができるのだ」と答えた。また、彼の自宅の二十畳ほどの座敷には武具、馬具、兵糧などが所狭しと詰め込まれていていつでも出陣できるようになっていたのである。
まさに戦国末期の武芸者といった感じだが、それはそのまま彼の剣術にもあてはまるのである。

◈一尺三寸の剣で敵に突進する勇猛心の剣術

平山行蔵は、大島流槍術、渋川流柔術、長沼流軍学、武衛《ぶえ》流砲術をはじめ、水泳、馬術、弓術など武術と名の付くものはすべて学び、その奥義を極めていたが、剣術に関しては真貫流《しんぬきりゅう》の山田茂兵衛（松斎）に教えを受けた。このことが、行蔵の考えに大きな影響を与えた。行蔵は文武両道に通じており、決してたんなる剣豪ではないが、その中心にあったのは真貫流の剣術だった。

真貫流は初期の一刀流や示現流を思わせるような極めて実戦的な激しい剣術だった。『撃剣叢談』に真貫流の練習方法が紹介されているが、それによれば同流で最初に行うのは、紙にはった笊《ざる》をかつぎ、敵に好きなだけ頭上を打たせて敵の太刀の筋の遠近を見極める練習だったという。敵が打っている間、練習者は短い竹刀を持って進み出るだけで何もしないのである。そうやって、敵の太刀を見極めることができるようになったのちに、勝負の太刀を教えたのである。これは敵の太刀を受けたりはずしたりするためではなく、ただ敵の懐《ふところ》に飛び込んで、ひと太刀で勝負を決するためである。

真貫流を極めた行蔵は師と相談して自らの流派を「忠孝真貫流」と称して道場を開いたが、ここでの練習方法も真貫流と同様に激しく単純だった。修行者は一尺三寸の短い竹刀を持ち、三尺三寸の竹刀を持つ敵の胸をめがけてただ真っ直ぐに打ち込むのである。敵がどう動くかなど一切気にしない。とにかく敵の懐に飛び込んで一刀のもとに勝負を決するのである。こんなわけなので、同流では技巧を重視することはなかった。大事なのは全身全霊を傾けて敵を斬るための勇猛心だった。というのも、この勇猛心がなければ、戦場で戦うときに遅れをとってしまうからである。

行蔵の発言を見ても、彼が実戦を重視したことがわかる。行蔵には『剣説』という著述があるが、ここで彼は「剣術とは敵を殺伐することなり」と断言している。また、とにかく必死になってちょうど飢えた鷹や虎が獲物を襲うときのように一途でなければならないともいっている。このような発言は一刀流の小野忠明にもあるので決して目新しいものではないが、行蔵が戦国末期に生まれてきた実戦的剣法を理想としていたことはよくわかるのである。行蔵の行動の基本にあった「常在戦場」という信条もここから生まれてきたに違いあるまい。行蔵は忠孝真貫流を興したのちに、自らの武芸流派を一括して「講武実用流」と称するが、ここに「実用」の二字があるのも彼が実戦を重視した結果なのである。

このような激烈な剣術が文化の頽廃期に正しく理解されないのは当然のことで、このために行蔵は憤激し、終生戦国武士のような風変わりな生活を頑固に貫くことになったわけだが、彼の内部にあった憤激はその弟子たちにも受け継がれてしまったようだ。とくに下斗米秀之進《しもどまいひでのしん》（別名・相馬大作）はそうだった。

秀之進は陸奥国《むつのくに》の南部藩士で、行蔵門下の筆頭に位置する弟子だったが、彼の仕えていた南部家は古くから津軽家の主筋にあたっていた。それが、文政三年（一八二〇）に藩主・南部利敬《としたか》が没した際に、次の藩主・利用《としもち》がまだ十五才で無位無官だったために南部家が津軽家の下位に置かれることになった。これに秀之進は憤激し、同四年に津軽侯襲撃を企てたのである。幸か不幸か、この計画は失敗に終わったが、その結果として秀之進は幕府に捕らえられ、斬首の上獄門にかけられた。ときに三十四才の若さだった。師が師なら弟子も弟子だ、といったところではないだろうか。

流祖 鏡新明智流 きょうしんめいちりゅう

桃井八郎左衛門
ももい・はちろうざえもん

◆享保九年～安永三年（一七二四～一七七四）
◆名は、直由《なおたか》。

◈勝つことはできないが負けることもない

桃井八郎左衛門直由は、のちに幕末の江戸で三大道場の一つとして大いに隆盛することになる道場・士学館を開いた剣豪である。ただし、本当に強い剣豪だったのかどうかはっきりしないところがある。ひょうひょうとしているというかのらりくらりしているというか、多分そんな性格がそのまま剣の腕前に表れていたのかも知れない。

直由は当初は大和郡山藩の柳沢家の家臣で、生来武芸に親しみ、早くから将来は剣で名を上げようと考えていたようだ。宝暦七年（一七五七）に父が死ぬとすぐにも致士《ちし》（引退すること）し、諸国武者修行に出た。そして、一刀流・柳生流・堀内流・富田流を学んだ。『日本武芸小伝』には彼はこれらすべての流儀において奥秘を極めたとされているから、確かにある程度は強かったに違いない。彼が鏡新明智流を興した年代ははっきりしないが、この流名は富田流抜刀術の形名「鏡心」から採られたもので、最初は鏡心明智流と称し、のちになって「鏡新」に変えたものである。

やがて江戸に出た彼は安永二年（一七七三）に、彼の養子で当流二代目の桃井春蔵直一《なおかず》とともに日本橋茅場町に士学館を開くが、これからが彼の真骨頂である。士学館を開くにあたって、彼はまず初めに改名し、大束七流軒伴山と称した。いかにも剣豪らしい強そうな名前だからだろう。それから彼は直一と連名で芝神明社《しばしんめいしゃ》にどう見ても自己宣伝としか受け取れないような額を掲げた。普通、神社への掲額というのは道場がそれなりに成功したあとに行われるものだが、直由は道場開きと同時にそれを行ったのである。その内容がまた変わっていた。

「自分は多年修行した結果、いまだ人に勝つことを知らないとはいえ、負けないことを悟った」「また、貧しくて修行ができなかったものや、不器用なためにうまくいかなかった者たちも、すべて教え導くつもりである」

よかれ悪しかれ、この内容が評判になったようだ。これを見て士学館に試合をしに行くものが多くなったという。とくに直心影流の長沼道場の者はそうだった。竹刀と防具を完成させ、試合剣術普及の基礎を築いた長沼四郎左衛門国郷の長沼道場である。このころ、長沼道場は国郷の息子・徳郷《のりさと》の代になっていたが、道場そのものが直由が掲額した芝神明社から遠くないところに位置していたため、門人たちが額の内容を見て腹を立てたのである。

こうして士学館の人気は大いに高まるわけだが、ここにどうしてもわかりにくいことがある。長沼道場からの挑戦者たちを桃井親子が次から次と打ち破ったというなら話はわかりやすいのだがそうではなかった。挑戦を受けた二代目直一は宣伝どおり確かに勝ちはしなかったがしばしば負けたのである。直由はどうかといえば、自分は病気だといって一度も勝負しなかった。それなのに道場の人気は高まったのである。竹刀稽古の導入や町人たちの生活向上にともなって、武士以外の者たちにも剣術が流行し始め、あちこちに町道場が作られた時代ではあるが、それにしても不思議だ。

最初は長屋を改造した道場だった士学館は、直一の代には手狭となり、南八丁堀大富町（中央区新富町）に大規模な道場が新築された。これが幕末の時代に三大道場の一つとされたもので、ここから多くの有名剣士が登場することになったのである。

鏡新明智流　系図

- **桃井八郎左衛門**
  - 桃井春蔵直一
    - 桃井春蔵直雄
      - **桃井春蔵直正**
        - ……

※太字は本書で紹介している剣豪

鏡新明智流　鏡新明智流《きょうしんめいちりゅう》

桃井春蔵直正

ももい・しゅんぞう・なおまさ

◆文政八年～明治十八年（一八二五～一八八五）
◆前名、田中甚助。通称、はじめ左右八郎、のち春蔵。

◆「位の桃井」と評された品格随一の剣豪

桃井春蔵直正は鏡新明智流の四代目で、幕末時代に同流の名を大いに高めることになった剣豪である。

直正は沼津藩士の息子でもとは田中甚助という名だったが、十四才で鏡新明智流三代目・桃井春蔵直雄《なおかつ》に入門、筋がいいのを見込まれて十七才のときに直雄の娘婿となり、二十五才で皆伝を受けて同流の四代目となった。そんなわけだから、直正が少年時代から剣技にすぐれていたことは確かだが、無敵の強さを誇ったというのではなかった。千葉周作の次男で、これこそ無敵の強さを誇っていた栄次郎との試合では、直正は十三本勝負で九対四で敗れたという記録がある。が、たとえ千葉栄次郎に負けたとはいえ、直正には他から尊敬されるに足りるだけの剣風のようなものがあったようだ。それは直正の態度から漂う気品であり、格調の高さだった。直正は試合や稽古のときに長い袴をはき、決して爪先が見えないようにしたともいわれている。こんなところからも直正は人気を博し、同流の道場・士学館は、千葉周作（北辰一刀流）の玄武館、斎藤弥九郎（神道無念流）の練兵館と並び、江戸の三大道場と称されるほどに発展したのである。

一般に幕末の三剣士というとここに挙げた三人、桃井直正、千葉周作、斎藤弥九郎の名がよく挙げられ、それぞれの剣技の特徴として、位は桃井、技は千葉、力は斎藤といわれるが、これにはつぎのような由来がある。

安政二年（一八五五）のこと、久留米藩の松崎浪四郎《なみしろう》という二十三才の若き剣士が江戸に来て著名な道場を歴訪したことがあった。松崎は十九才のときに九州・四国に武者修行し、すでに向かうところ敵なしだったという経歴の持ち主である。そんな彼が試合の相手に選んだのが当時の三大道場の主だった千葉栄次郎、斎藤新太郎（斎藤弥九郎の長男）、桃井直正である。これらの試合で、松崎は栄次郎には負け、直正には勝ち、新太郎とは引き分けたが、試合ののちに次のような名言をはいた。

「千葉氏の技は天下一品。斎藤氏の力量は抜群。桃井氏の剣筋と位は他に類を見ない」

したがって、正確には技の千葉とは周作ではなくて栄次郎のことであり、力の斎藤は一代目弥九郎ではなく二代目の新太郎のことをいっていたのだが、のちになってそれぞれ周作と弥九郎のことであるかのように語られるようになったのだという。とはいえ、位の桃井だけは鏡新明智流四代目の直正のことで、いつまでも語り継がれたのである。

直正の腕前は万人の認めるところだったので、幕末の一時期には講武所（幕府の公立武道学校）の剣術教授方などを、明治になってからは大阪府の監軍兼撃剣師範なども歴任している。

新影流　神道無念流《しんとうむねんりゅう》

福井兵右衛門《ふくい・ひょうえもん》

◆元禄十五年〜天明二年（一七〇二〜一七八二）
◆名は嘉平《よしひら》。

◈仇討ちで有名になった神道無念流

福井兵右衛門は幕末の江戸で飛躍的な発展を遂げた神道無念流を興した剣豪である。昭和の剣聖といわれた中山博道もこの流派を受け継いでいた。

兵右衛門は下野国都賀藤葉（栃木県下都賀郡）の生まれで、若いころに上泉信綱の新影流の流れを汲む新神陰一円流を学び、三十四才で戸隠山の飯綱権現に参籠したときに夢の中で老人に出会って剣の極意を得た。これから彼は自流を神道無念流と称し、武者修行ののちに江戸へ出て四谷に道場を開いたのである。

が、神道無念流は兵右衛門の代にはそれほど人気のある流派ではなかった。この時代は剣術そのものが低迷期にあった時代だし、歴史の浅い新流派ではそれも当然だったのだろう。

この流派が江戸で一躍有名になったのは二代目・戸賀崎熊太郎暉芳《とがさきくまたろうてるよし》の時代だった。

熊太郎は武蔵国清久村（埼玉県久喜市）の農民の子で、幼少のときから武術を好み、十五才で江戸に出て兵右衛門に師事したが、体も大きく力もあって、剣術に関しては一種の英才少年だった。これが神道無念流に幸いした。彼は二十一才で免許を得、三十二才の安永七年（一七七八）に江戸麹町二番町に道場を開くと、試合中心の激しい稽古を行って人気を集めたのである。

そのうち、この人気がさらに高まる出来事も起こった。天明三年（一七八三）、熊太郎

神道無念流　系図

上泉伊勢守信綱（新影流）―野中新蔵成常（新神陰一円流）―野中権内玄慶―**福井兵右衛門嘉平（神道無念流）**―戸賀崎熊太郎暉芳―戸賀崎熊太郎胤芳……

　　　―岡田十松吉利―**斎藤弥九郎善道**

※太字は本書で紹介している剣豪

の門弟・大橋富吉が神楽坂行願寺で仇討ちを成し遂げたのである。

富吉は下総相馬郡の農家の生まれだったが、十二才のときに父の庄蔵が同じ村の甚内という者に殺されるということがあった。甚内は江戸へ逃げると同心株を買って武士となり、二宮丈右衛門と名を改め、志伝流の剣法を修めた。富吉は少年だったがどうにか復讐したいという一念から江戸に出ると、戸賀崎熊太郎を訪ねて従僕にしてくれるよう請うた。熊太郎はその様子を不審に思って理由を問い、富吉の思いを知った。こうして熊太郎の従僕となった富吉は神道無念流を学び、三年後にはかなりの技量に達した。そこでいよいよ仇討ちということになったが、このときには師の熊太郎も協力した。熊太郎は門人たちに命じて二宮丈右衛門の動静を探り、彼が逃げられないように門人たちを配置した上で、神楽坂において富吉が丈右衛門を襲ったのである。丈右衛門は行願寺まで逃げたが、結局そこで富吉に斬られた。

この事件が当時の江戸で大いに評判になり、熊太郎の道場への入門者が激増したのである。櫛淵虚中軒の神道一心流なども仇討ちで有名になったが、実際に人を斬ることが少なくなった泰平の世にあっては、こうした仇討ちが流派の宣伝として大きな効果を持ったということだろう。

こうして時流に乗った神道無念流は三代目・岡田十松吉利に受け継がれ、その門下から斎藤弥九郎善道が登場したことでさらに大発展し、幕末を代表する剣術流派となったのである。

新影流　神道無念流《しんとうむねんりゅう》
斎藤弥九郎
さいとう・やくろう

◆寛政十年～明治四年(一七九八～一八七一)
◆名は善道。通称、弥九郎。晩年に篤信斎と号す。

◆明治維新をになう若者たちを育てた道場主

斎藤弥九郎善道は幕末の江戸で三大道場の一つに数えられた練兵館《れんぺいかん》を開いた剣豪である。幕末の代表的な三剣士を挙げるときに、千葉周作、桃井春蔵と並んで彼の名が挙げられるくらいだから、相当にすぐれた剣豪だったことは確かである。ただし、弥九郎その人にはいかにも剣豪らしい派手な剣歴があるわけではない。彼自身は、どちらかといえば地味な立身出世物語の主人公といったところのある人である。明治維新以降はどうしたことか大阪造幣局の権判事という役職に就いているが、これはとても剣豪らしい仕事とはいえまい。

そんな弥九郎が、それでも必ずといっていいくらい幕末に登場した重要な剣豪の一人として取り上げられるのは、やはり練兵館という道場の存在が大きかったからである。

この時代、剣術の道場はたんに剣術を習う場所という以上の働きをしていたといわれる。このことは、この時代に剣術を学んだ者たちの中から、のちの有名剣士はもちろん、幕末・維新に欠くことのできない多くの人材が出てきたことからもわかる。坂本龍馬、海《かい》保帆平《ほはんぺい》は千葉の玄武館で学んだし、近藤勇、土方歳三といった新撰組の連中は天然理心流剣術の仲間といった具合である。つまり、こうした人々は剣術を学びに道場へ通いながら、剣術とは別の多くのものを学んでいたわけで、この時代の道場にはそんな雰囲気があったのである。中でも斎藤弥九郎の練兵館は特別だったようだ。弥九郎自身が江川太郎左衛門（韮山《にらやま》代官で西洋砲術家）、高島秋帆《しゅうはん》（西洋砲術家）、渡辺華山（洋学者・画家）、高野長英（蘭学者）、藤田東湖（水戸藩の儒者・勤王家）、二宮尊徳（農政家）など当時の一流知識人と交流があり、これからの時代は剣術だけを学んでいたのでは駄目だという考え方の持ち主だった。道場主がこんな具合だから、練兵館そのものもたんなる剣術道場を超える雰囲気があった。この雰囲気が、のちに明治維新の立役者となる長州藩の気に入ったのか、練兵館には長州藩から多くのものが入門し、この中から桂小五郎（木戸孝允）、高杉晋作、品川弥次郎らの人材が育つことになった。

こうしたことからわかるのは、弥九郎が決して剣一筋の剣豪ではなく、剣豪という生き方からはみ出すような多くのものを持っていたということだ。弥九郎の剣歴が地味なのもそのせいかもしれない。

◈はじめは儒学者を志したのに剣豪になってしまった

そもそも斎藤弥九郎は最初から剣豪になりたかったのではなかった。弥九郎は越中（富山県）氷見郡仏生寺村《ひみぐんぶっしょうじむら》の生まれで、家が貧しかったので少年時代に高岡に出て油屋に奉公したりしたがうまく行かなかった。このころから彼は学者になって出世したいと思っていたようだ。十五才のとき、父から与えられたわずか一分の銀だけを手にして江戸に向かった。この道中、いかにも苦労人らしく、旅人の荷担ぎなどをして駄賃を稼いだという逸話が残っている。江戸に出て、どうにか人生を切り開きたいという一途な思いがあったのだろう。

江戸に出た彼は同郷人の紹介で幕臣・能勢祐之丞《のせすけのじょう》の従者となったが、ここでも彼は人並みはずれた努力を続けた。昼の間は彼は主人のために懸命に働き、夜になると寝るのを惜しんで読書した。実際、彼は一夜として布団で寝たことはなかったといわれている。読書の途中で眠くなると、拳を額にあてて机にもたれて寝たのである。だから、このときの拳のあとが痣となって彼の額には残っていたという。

こんなことが続いたので主人の能勢もさすがに感心し、給金以外に学資を出して弥九郎に学問と剣術を学ばせることにしたのである。

こうして弥九郎は剣術に手を染めることになったわけだが、どういうわけか自分が望んでいた学問ではなく剣術の方で才能が開花してしまった。神道無念流の岡田十松の道場・撃剣館に入門した彼は、二十三才のときには師範代を任されるほどに上達したのである。そして、六年間の師範代時代に撃剣館の人気を大いに盛り上げることに成功した。撃剣館時代の弥九郎の相弟子には前述した江川太郎左衛門、藤田東湖、渡辺華山がおり、彼の交友関係を広げることにもなった。

撃剣館の経営を軌道に乗せた彼は文政九年（一八二六）、飯田橋に自分の道場「練兵館」を構えて独立した。独立にあたっては、韮山代官家の江川太郎左衛門が援助をしたが、こんな援助を得られたのも何事にも一途に取り組む弥九郎の人間的な魅力があったからだろう。

この道場がのちに江戸三大道場の一つに数えられるわけだから、この時代の斎藤弥九郎がかなりな剣豪として認められていたことは確実なはずだが、にもかかわらず、これ以降も彼の人生は剣一筋という感じがしない。天保六年（一八三五）、江川が父の後を継いで韮山代官になったときには、弥九郎は頼まれて代官の手代として律儀に働いているし、天保八年の大塩平八郎の乱の後で大塩の残党が甲州に潜伏したという風聞が立ったときには、江川と二人で行商人姿に変装して甲州の民情視察も行っている。天保十年に洋学者たちに対する疑獄事件である蛮社《ばんしゃ》の獄《ごく》が起こり、渡辺華山、高野長英、高島秋帆らが巻き込まれ、最後には死に至ることになるが、このときにも弥九郎は彼らのために大いに尽力したのである。

一流知識人と交流があっただけに、弥九郎はこれからの時代には剣以上に鉄砲や大砲などの砲術が重要となることも見抜いており、道場でも門人たちに剣術、学問の他に砲術を

練兵館

学ばせた。安政五年には弥九郎は代々木に三千坪の荒地を買って隠居するが、砲台築造の練習と称して門人たちにその土地を開拓させ、慶応二年（一八六六）に江川太郎左衛門が責任者となって品川の御台場に江戸湾防衛のための砲台を築造しようとしたときには、彼は自ら買って出て測量・工事の監督にも当たっている。

義理堅く、どんなことでも人から任されたことに一途に取り組むという彼の性格もあるだろうが、自分の生きている時代に必要なものが何であるかを鋭敏に感じとるセンスの良さがあったのだろう。それが、彼を普通の剣豪とは異なる存在にしたのだといえそうである。

◈長州藩士をなぎ倒した神道無念流の剣

何だか剣豪とは関係ない人物の話のようになってしまったが、斎藤弥九郎の剣の腕前を想像させるような話もないわけではない。これは弥九郎その人ではなく、彼の長男・新太郎と三男・歓之助の話だが、当時の練兵館の剣士の強さを伝えているものである。

嘉永元年（一八四八）、新太郎二十一才のことである。前年から武者修行の旅に出て日本全国を巡っていた新太郎は、この年の春に長州藩にやって来た。ここで新太郎は藩の道場・明倫館を訪ね、藩士らを次々と打ち倒した。これだけならよかったのかもしれないが、それから宿に帰った彼は、道場が立派なわりには藩士の腕がもう一つだったので、宿の主人に向かい「黄金の鳥かごに雀がいるようなものだったよ」と幾分馬鹿にしたようなことをいってしまった。これを伝え聞いた藩士たちが大いに怒るのは当然だった。新太郎はすぐに旅立ってしまい後のことは知らないが、彼らの何人かはわざわざ江戸までやって来て練兵館を訪ねたのである。ところが新太郎はまだ武者修行中で留守。出てきたのはまだ十七才だった三男の歓之助だった。長州藩士たちは相手が十七才なら勝てると思ったのか、とにかく歓之助と対戦することにしたが、この三男がまた強かった。歓之助は突きの名手でみなから〝鬼歓〟と恐れられていたほどの剣士だったのである。このため、長州藩士たちは十七才の剣士のためにことごとく突きをくらって倒されてしまったのである。

ここに斎藤弥九郎は登場しないが、二十一才と十七才の息子をこれほどの剣士に育てたことを思えば、彼の剣技がいかにすぐれていたかもわかるだろう。

ところで、不思議なのはこの事件をきっかけにして、練兵館と長州藩の結びつきが生まれたということだ。嘉永五年、新太郎は正式に長州藩から招かれて一か月半ほど剣術の指南をし、それからのちに長州藩から多くの者たちが練兵館に入門するようになったのである。

一刀流 北辰一刀流《ほくしんいっとうりゅう》

千葉周作

ちば・しゅうさく

◆寛政六年〜安政二年（一七九四〜一八五五）
◆初名、於菟松《おとまつ》。名は観。通称、成政《しげまさ》。屠竜《とりゅう》と号す。

◈剣道を大衆化した合理主義者

千葉周作成政は幕末の一時期に江戸随一といわれるほど隆盛した道場・玄武館を興した剣豪である。

玄武館は最初は文政五年（一八二二）、日本橋品川町に開かれ、三年後に神田お玉ヶ池に移ったが、この新設された道場は敷地三千六百坪、数十人が宿泊して修行できる施設を備えたものだった。それだけ玄武館が繁栄したということだが、のちの嘉永四年（一八五一）、浅草観音堂に奉納額をかかげたときには、そこに一族一門三千六百余名の連署があったとされており、門弟の数は少なくとも五、六千人を超えたろうといわれている。これらの門弟の中には坂本龍馬や山岡鉄舟、新撰組の山南敬助など幕末維新に活躍した人物も多く、玄武館の名をさらに忘れられないものにしているのである。

このような繁栄には当然それなりの理由があるはずだが、それは周作が神秘的用語が多く何かといえば秘伝秘伝というような従来の剣法を、一般大衆にもわかりやすい普遍的な剣法へと変えたことにあるようだ。いかにも近代人らしい周作の合理主義者としての側面がそれを可能にしたのである。

◈最初から名利《みょうり》を求めて剣術を学ぶ

千葉周作の出身地については、陸奥国花山村（宮城県）、奥州栗原郡新谷村など諸説があるが、周作が剣の道に進んだのは父・幸右衛門の影響が大きかったようだ。

幸右衛門は医者だったが、千葉家の先祖が武士だったことを誇りにしており、できれば家名を再興したいと願っているような男だった。彼は、同じ一族の千葉吉之丞について剣術を学び、吉之丞の娘と結婚した。吉之丞はもとは磐城国《いわきのくに》相馬中村藩の剣術師範で、故あって浪人したのちも剣術の修行に励み、その流派を北辰夢想流と称していた。そこで、幸右衛門の三人の息子たち、長男・又右衛門、次男・周作、三男・定吉もこれを学ぶことになったわけだが、なかでも周作の才能は大変なものだったという。この才能を見込んだ父は、周作が十六才になった文化六年、三兄弟を連れて江戸近郊の松戸に移り住み、さらに剣術の修行を続けさせることにしたのである。

こうしてみると、周作が剣術を学んだのは最初からそれで身を立てるのが目的だったといえるわけだが、それは決して悪いこととはいえまい。宮本武蔵のような戦国時代の剣豪も多くは仕官のために剣の修行に励んだのであって、そのような現実的な目的があることではじめて時代にあった合理的な剣技を生み出すことができたのだと思える部分がある。

逆に、名利を求めないというのはいかにも純粋そうに見えるが、そのために世間から切り離され、現実離れしてしまうことも多い。その意味では、周作が最初から名利を求めていたことは、彼にとってよい方に働いたともいえるのである。

こうして江戸に出た周作は、最初は中西派一刀流の浅利又七郎義信について剣術修行することになった。浅利はもともと松戸のアサリ売りだったという変わった経歴の持ち主だった。毎日江戸へ出て商売をし、それが終わると必ず中西道場に来て稽古を見物するほどの剣術好きで、あるとき道場主の中西忠兵衛が試みに彼を門人と試合させたところなかなか筋がいいことがわかり、忠兵衛は彼を内弟子にした。その後、めきめき上達した浅利はやがて若狭小浜藩の剣術師範に召し抱えられるまでになったが、これを機に侍らしい名前が必要になり、昔の苦労を忘れぬようにと浅利を姓としたわけだ。この浅利のもとで周作は二十三才まで修行し、免許を得るまでに成長すると、その才能をさらに伸ばすため、浅利のすすめで中西派一刀流忠兵衛子正《つぐまさ》の道場へ通うことにしたのである。

中西道場に通ったことで、周作の才能は一層磨かれることになった。このころ中西道場にはのちに天真白井流を興す白井亨、音なし剣法として有名な高柳又四郎などの名人がいた。周作は彼らのもとで猛烈な稽古をしたことで、その腕前は数年にして神妙の域に達したという。

中西道場で三年間修行して免許皆伝を得た周作は、その後は浅利家の養子となって浅利

中西派一刀流　系図

- 中西忠太子定 ― 中西忠蔵子武 ― 中西忠太子啓
  - **寺田五右衛門宗有** ― **白井亨**
  - 中西忠兵衛子正 ― 中西忠兵衛子受 ……
    - 浅利又七郎義信 ― 浅利又七郎義明 ― **山岡鉄舟（無刀流）**
      - **千葉周作成政（北辰一刀流）**
    - **千葉周作成政（北辰一刀流）**
    - **高柳又四郎**

※太字は本書で紹介している剣豪

の道場を受け継いだが、間もなく浅利との間で意見の対立が起こった。浅利が昔ながらの一刀流を守ろうとしたのに対して、周作は一刀流に家伝の北辰夢想流を加味した新しい流儀・北辰一刀流を興したいという野心を持っていたからだといわれている。小さな町道場の主で終わりたくないという気持ちも強かったに違いない。周作はこのときすでに浅利の姪を嫁に迎えていたが、結局は野心を抑えることができず、一刀流の伝書を返して浅利との縁を切り、妻子を連れて浅利の家を出た。それから、北辰一刀流の名を広めるため、妻子を江戸に残し、武者修行の旅に出たのである。

◈武者修行で名を上げ入門者を増やす

周作の武者修行は文政三年（一八二〇）に始まり、一度江戸に戻ったことがあるが、全体でおよそ三年にわたるものだった。この武者修行で周作は関東近辺を回り、大いに名を上げたといわれている。

周作はのちに「技の千葉」と称されたほどすぐれた技量の持ち主だったが、それだけではなく、身長が六尺近くあり、容貌魁偉で、力持ちでもあった。まだ中西道場で学んでいたころの周作にこんな話がある。免許皆伝を得た祝いの試合で高柳又四郎と対戦したときのことだ。勝負そのものは決しなかったが、周作が全身に力を込めて打ち込むや道場の分厚い床板を踏み破ってしまうという珍事が起こった。師の中西はその気合いに大いに感心し、破れた床板をはがし、長い間道場に飾っておいたといわれている。こんな力の持ち主で、かつ天下の江戸でも群を抜く技量を持っていたのだから、関東近辺の田舎侍で周作の敵となる者などいなかったのである。

とはいっても、各地を巡る武者修行では何が起こるかわからない。文政五年、現在の群馬県にいた周作は予想もしなかった危機に陥ることになった。このころには周作の名も上がり、各地において多数の弟子が集まるようになったが、上州でも同様で百名を超す弟子が集まった。この弟子たちが一門の名前を連記した額を伊香保神社に奉納したいといい始めたので、周作も承知した。しかし、上州といえば古くから馬庭念流の剣術が行われている土地であった。周作の弟子にも馬庭念流から移ってきた者が多かった。そんな土地柄の神社に北辰一刀流の掲額をしようとすることが馬庭念流一門のプライドを刺激しないはずはなかった。こんなことから、馬庭念流一門数百名と周作の門下生たちが激しく対立し、いまにも血で血を洗う大決戦が勃発しそうな雲行きになってしまったのである。この危機は、最終的には地元の役人までが調停役に乗り出したことで事なきを得たが、こんな経験から周作は多くのことを学んだようである。これ以降、周作はどんな敵と戦っても敵のプライドを徹底的に打ち崩すようなことはせず、試合のあとにも遺恨を残さないように注意を払うなど、人間的にも成長した剣豪となるのである。

◈誰にもわかるという北辰一刀流の新しさ

伊香保での危機的事件があったその年のうちに周作は日本橋品川町に道場を開くが、武者修行で名を上げただけに道場は大いに繁盛した。しかし、玄武館の繁盛はただたんに周作が有名になったということだけからもたらされたのではなかった。最も大きな理由は、周作が剣法の閉塞状況を打破し、誰にもわかりやすく、誰でも参加できるような新しい流れを創り出したことにあった。

周作の創り出した北辰一刀流自体はそれほど目新しいものではなかったといわれている。その内容は基本的には一刀流の教えを受け継いだもので、これに北辰流から採った星王剣・九曜剣・七曜剣といった心法上の秘伝を加えただけのものだった。

しかし、周作は人々が剣法に親しみやすくなるような新しい変革を大いに導入した。

例えば、これまでの一刀流の伝授の階梯は小太刀刃引・仏捨刀・目録・カナ字・取立免状・本目録・皆伝・指南免状の八段階があったが、周作はこれを、初目録・中目録免許・大目録皆伝の三段階に変えた。

技の説明も平易でわかりやすいものにした。有名なものに〝セキレイの尾〟と呼ばれる構えがある。一刀流ではもともと下段星眼の構えを基本にしていたが、この構えをしたときに、セキレイが尾を動かすように剣先を軽く上下に動かし続けるというのがそれである。こんなふうに剣先を動かすのは何だか落ち着いていないような感じがするかもしれな

い。剣先がぴたりと決まった方が剣士として強そうに見えるのも確かだ。しかし、剣法では居つくことは禁物である。居つくというのは一カ所で身体が停滞し、次の動作が起こせないような状態のことだ。剣先をぴたりと決めるのは確かに恰好はいいかもしれないし、名人ならばその状態から見事に動くことができるかもしれないが、初心者ではそうはいかない。むしろ居ついてしまうことになる。それならば、次の動作を起こしやすくするためにも、剣先を軽く動かしていた方がいいと周作は考えたのである。こんなふうに、初心者でも取り組みやすい工夫が周作の教えには数多くあったのである。これが周作道場の人気の秘密で、江戸末期の剣法熱の高まりとも相まって、武士だけでなく農工商業者までが数多く押し掛け、門前が市のようになるほど盛んになったのである。これは現在のスポーツとしての剣道にも通じる感覚であって、そこに周作の新しさがあったわけである。

一刀流　中西派一刀流《なかにしはいっとうりゅう》

高柳又四郎《たかやなぎ・またしろう》

◆生没年不詳（十八世紀末から十九世紀はじめの人）
◆名は利辰、義正など。

◈自分一人のために剣を振るった孤独の剣士

高柳又四郎は誰と立ち合っても自分の竹刀には決して触れさせず、竹刀と竹刀が打ち合う音を立てずに勝負を決することができたという剣豪である。竹刀がぶつかりあう音を立てないために、その剣法は〝音なしの構え〟と呼ばれた。

この種の個性的な実力者はテレビドラマなどにもよく登場し、だいたいが個性的すぎて孤立してしまうのだが、又四郎にもその傾向があったようだ。

又四郎は二十才～四十才ごろに一刀流の中西道場の門人だったことがあり、寺田五右衛門、白井亨と並んで中西門の三羽烏と称されるほどの名人だった。文化十三年（一八一六）に中西道場に入門した千葉周作も又四郎の実力を目撃しており、「どんな人と試合をしても自分の竹刀に相手の竹刀をさわらせることはなく、相手からは二、三寸も離れていて、相手が出る頭、起こる頭を打ち、あるいは突きを入れ、決して自分の方へは寄せ付けず、向こうからひと足出るところへ、こちらもひと足進むので、ちょうど打ち間がよくなり、他流などには一度も負けたことがなかった」と『剣法秘訣』に書いている。

しかし、その性格は狷介《けんかい》というのがぴったりしていたようで、千葉周作によれば、又四郎は相手がどんな初心者であっても練習のためと思ってわざと打たせるようなこともなく、普段から、「自分はただ自分の稽古になればよいので、人の稽古になろうなどとは思っていない。だから、相手が初心者でもわざと打たせたりはしない」といっていたという。勝ち方に遠慮がなく、相手に痛手を負わせることもあったので、同門の者たちも彼と練習するのを好まなかったとさえ書いてある。

又四郎は二十代前半ですでに中西道場の師範代をしていたといわれており、彼自身にも門人はいたのだが、自分の門人たちにさえ同じように接したという。だから、彼の門人たちの中からはすぐれた剣士が育たず、又四郎の剣術は結局は彼一代限りで終わってしまったのである。

こんな性格だから他人と打ち解けて自分のことを話すこともなかったのだろう。又四郎は幕末の剣豪の中でもとくに有名なのに、その経歴ははっきりしていない。彼の生まれた家には富田流高柳派の流儀が家伝として伝わっており、彼も最初はこの流儀を学んだようだが、それ以外のことはよくわからないのである。終生、孤独に生きた剣豪なのに違いない。

寺田五右衛門

てらだ・ごえもん

一刀流 天真一刀流 てんしんいっとうりゅう

◆延享二年〜文政八年(一七四五〜一八二五)
◆名は宗有。通称、初めは喜代太、三五郎、のちに五右衛門。五郎右衛門としたものもある。

◈竹刀剣術を嫌い、形稽古にこだわった名人

寺田五右衛門は、江戸の剣術界に竹刀や防具を用いた稽古法が流行し始めた時代に登場しながら、かたくなにそれを拒否し、真剣や木刀を用いた古くからの形稽古にこだわり続けた剣豪である。当時としては幾分古くさい頑固者だったのである。

ところで、頑固者というのは普通はある程度の年配者にあてはまる言葉だが、寺田五右衛門の場合は現在ならば少年としかいえない年齢のころからすでにその性格が表れていた。彼は江戸の生まれではあるが、父は江戸詰めの高崎藩士で、高崎藩には剣術師範は一刀流でなければならないという決まりがあった。そこで、五右衛門は十四才のころに中西派一刀流初代の中西忠太子定《たねさだ》に入門し、一刀流を学び始めたが、間もなく子定が没し、その子・忠蔵子武《たねたけ》の代になると、中西派でも竹刀と防具を用いた試合剣術を取り入れるようになった。このとき五右衛門はまだ十四、五才だったにもかかわらず、このような流行を追うことに反対で、「これは剣法の真理にそむく」といって中西門をやめてしまったのである。

それから五右衛門はより自分の好みにあった流儀を探し、谷神伝《こくしんでん》・平常無敵流の池田八郎左衛門成春に入門した。この流派は流祖・山内蓮真に始まるもので、もっぱら心法を教えるものである。五右衛門はここで十二年間学び、免許を得る。この段階で、五右衛門の剣は相当な境地に達していたようだが、何といっても高崎藩では一刀流しか認めなかったので、その後しばらくは高崎に住んで民政官として領民たちのために働いた。が、藩主は五右衛門の剣の腕前を惜しんだのだろう。寛政八年（一七九六）、五右衛門は藩主から一刀流の修行を命じられ、ふたたび中西門に帰参したのである。道場主は三世・忠太子啓《たねひろ》になっていた。

このころ中西道場は竹刀稽古を盛んに行い、江戸随一ともいえる盛況を誇っていた。同門には音なし剣法で有名な高柳又四郎がおり、五右衛門が帰参した翌年には白井亨も入門している。が、ここでも五右衛門は相変わらず形稽古による組太刀の研究に打ち込むのである。五右衛門はすでに相当な剣士になってからの再入門でもあり、別格顧問のような特別な地位を与えられていたともいわれており、相当な自由が許されたのかも知れない。それにしても、同じ道場に竹刀稽古専門の者や組太刀専門の者などがいるため、このころの中西道場には中西派、寺田派、白井派などいろいろな派閥ができ、それによって教え方も異なったので、のちに入門した千葉周作なども「ひどく難しかった」と述懐しているほどである。それでも五右衛門の腕前は中西道場で格別で、後進たちにはいつも「おれの木刀の先からは火炎が出る」と語ったほどで、高柳、白井と並んで中西道場の三羽烏の筆頭といわれた。一刀流の免許を得たのは寛政十二年だが、翌年に子啓が没すると中西道場の長老筆頭となり、まだ若年だった四代目・子正《つぐまさ》に一刀流の講義をしたほどの実力者だった。

中西道場で学ぶ間に、五右衛門は東嶺和尚という禅僧にも学び、やがて大悟して自らの流派を天真一刀流と称している。

こんなふうに、五右衛門は最初から竹刀による試合剣術をしなかったので、中西の門人たちの中にはその実力を疑ったり反感を持つ者もいたようだ。あるとき、何人かが五右衛門に竹刀による試合を申し込んだことがあった。五右衛門はこれが自分のやり方だからという理由で、しっかりと防具で身を固めた者の前に素面素籠手で木刀を持って立ち、「もしも隙があったら、好きなところに好きなだけ打ち込むがよい。遠慮はいらない」といった。道場主を始め、門人一同が手に汗握ってこの様子を見守った。そのうち、挑戦者が寺田の頭を打とうとしたのだろう。「面へ打ち込んでくれば、摺り上げて胴を打つぞ」と寺田がいった。そこで、挑戦者は今度は籠手を打ってやろうとしたのだろう。「籠手を打ってくれば、これを切り落として突きを入れるぞ」と寺田がいった。こんなふうに寺田が相手のやろうとすることをずばずばといってしまうので、挑戦者はついに身動きもできなくなってその場を退くしかなかった。二人目、三人目の挑戦者も同じだった。この様子を見て、居合わせた者たちみなが寺田の術に感服したというのである。

一刀流 天真白井流《てんしんしらいりゅう》

白井亨義謙
しらい・とおる・よしのり

◆天明三年〜天保十四年(一七八三〜一八四三)
◆幼名、大治郎。鳩洲《きゅうしゅう》と号す。流派名は正式には、一刀流別伝天真伝兵法。

◈木刀の先から「輪」が飛び出す

白井亨は剣術には不向きともいえる小さな身体でありながら、必死になってその道に取り組み、悩みに悩んだあげく、最後に天真白井流を興した剣豪である。変ないい方だが、強かったことよりも、彼の悩みの内容と深さに魅力がある。こんな剣豪は滅多にいない。

白井がどのくらい小さかったか正確な数字はわからないのだが、彼自身が自分のことを「軟弱庸柔」といっているので、当時としても並以下の体つきだったのではないだろうか。つまり、せいぜい五尺ちょっと(百六十センチ弱)くらいだっただろうと思える。剣豪というのは何といっても身体が資本であり、宮本武蔵のように背丈が六尺、容貌魁偉というのがよくあるパターンだから、白井亨は剣士としてはかなり小さかったことになる。

こんなわけで、彼は肉体的な事柄に大いに悩んだわけだが、その結果創り出された剣術が肉体に頼った力づくのものではないということはすぐに想像がつく。同時代に白井の剣法を実見した人々の証言によれば、その強さの秘密は刀尖《とうせん》に込められた不可思議な気合いのようなものにあったようだ。

白井の師にあたる寺田五右衛門は自分の構えた木刀の先からは炎が吹き出すといったが、白井はわが木刀の先からは輪が出るといったという。中西道場で白井の後輩だった千葉周作は、これについて「実際に火炎や輪が出るのではなく、ただ切っ先のするどいことをいっているので、自分の木刀の先へは寄りつくことができないという意味だ」（『剣法秘訣』）といっているが、白井の刀尖に特別な力を認めていたことがわかる。

勝海舟もこの力に驚いた一人で、次のように書いている。

「この人の剣法は、大袈裟にいえば、一種の神通力を具えていたよ。かれが白刃を揮うて武場に立つや、凛然たるあり、神然たるあり、とても犯すべからざるの神気、刀尖よりほとばしりて、真に不思議なものであったよ」

これが白井亨が到達した境地だったが、身体の小さな彼にとってはここまでくるのが実に大変なことだった。

◈小柄な身体で必死に鍛えた青年時代

最後には自分独自の剣術を編み出した亨ではあるが、最初はごくあたりまえの剣術からスタートした。そもそも彼にあった剣術など、彼の周りになかったのだから仕方がない。

白井亨が武芸を志したのは八才のときで、機迅流《きじんりゅう》の依田秀復《よだひでなお》に入門したのが最初だった。機迅流は、大声を発して相手を脅かすような手荒い剣法で、ひ弱な亨には向かないものだったが、彼は必死に打ち込んだ。家に帰ってからは毎夜、木刀や竹刀を千回振り続けた。このかいあって、十四才のころには亨は先輩剣士たちとも互角に打ち合えるようになったが、このためにかえって機迅流の剣法に疑問を感じるようになったらしい。力づくの剣法だというだけでも亨の肌に合わないのに、自分より強いものがいないというのでは失望するのも当然だった。十五才になったのを機に、亨は依田の道場を去り、当時人気が高まっていた中西派一刀流の道場へ入門した。

このころの中西道場は、道場主は三代目・中西忠太子啓《たねひろ》、門弟にはのちに亨の師となる大先輩の寺田五右衛門や若手の高柳又四郎もおり、特別な活気があったようだ。中西道場では二代目当主だった忠蔵子武《たねたけ》の代に、直心影流の長沼国郷が始めた面、籠手、竹刀による稽古を取り入れており、当時としては流行の先端にあったのだという。この道場で、亨は寺田から組太刀を学び、高柳からは竹刀稽古を受けたが、五年間稽古を一日も休まないという熱心さで取り組んだ。その練習量はすさまじいもので、たとえ道場に三十人が稽古に来ていても、亨は必ず彼ら全員と二回対戦したという。

小さな身体で強くなるにはこれくらいの練習に驚いてはいけないのかもしれないが、亨の練習熱心さには家庭の事情も影響していたようだ。亨は幼いときに父を亡くし、祖父・白井彦兵衛の養子となったが、この彦兵衛が亨に本格的な武芸教育をしたいという考えを持っており、そのことを亨の母に言い残して死んだ。このため、母も亨の武芸教育にひどく熱心で、彼が毎夜家で木刀の素振りをするときは、母が側にいて素振りの回数を数えながら励ましていたのである。亨は母思いだったから、彼女の期待に応えようと必死の努力を続けたに違いない。そのかいあって、やがて亨は寺田、高柳と肩を並べて中西道場の三羽烏といわれるほどの腕前になった。

中西道場で学ぶ間に、亨は「八寸の延金《のべがね》」という技も自得していた。これはもともと小笠原源信斎が開発した技だったが、そもそもどういう技なのかはっきりしないものである。亨が開発したのも、太刀の切先より先へ八寸の伸びがあることをイメージするという観念的なもので、具体的なことはわからない。が、それでもかなり有効な技だったようだ。亨和元年（一八〇一）、師の子啓が病死したのを機に亨は関東近辺の地に武者修行に出るが、この旅ではほとんど無敵だったといわれている。

このころの亨はまだ従来の剣術の中にいて自分独自の剣術を編み出してはいないのだが、にもかかわらず彼がかなりの剣士だったことがわかる。

彼の転機はもっとのちに岡山で訪れた。文化二年（一八〇五）、彼は今度は上方・中国地方方面へ武者修行に出るが、備前岡山で大いに評価されるとその地に道場を開き、文化八年までとどまることになった。岡山藩の後押しがあったので道場は門弟の数も増え、彼は剣術指導と自分自身の稽古とで忙しい日々を送った。この期間に、亨はある問題で悩むことになったのである。それは、どんな名人でも年齢が四十才を超えて身体が衰えてくると多くの場合にその技も一緒に衰えてしまうのは何故かということだった。もしも年をとれば剣技が衰えるというのが絶対の事実だとすれば、自分が長年やってきたことなどまったく無駄になってしまう。そう考えた彼は思わず涙を流し、自分は生涯を間違えたとさえ思ったのである。剣の道に進んだものであれば、こういう悩みを持った者が過去にもいただろうと想像できるが、実際に自分の著書でこんな悩みを打ち明けたのは彼が初めてといっていい。これだけでも亨の素直な人柄と、悩みの深さが感じられるのである。

とはいえ、悩みは深刻で亨一人の力では解決しそうになかった。この問題に解決のヒントを与えてくれたのは中西道場時代の大先輩・寺田五右衛門だった。

◈悪戦苦闘の末に心法の剣術に目覚める

文化八年（一八一一）、江戸にいた母が大病だという知らせを受けた亨は岡山の道場を高弟に預けて江戸に戻った。幸いに母が事なきを得ると亨はこの機会に寺田五右衛門を訪ねた。ここで亨は寺田の姿に驚かされたのである。このとき寺田は六十三才という老年だったが、その姿は颯爽としており、衰えを感じさせなかったからだ。亨は思わず、岡山時代から抱えている自分の悩みを打ち明けたという。このときすでに自ら天真一刀流を開いていた寺田はそれを聞くと笑みを浮かべてこういった。

「以前によいと考えたことがいまでもよいというわけではない。ここで試しに立ち合ってみよう」

それは亨にとっても望むところだった。寺田が進歩しているとしても、自分だって進歩している。老年の寺田に負けるとは思えない。

ところがこの試合、亨は一方的に寺田に敗れたのである。次から次と打ち込まれる木刀を亨は受けとめるのがやっとでこちらからは何もすることができなかった。彼は全身汗びっしょりになり、思わずその場に座り込んだ。そして、どうすればそうなれるのかと教えを請うたのである。

このとき寺田がいったのが〝見性得悟〟ということで、つまらぬ小手先の技で汚れた身体を清浄無垢にし、人間本来の良知と知恵と一体化しなければならないということだった。感銘を受けた亨はすぐにも寺田の弟子となり、これまでの剣とはまったく異なる心法の剣術を目指し始めたのである。

しかし、道は順調ではなかった。寺田が最初に勧めた修行法は身を清浄無垢にするための「水行」で、飲酒肉食をやめ、毎日百回、二百回と水をかぶるというものだったが、亨はそれから数年間というもの、酷寒の日であってもいわれたとおりに行ったのでついに体を壊してしまった。この修行は寺田自身も晩年まで行っていたものなので、彼としては特別無理な注文をしたつもりはなかったのだろうが、おそらく寺田と亨の間には基本的な体力の違いがあったのだろう。亨はついに水行を断念すると、自らの考えで「練丹の法」に取り組む。これは古来からある幾分神秘的な日本の健康法で、身体の中心（へその下あたり）に力を込めることで気力を養うというものである。これが幸いしたのか、亨はみるみる回復し、身体に元気が溢れるようになった。この間に剣の腕前も上がった。

こうして文化十二年、もはや何も教えることはないと知った寺田は亨を免許皆伝とし、天真一刀流の二代目を継がせたのである。

が、これが亨の到達点ではなかった。ここに徳本上人《とくほんしょうにん》という人物が現れ、亨に最終的な飛躍のきっかけを与えるのである。

徳本上人は宝暦八年の生まれとされているから、このころ六十才近かったようだが、四才のときから念仏三昧の修行の日を送ったという変わった念仏行者である。この行者を訪ねることは寺田のアドバイスによるようだが、亨はとにかく行者の道場を訪ね、念仏を聞く日々を送った。そして、行者の念仏する姿を見ているうちに、ふいにあることを悟った。行者の念仏する姿には少しの隙もなく、これなら手に持った撞木《しゅもく》で千万の敵にも対しうると思えたのである。それは剣法に応用できるものだった。

それからというもの亨は行者の姿を理想として独自に剣の工夫を進めた。こうして独自の境地に達した亨は、文政八年（一八二五）に寺田が死んだのを機に、自らの流派を天真伝兵法（俗に天真白井流）と名付けたのである。

この剣法は、念仏する行者の姿をヒントにしていることからもわかるように、具体的な技よりは心法を重要視したものだが、原理的には気・剣・体を一致させようとしたもののようだ。白井が弟子に教えた重要事項に次のようなものがある。「覚えなければならないものは、真空（すべての気が交流して万物を生ずる働き）と腹（体の中心にある丹田）と太刀先の赫気《のび》である。真空を養って空気を球状にしてこれで敵を包むのである。さらに腹を練って体を柔らかに調和させ全身を腹と一つにする。太刀先の赫気は、長い竿を持ったようなつもりで敵の背後はるか遠くまで突き貫く勢いで使い、これで敵を破るのである」。かなり難解な説明だが、気と剣と体を一致させようとしている意図はつかめるだろう。白井の太刀先から輪が出るというのも、太刀が自分の方に向かってくる強烈な威圧感についていっているのかも知れない。

このように具体的な刀法については謎は多いものの、ここまで成し遂げた白井の剣は他を寄せ付けないところがあったようだ。天保四年（一八三三）、九州出身で身長が七尺（二メートル）近くもある巨漢の剣豪・大石進が五尺三寸もある長大な竹刀をひっさげて江戸に乗り込み、名だたる剣客たちを次から次へと打ち破って江戸の剣術界を騒然とさせたことがあった。このとき、ただ一人白井亨だけは大石を打ち破り、江戸の剣客の面目を保ったのである。

とはいえ、このように心法を中心とした剣術を人に教えることは難しかったようで、天真白井流はついに白井亨だけのものとなったのである。

〈人斬り〉と呼ばれた男たち

近藤勇は局長として新撰組を率い、数多くの人を斬って勤王の志士たちに恐れられたが、幕末から維新にかけての激動の時代には、勇と同じように自分と敵対する人々を斬ったことで名を馳せた剣士が少なからず登場した。彼らはいうなればテロリストのようなもので、人々は彼らのことを人斬りといって恐れた。なかでも恐れられたのは土佐の岡田以蔵、肥後の河上彦斎《げんさい》、薩摩の田中新兵衛で、幕末三剣鬼といわれた。

岡田以蔵は土佐勤王党に属しており、勝海舟の用心棒のようなことをしていた時期もあるが、それよりも以前に土佐藩内で反勤王的動きをしていた者たちを何人も暗殺し、悪名を高めた。河上彦斎も勤王の志士で、いとも簡単に人を斬ったことで知られている。例えば文久三年（一八六三）、在京の肥後藩士が料亭に集まっていたときにはこんなことがあった。仲間の志士たちが幕府役人の名を挙げてその専横振りを非難しているといつの間にか彦斎が姿を消した。それからしばらくして戻ってきた彦斎に仲間が尋ねると、彼は「さっきおまえがいっていたのはこの男のことだろう」といって持っていた包みを開いた。すると斬ったばかりの男の首が現れたのである。以来、彼は人斬り彦斎と呼ばれて恐れられたという。三剣鬼のもう一人、薩摩の田中新兵衛が活躍したのは短期間だったが、彼は文久二年に関白九条尚忠の家令・島田左近を暗殺したことで知られている。幕末の京都では〝天誅〟という名の人殺しが横行したが、この事件がその走りだったという。

なお、薩摩といえば示現流だが、父が商人だったとも船頭だったともいわれる新兵衛はこの剣法を独学で学んだようである。人斬りと呼ばれた剣士には他にも西郷隆盛に心酔していた薩摩の中村半次郎、坂本龍馬を暗殺した会津の佐々木唯三郎などがいるが、常に斬るか斬られるかの修羅場に身を置いていただけに、長生きできた者は少ないようだ。ここにあげた五人の中でも四人が明治維新以前に二十代、三十代の若さで死んでいる。ただ一人明治維新後まで生き延びた中村半次郎（改名後は桐野利秋）にしても西南戦争の最中に弾丸を受け、四十才という年齢で死んだのである。

陰流　大石神影流《おおいししんかげりゅう》

大石進種次《おおいし・すすむ・たねつぐ》

◆寛政九年～文久三年（一七九七～一八六三）
◆名は種次。通称は進、のちに七太夫。晩年は武楽と号す。

◈五尺三寸の長大竹刀を遣《つか》う巨漢の剣豪

大石進は幕末の一時期に九州から江戸に乗り込み、江戸の剣術界に一大旋風を巻き起こした剣豪である。その特徴は全長が五尺三寸（約一メートル六十センチ）もある長大な竹刀から繰り出される強烈な突き技にあった。当時、江戸の剣士たちが使っていた竹刀は全長三尺三寸（約一メートル）くらいのものが多かったことを思えば、大石の竹刀がいかに長かったかがわかる。ちなみに、現在の竹刀は最大で三尺九寸と決まっている。

大石が長竹刀による突き技を得意としたのは、幼少時から剣槍両術に親しんでいたことと大いに関係があった。大石は筑後柳川藩士の家に生まれたが、祖父は藩の剣槍術師範で、大石も幼少のころから愛洲陰流剣術と大島流槍術を学んだのである。ただ、少年時代の大石は不器用で「ウドの大木」などといわれることもあったという。あるとき、正月の御前試合で惨めな敗北を喫したことから剣術に専心するようになり、石を吊るして日夜突き技の稽古に励んだ。この鍛錬によって、彼は生まれつきの左利きを活かした左片手突きと胴斬りの技を案出した。十八才のときだったという。この流儀をのちに大石自身が大石神影流と呼ぶようになったのである。刀は本来が突くようにできていたが、竹刀や防具が不完全であったため、それまでの竹刀剣術においては突き技はあまり用いられなかったし、胴斬りも軽んじられる傾向にあった。この二つの技に生命を吹き込んだのが大石神影流の独自性だった。

こうして鍛錬を続けた大石は、文政三年（一八二〇）に大島流槍術の免許を、文政五年に愛洲陰流剣術の皆伝を許され、文政八年からは藩の剣・槍術の師範役を命じられているから、二十代にしてすでに相当な評価を受けていたことがわかる。

それにしても、五尺三寸の竹刀というのはあまりに長い。塚原卜伝の教えに、刀の長さはへその高さを基準にしろというのがあるように、刀は体の大きさに合わせて選ぶのが普通である。体に合わない刀では使いこなすことができないからだ。が、大石の場合は五尺三寸の竹刀を使いこなせるだけの体格にも恵まれていた。成人した大石は身長が七尺（約二メートル十センチ）もあったといわれているのである。当時の幕内力士を投げ飛ばしたこともあるといわれるほどの怪力もあった。だから、五尺三寸の竹刀を使った左手突きというのは、まさに大石進のための技だったわけだ。

こんな大きな体と怪力から繰り出される突き技の強烈さなど説明する必要もないだろうが、文政八年に豊前中津藩の長沼無双右衛門との間で行われた試合はまさに壮絶としかいいようのないものだった。長沼は当時西国随一といわれていた達人である。この対戦のとき長沼は最初の七日間は門弟たちを大石と対戦させ、八日目になってやっと自身が試合に臨んだが、大石の強烈すぎる左片手突きのために長沼の鉄面は破れ、眼球が面の外に飛び出してしまったのである。これだけでも大石の突きが尋常でないことがわかる。

◈幕末の江戸剣術界に大石旋風を巻き起こす

この大石が江戸で大旋風を起こしたのは天保四年（一八三三）のことだった。彼は藩命を受けて江戸に出てくると、名だたる道場を巡り歩き、他流試合を行って次から次へと打ち破るという快挙を成し遂げたのである。このときの江戸剣術界の騒ぎたるやすさまじいもので、勝海舟などはこの騒ぎを評して「御一新（明治維新）の騒動より以上」といったほどである。

ここで気になるのは大石が誰を打ち負かしたかということだが、これについては大石に同行の藩士が記録した文書が散逸してしまったので正確には知りようがないといわれている。とはいえ、心形刀流の伊庭軍兵衛《いばぐんべえ》、甲源一刀流の比留間《ひるま》半蔵、直心影流の井上伝兵衛といった有名剣士たちはみな大石得意の突き技で打ち負かされてしまったようだ。どうにか負けなかったといえるのは、千葉周作、男谷精一郎、白井亨だけのようである。

千葉周作はどうやら大石と引き分けたようで、周作が知恵を絞って四斗樽の蓋を竹刀の鍔《つば》にすることで大石の突きを防いだなどという作り話が伝えられている。男谷は最初の対戦では首を左右に振ることで大石の突きを防いだが、二日目には大石が前日よりも三、四寸下を突いて試合を優勢にしたという。千葉も男谷も幕末の大剣豪だが、その二人にしても大石を相手にするのはかなり大変だったことがわかる。最後に、大石は白井亨と対戦したが、この試合では白井が完全に勝利を収めたといわれている。

こうした話は不正確な風聞にしか過ぎないのだが、この一時期に江戸の剣術界に大石旋風が吹き荒れたことは確かだった。大石の竹刀を真似て、四尺、五尺という長竹刀が流行したほどだった。ただし、これは長続きしなかった。前述したように刀は体に合わせて選ぶのが実用的なので、長竹刀の流行には批判が多かった。大石の登場によって、長竹刀を相手にするための研究も進んだ。大石は天保十年にも江戸へ出て多くの剣士と対戦したが、このときには最初のときのような大旋風は巻き起こせなかったという。また、安政三年（一八五六）に幕府の公立武道学校・講武所が設立されると、竹刀の全長は最大で三尺八寸と決められ、長竹刀は姿を消すことになったのである。

さて、その後の大石だが、江戸で大旋風を巻き起こしたほどなので九州での人気も高く、柳川藩だけでなく、近隣諸藩からも多くの者がやってきて、その門に入ったといわれている。

近藤勇
こんどう・いさみ

神道流 天然理心流 てんねんりしんりゅう

◆天保五年〜明治元年(一八三四〜一八六八)
◆名は昌宜《まさよし》。通称、はじめ勝五郎、勝太。号は東州。姓は養子になった関係で、宮川、島崎、近藤と変わっている。

◈時を得ずに燃え尽きた剣豪

近藤勇は、幕末から維新にかけての激動の時代に、新撰組を率いて、もはや命運つきた幕府のためにひたすら剣を振るい続けた剣豪である。結局のところ江戸幕府は滅び、勇自身も明治元年(慶応四年、一八六八年)に新政府軍に捕らえられて斬首されてしまうのだから、剣豪としての彼は自分の時代を得られなかったわけだが、その剣法は特別なものであり、剣豪と呼ぶにふさわしいものだったようだ。

新撰組の隊士たちがよく人を斬ったことからもわかるように、勇の剣の特徴は何といっても実戦に強いということだった。勇自身が、通常の竹刀による試合よりも、真剣による立ち合いの方が容易だと語っていたといわれている。真剣勝負の場にあっては、勇はいつも前へと進んで敵の刀を抑えるように剣を振るった。このとき、相手に〝ねばり〟が感じられた場合には、どんな相手でも間違いなく斬れたし、七、八人斬ったあとでも汗をかくことはなかったという。

ここで、〝ねばり〟といわれているのが、具体的に何を意味しているのかわかりづらいが、真剣勝負を前にしての心の迷いあるいは恐れのようなものが、刀や身体の動きを鈍くし、切れ味よく次の動作に移れないような状態のことではないかと想像していいかもしれない。もしそうなら、勇ほどの剣士なら、簡単に斬り倒すことができただろう。

これは、勇が修めた天然理心流の剣術にも共通したことだが、勇は普段から〝気組《きぐみ》〟というのを重視していた。気合といいかえてもいい。一にも二にも気組。気組で押していけば、真剣、木刀なら当流は必ず勝つ。これが勇の口癖だったという。そのうえに、勇は人間として骨のある度胸のすわった人物で、刃の下に命を投げ出すことを恐れなかった。これは塚原卜伝の時代から、真剣勝負では最も重要とされていることだ。そのことを身体で

天然理心流　系図

近藤内蔵助長裕―近藤三助方昌―近藤周助邦武―**近藤勇**

※太字は本書で紹介している剣豪

知っていた勇にとって、幾分でも迷いのある相手を斬るのが簡単だったのは当然といっていいだろう。

こんな剣法を、勇は新撰組局長として実践した。その評価は分かれるだろうが、勇にしてみれば、少年時代から学び続けた剣法を最後の最後まで振るい続けただけなのかもしれない。

◈多摩地方を中心に流行した天然理心流剣術

近藤勇は新撰組局長として、まるで古き良き時代の武士のような生き方を貫いたが、生まれながらの武士ではなかった。

彼は武州多摩郡上石原村（東京都調布市）の富農・宮川久次郎の三男として生まれた。が、このことは彼を武芸から遠ざけるよりはむしろ武芸に近づける働きをした。

富裕な農民が多かった東京近郊の多摩地方では、自衛のためもあって、古くから剣術が盛んだった。八王子千人同心とは、八王子を中心とした地域に、江戸の国境警備隊として江戸幕府成立前後から駐屯させられた人々のことだが、彼らはその地に土着して農業を営むようになってからも、熱心に武芸の修練を積んだ。これが、多摩地方の農民層の武芸熱に影響を与えたといわれている。勇の父などはとりわけ武芸熱心な農民で、宅地内に道場を持っているほどだった。その道場で勇もまた少年時代から剣術を学んだのである。

ここで、勇が学んだのが天然理心流だった。

天然理心流は飯篠長威斎の天真正伝香取神道流の流れを汲む近藤内蔵助長裕《くらのすけながひろ》によって寛政年間（一七八九～一八〇一）ごろに創始された流派である。あくまでも剣術が中心ではあったが、柔術、棒術、気合術を含んだ総合武術で、近藤勇が〝気組〟を重視したことからもわかるように、細かな技巧を用いず、とにかく気合いによって相手を圧倒しようという実戦的剣法だった。不思議なことに、その組太刀には他流では流行していた突業や入身の業がないという特徴があった。これらの業は初心者には危険であるうえに、上達すれば自然に身に付くというのがその理由だった。流派名には、天然自然の法則に従って心法と技法を追求するという意味があった。

新流派を興した内蔵助は江戸薬研堀《やげんぼり》に道場を出したが、経営がうまく行かなかったのかどうか、もっぱら多摩地方中心に出張稽古をするようになった。このため天然理心流は多摩地方に広まり始め、多摩地方の農民の中から優れた後継者が生まれた。

文化四年（一八〇七）に内蔵助が死に、当時三十四才だった近藤三助方昌《のぶあき》が二代目を継いだが、彼は多摩郡戸吹村（八王子）の名主の長男で、戸吹村の道場を中心に活動した。姓の近藤は内蔵助から受け継いだもので、天然理心流では嫡伝者は一代に限って近藤姓を名乗るのである。三助の腕前は師をしのぐほどで、門人の数は千五百人に及んだが、とくに気合術に優れていたという。これは激しい気合いによって相手を金縛り状態にしてしまい、気力を奪い去ってしまうもので、こんな逸話がある。あるとき、三助は鉄砲の名人だった弟と試合をし、弟は実弾を込め、兄は真剣を持って向かい合った。ここで三助が気合を発すると、なぜか弟の目から兄の姿が消えてしまい、刀だけがぎらぎらと光って見えた。しかも、弟には三助の刀がいまにも自分の身に迫ってきそうに感じられ、身体からどっと汗が噴き出し、一気に気力が失せ、ついに降参せざるを得なかったのである。が、この気合術は三助が文政二年（一八一九）に急死したために、残念なことに二代で絶えてしまった。

◈才能を見込まれ三代目の養嗣子となる

三助の死後、三代目を継いだのがのちに勇の師となる近藤周助邦武《くにたけ》で、やはり多摩郡小山村（町田市）の名主の息子だった。

天保十年（一八三九）、四十八才のときに周助はついに江戸に再進出し、市ヶ谷に試衛館道場を開いたが、多摩地方における出張稽古は旧来どおりに続けていた。出張稽古は勇の父の道場でも行われ、嘉永元年（一八四八）には十五才になった勇も二人の兄とともに周助の門に入門し、七か月後の翌年六月には「目録」を伝授されている。ちなみに、天然理心流の技術伝達体系は、切紙、目録、中極位目録、免許、印可、指南免許の六段階で、普通は目録を得るのに入門後三年、免許を得るのに十年、指南免許を得るのは免許取得後十年が必要だった。それだけ、勇の能力が高かったということだろう。この才能に周助は目を付けた。跡継ぎのいなかった周助は、是非とも勇を養子にしたいと宮川家に頼み込んだのである。

このころ、こんな事件もあったという。父・久次郎が所用で出かけていたある夜のこと、宮川家に数人の強盗が押し入った。物陰からこれを見つけた勇の兄・粂次郎《くめじろう》は腕に自信があったので、すぐにも刀を抜いて飛び出そうとした。が、勇はそれを制していった。「強盗というのは忍び込んだばかりのときには気が立っているが、一仕事終えたあとでは油断するものだ」それから兄弟はしばらく待ち、強盗が荷物を持って出ていこうとするときになって「くせ者め！」といって刀を振りかざして飛び出した。と、勇の思った通り、驚いた強盗は荷物を放り出して逃げ出したのである。

周助が勇を養子にしたいと言い出したのは、この話を聞いて勇の知謀にも感心したからだといわれている。

宮川家では、父も勇も武芸熱心だったので、周助の申し出を喜んで受け入れた。こうして十六才の勇は周助の養子となり、江戸の道場と同じ場所にある周助の家で暮らすようになったのである。

◈江戸市ヶ谷「試衛館《しえいかん》」に集まった剣客たち

市ヶ谷にあった周助の道場・試衛館での修行時代は、近藤勇の生涯でもっとも楽しい一時期だったに違いない。

勇が天然理心流の四代目となる文久元年（一八六一）には、のちに新撰組の重要なメンバーとなる多くの仲間たちが試衛館に集まっていた。土方歳三《ひじかたとしぞう》、沖田総司《おきたそうじ》、井上源三郎、山南敬助《やまなみけいすけ》、藤堂平助といった面々だ。勇の四代目襲名を祝う野試合には全部で八十八人の門人が参加しているが、この中に彼らの名も登場しているのである。

これだけのメンバーがそろえば、他流派の剣客たちも試衛館には一目置いたのではないかと思えるが、どうもそうではなかったらしい。試衛館は他流派の人々からは「いも道場」などといわれていた。天然理心流が華麗さにかける田舎風の実戦的剣法であるうえ、この時代になっても試衛館のメンバーが多摩地方に出稽古に行くことが多かったからかもしれない。この時代には他流試合も頻繁に行われるようになっており、試衛館でも望む者が来ればその場に居合わせた者が必ず相手になったようだが、手強い相手だった場合には、近所にあった練兵館に助けを求めたという話もある。ただし、これは練兵館の塾頭だった渡辺昇の言葉なので、本当か嘘かわからない。

勇自身については、竹刀による試合では剣豪と呼べるほど強くはなかったといわれる。だが、度胸はすわっており、がっしりした剣法を遣ったという。『新選組始末記』（子母澤寛著）はこんな勇の剣を次のように描写している。

「勇は、道場へ出ての立会には、定まって下星眼をとった。少し反り加減で、腹をぐっと出した構えである。決して名人ではなかったが、こせこせとした小業のない、がっしりした手堅い剣法であった。ぴーんと、うまく小手へ入ると、大概の相手は竹刀を取落とした」。

勇を除くと、試衛館の剣客の中では何といっても沖田総司が強かった。沖田は勇よりも八才年下で、九才で天然理心流の周助に入門したが、十二才のときに奥州白河藩の剣術指南と勝負して勝ったほどの天才剣士だった。土方歳三、山南敬助、藤堂平助なども沖田にかかると子供扱いで、本気で立ち合えば勇にも勝つだろうといわれていたという。ただし、少しクールすぎる性格で、明らかに格下相手の練習でも容赦しなかった。勇が忙しいときには、沖田が多摩地方の出稽古に出ることもあったが、彼は短気だったので、村の門弟たちはひどく恐れていたという。

しかし、勇が四代目を襲名してのちには、試衛館道場で腕を磨く日々はそう長くは続かなかった。文久三年春に幕府が京都における攘夷論者の横行を防ぐために江戸の浪士を集めて取り締まろうと計画すると、勇をはじめ、前記のメンバーがこれに参加し、間もなく京都において新撰組が結成される。それからは幕末維新の動乱が彼らの運命を押し流したのである。

新撰組

近藤勇が局長を務めた新撰組は、幕府の浪士（浪人）対策の落とし子として生まれたものだった。嘉永六年（一八五三）のペリー来航以来、開国と鎖国、勤王（天皇派）と佐幕（幕府派）の対立が激しくなり、浪士たちが盛んに活動するようになった。そこで、幕府は文久三年（一八六三）二月、江戸の浪士を集めて浪士隊を結成し、京都の尊王攘夷派の浪士たちを取り締まるという一石二鳥の作戦を実行した。このとき、佐幕思想の持ち主だった近藤勇以下、天然理心流の面々もこの浪士隊に参加したのである。

浪士隊には江戸を中心に二百人以上の浪士が参加し、浪士隊の発案者であった清河八郎に率いられて京都に向かった。ところが、清河は実は尊王攘夷主義者であって、もともと幕府のために働く気はなく、浪士隊を攘夷のために利用しようと考えていた。このため、浪士隊は京都に着くやいなや分裂してしまい、多くのメンバーが江戸に帰還することになったが、近藤勇や水戸浪士だった芹沢鴨らのグループは当初の目的である京都警護を行うため京都に残り、ここに新撰組が結成された。ただし、近藤と芹沢は思想的に相容れなかったため、芹沢らのグループは暗殺という方法で排斥され、近藤ら天然理心流のメンバーが新撰組の中核となったのである。

新撰組は当初から「会津藩御預かり」という身分で京都の市中見回りを行ったが、この新撰組の名を一気に高めたのは文久四年（元治元年）六月の「池田屋事件」だった。このころ、尊王攘夷派の長州系浪士が数百人規模で京都に潜入し、大がかりな京都焼き討ち計画を立てており、彼らの一部が池田屋という宿屋に潜伏していた。あちこち探索したあげく、ついにそれを発見した新撰組は、近藤勇以下三十人ほどのメンバーで押し込み、二時間ほどの激戦の末に尊王攘夷派の志士たち多数を斬り捨て、怪我を負わせ、二十人以上を捕縛した。これによって尊王攘夷派の受けたダメージは大きく、明治維新が一年間遅れたといわれるほどの大事件だった。新撰組はこの事件以降も尊王攘夷派の志士を発見しては斬り捨てるという血生臭い活動を続け、尊王攘夷派から大いに恐れられることになった。

しかし、これは新撰組にとって唯一ともいえる華々しい時期だった。池田屋事件の翌月の禁門の変においても新撰組はその名を高めたが、それ以降は鳥羽伏見の戦い、甲陽鎮撫隊の戦いというふうに、彼らはひたすら滅亡へと突き進むことになったのである。

山岡鉄舟

やまおか・てっしゅう

一刀流　一刀正伝無刀流　いっとうしょうでんむとうりゅう

◆天保七年～明治二十一年（一八三六～一八八八）
◆名は高歩《たかゆき》。通称、鉄太郎。字は曠野、猛虎。鉄舟は号。

◈剣禅一致の境地に達した明治の剣聖

山岡鉄舟は一刀流の正統を汲み、のちに剣禅一致の境地に達して一刀正伝無刀流を興した剣豪である。

ただし、彼はただの剣豪ではなく、幕末維新の混乱期には幕府側の使者として、江戸を攻撃しようとしていた官軍の参謀・西郷隆盛と会談し、攻撃を中止させる交渉をしたり、明治時代になってからは侍従として明治天皇に十年間仕え、絶大の信任を得るなど、政治家・公人としても大きな活躍があった。人間的に見ても〝気は優しくて力持ち〟を絵に描いたような大人物で、誰に対しても気楽に接するおおらかさがあったので、剣術家として「明治の剣聖」と仰がれただけでなく、国民的英雄としての人気も高かった。

このような大人物の興した一刀正伝無刀流であれば、それが単純に試合に勝てばいいというような表面的なものでないことは想像がつく。「一刀正伝」とはもちろん伊藤一刀斎以来の一刀流の正統を正しく伝えているという意味だが、無刀流に関しては鉄舟自身がおよそ次のように説明している。

「無刀とは、心の他に刀なしということで、三界唯一心ということである。内外本来無一物であるがゆえに、敵に対する時、前に敵なく、後に我なく、特別な形はなくしなやかに応じて変化し跡を留めない。だからこれを無刀流と称するのである」

この言葉からわかるように、一刀正伝無刀流は心のありように重点をおいた剣法だった。そういう意味では、針ヶ谷夕雲の無住心剣術のように心法の剣術といえるわけだが、同じ心法でも夕雲のものとは違っていたようだ。

明治後期から大正、昭和にかけて活躍した名剣士・高野佐三郎は若いころに鉄舟から直接指導を受けたことがあったが、この高野は鉄舟の剣について次のようなことをいっている。

「山岡先生の構えは剣尖が生きている。強いて打ち込んでいけばキット咽喉に剣尖があたっている。形で打たれるようでも心で負けないのは、山岡先生あたりの構え振りであり、使い振りであって、対手方がそれに服して、とてもいかぬという感じを起こさせる」

また、「実際柔らかなもので、柔らかな円いものです。円いといっても鞠のようなものではない。転がしても転げはしない。柔らかなものであって、その中にどんな鋼鉄を含んでいるかわからないという柔らかさ、そういう風の試合であった」という。

鉄舟の剣に関する証言は他にも多いが、それらに共通しているのは、鉄舟の剣が実際の勝負以前に、心において敵に勝ってしまうという種類のものだということだ。

このような剣法が一朝一夕に完成するわけはない。多くの武芸者がそうだったように、鉄舟もまた長い悪戦苦闘の末にその境地に達したのである。

◈気力と腕力で剣術に打ち込んだ修行時代

最終的には心を重視する剣法を打ち立てた鉄舟ではあるが、若い時分にはどちらかといえば肉体重視の激しい剣法をやっていたようだ。

幕府の御蔵奉行をつとめていた小野朝右衛門高福《たかとみ》の五男として江戸本所に生まれた山岡鉄舟は少年時代から数多くの師について剣術を学んでいる。最初に入門したのは神陰流の久須美閑適斎で鉄舟九才の時だった。その翌年には父が飛騨高山郡代となったため高山に移住したが、その地に偶然閑適斎の弟がいたので彼について剣術を学び、嘉永四年(一八五一)には閑適斎から「切紙」を伝授された。その後、鉄舟は高山において北辰一刀流の井上八郎清虎にも入門して学んでいる。このころ、儒学や書も学んだが、とりわけ書の進歩にはめざましいものがあり、師の岩佐一亭から「弘法大師入木道《じゅぼくどう》五十二世」を継承したほどだった。嘉永四年に母が、翌年には父が亡くなったので、鉄舟は江戸に戻ると千葉周作に入門したが、相当に修行好きな性格だったようで、当代屈指の剣客だった斎藤弥九郎や桃井春蔵にも教えを受けたうえ、名のある剣士と数え切れないほど対戦したという。

「余少壮の頃より、武芸を学び、心を禅理に潜むること久し。感ずるところは必ず形に試み今日に至る。年九才の頃、初めて剣法を久須美閑適斎に学び、続いて井上清虎、千葉周作、あるいは斎藤、桃井らに受け、その他諸流の壮士とともに試合すること、その数幾千万なるを知らず」と本人が書いているほどである。が、さすがに修練のかいがあり、二十才ころには「身体自在に働き、敵に向かえば必ず勝つ」と感じられるようになったという。両親が死んで貧乏だった鉄舟は服装にも気をつかわず、みなから〝ボロ鉄〟とあだ名されていたが、それが〝鬼鉄〟と呼ばれるようになったのはこのころのことに違いない。

剣術以外にも鉄舟は山岡静山について槍術を学んだが、これが縁で二十才のとき静山の妹・英子の婿となり山岡家を継いだのである。

それにしても、「敵に向かえば必ず勝つ」というのはかなりな自信といえる。成人した鉄舟は身長六尺二寸（百八十八センチ）、体重二十八貫（百五キロ）あったというから、普通の相手では負ける気がしなかったというのは本当だろう。安政三年（一八五六）に幕府が一種の公立武芸学校として講武所を設けると、鉄舟もここに学び、翌年には世話役に、その後剣術教授方に採用されているから、社会的にも相当な実力者と認められていたことは確かだ。

しかし、二十才のころに手に入れた自信は決して不動のものではなかったようで、そののち鉄舟は自らの剣に迷いを生じたという。「かくのごとくして刻苦静思することおよそ二十年、しかれども未だかつて安心の地にいたるを得ず」と鉄舟自身がいっているのはこのころのことだ。

この迷いを克服するため鉄舟はあちこちに優れた師を捜し、ついに浅利又七郎義明と出会ったのである。

◈無刀の境地で浅利又七郎の幻影を断ち切る

鉄舟は生涯の間にさまざまな師について剣術を学んだが、中でも最も名高いのが浅利又七郎義明で、鉄舟の剣は義明から生まれたともいわれる。ちなみに、義明は中西忠兵衛子《つぐ》正《まさ》の次男で、千葉周作の師として知られる浅利又七郎義信の養子となって又七郎を襲名した一刀流の達人である。周作は義信の娘と結婚しているので、義明は周作の義兄弟でもある。とはいえ、千葉、桃井、斎藤、伊庭などに比べると、浅利の名はあまり有名でなく、道場も汚く、弟子も少なかったという。が、鉄舟はこの義明の剣に、どうしても超えることができない力の差を見せつけられたのである。

文久三年（一八六三）、鉄舟二十八才、義明四十二才のことだった。鉄舟は義明の道場を訪ねて初めて試合をしたのだが、これが鉄舟の運命を変えることになった。この試合はひどく激しい試合で、二人は三間に五間の道場を狭しとばかり小半日も戦ったが勝負がつかなかったという。最後に、いらいらした鉄舟が巨体をいかして足がらみで義明を押し倒したが、義明は倒れざまに片手で鉄舟の胴を打ち、勝ちを宣したのである。見るとなめし革をはった鉄舟の胴の竹が二、三本折れていた。確かに勝敗は明らかだった。鉄舟は負けん気が強かったのか、負けを認めないままこの日は義明と別れてしまったが、心の奥底では自分の負けをはっきりと感じていたのかもしれない。この帰り道、鉄舟が義兄であり槍の名手でもある高橋泥舟のもとに立ち寄り試合の顛末を語ると、泥舟はそいつは本物だと感嘆した。こうなると、さすがの鉄舟も自分の負けを認めないわけにいかなかった。鉄舟は翌日になるとすぐに義明を再訪し、前日の非礼をわび、義明の門人となったのである。

ところが、義明の門人となって彼のことを知れば知るほど、鉄舟は自分の剣が義明の剣にはるかに及ばないのを思い知らされるばかりだった。「爾来、修行不怠といえども、浅利に勝つべきの方なし。ゆえに日々剣を取りて諸人と試合の後、ひとり浅利に対する想をなせば、浅利たちまち剣の前に現れ、山に対するがごとし、真に当たるべからざるものとす」という具合で、剣のことを考えるたびに鉄舟は浅利の幻影に悩まされるようになったのである。

鉄舟は十三才のころから禅の修行に取り組んでいたが、浅利の幻影に悩まされるようになってからはさらに激しい修行に取り組んだ。鉄舟は生涯の間に五人の禅師に学んだといわれるが、この時期に最も影響を受けたのは京都天竜寺の滴水禅師で、一回一回の参禅が双方にとってまさに命がけのものだったといわれている。この滴水禅師が鉄舟に与えた公案に「両刃鋒を交えて避くることをもちいず、好手かえって火裏の蓮に同じ、宛然として自ずから衝天の気あり」というのがあった。厳しい剣の修行を続けながら、鉄舟はこの公案についてだけでも三年間考え続けたのである。

この結果、ついに浅利の幻影から解放される日が来た。明治十三年三月三十日の明け方、鉄舟は四十五才にしてついに大悟し、「剣禅一致」の境地に達したのである。浅利に出会ったのが二十七才だから、はや十七年が過ぎたことになる。

こうして悟りを開いたことで鉄舟の剣が変わったことはもちろんである。このころ鉄舟には高橋道太郎という弟子がおり、悟りを開いた直後の鉄舟と試合をしたが、鉄舟の剣は普段のものとまるで違っていたという。とにかく剣を構えているだけでじりじり押され、前へ出られず、どんどん追いつめられ、最後には羽目板に押しつけられてしまう。闇雲になって死にものぐるいで前へ出ると鉄舟はいつの間にかすうっとさがってぴたりと正眼に構えている。まったくどうにもならない、と高橋は感じたのである。

自信を深めた鉄舟はその日のうちに師の浅利義明を招いて対戦したが、義明は鉄舟の構えを見ただけで、「子、すでに達せり」といって自ら竹刀を納めたという。これによって鉄舟は義明から〈夢想剣〉の極意を伝えられ、あらたに「無刀流」を興したが、こののち小野次郎右衛門忠明から九代目に当たる小野業雄から一刀流正統の組太刀を学び、明治十八年より「一刀正伝無刀流」と称するようになったのである。

◈心の剣術とは思えない無刀流春風館の荒稽古

剣禅一致によって達成された山岡鉄舟の無刀流は、刀ではなく心で相手に勝ってしまうというものだが、だからといって伝統的な技法を無視してしまうような剣術ではなかった。同じように心法を重視した針ヶ谷夕雲の剣術は、複雑な技法をすべて捨て去り、ただ刀を打ち下ろすというところまで単純化されてしまったが、鉄舟の剣はそういうものではなかったのである。

鉄舟が無刀流を興したのち、伝統的な一刀流の組太刀を学んだのも、鉄舟が昔ながらの技法を無視しなかった証拠といえる。鉄舟は浅利義明から中西派一刀流を学んだが、この流派の組太刀は少しばかり流祖以来の真伝とは異なっていた。このために鉄舟はわざわざ小野派一刀流を学び、自らの流派名に一刀正伝という言葉を冠したわけだが、このことだけを見ても、鉄舟が古くからの技法を重視していたことがわかるのである。

鉄舟は無刀流を興したのち四谷の私邸を春風館道場として弟子の指導に当たったが、この道場における修行も心法の剣術とは思えぬほど厳しいものだった。中でも信じがたいのが、七日間立切り千四百面という荒行を含む「誓願」という制度だった。これは一種の昇進試験で、三期に分かれて行われた。

第一期では、満三年の稽古を積んだうえで、一日二百面の立切りを行った。一日二百面の立切りというのは、終日にわたって次々と入れ替わり向かってくる先輩や同輩と試合し続けるもので、これが無事に終了した時点で、鉄舟から十二ヶ条の目録が与えられたのである。

第二期では、一日二百面ずつ、三日間連続で立切り六百面が行われた。これによって、仮名字目録が与えられた。

第三期では、同じことが七日間続き、立切り千四百面が行われ、これによって初めて免許皆伝となるのである。

鉄舟自身は肉体的にも精神的にも恵まれており、若いころには実際に七日間立切り千四百面という稽古を成し遂げたことがあるとされているが、それが言語を絶する厳しいものであることは確かだ。鉄舟がこのような稽古を取り入れたのは、身体で刀を遣うのではなく、心で刀を遣うことを覚えさせるためで、そこには確かに意味があるには違いないが、剣禅一致とか心法という言葉からはとても想像できない激しさである。

こんなふうに鉄舟の剣は心の剣でありながら、伝統的な技法や肉体的な鍛錬を重要視するもので、そこに鉄舟ならではの個性があった。別な言い方をすれば、鉄舟のように肉体的に恵まれており、かつ禅によって特別な境地を得たものだけに可能な剣といってよかった。通常の人間にはその双方を満足させることは至難の業だからだ。事実、誓願の制度によって七日間立切り千四百面という荒行を成し遂げて免許皆伝を得たものは、最後まで登場しなかった（長谷川運八郎という者が鉄舟から免許皆伝を得ているが、誓願の制度を成就してはいないといわれている）。結局、鉄舟の無刀流は偉大な剣法ではあったが、それは鉄舟のような大人物にだけ可能なものだったのだろう。このためかどうか、無刀流の系統は現在にもつながってはいるのだが、鉄舟なきあとは往時の隆盛を失っているのである。

剣術の衰退を救った警視抜刀隊

日本の剣術界は幕末において隆盛を極めたが、明治維新となるや一転して廃滅の危機に瀕した。幕末維新の戦いの中で、剣槍を中心とした戦闘方法が鉄砲を中心とした戦闘方法の前ではもはや無力に等しいことがはっきりし、誰も剣術の存在価値を認めなくなったためだった。明治四年には脱刀令、明治九年には廃刀令が発せられ、武士といえども帯刀することが禁じられた。世の中がこんな状態では、剣術を習うものなどいるはずがなかったのである。

この危機を救ったといえるのが明治十年の西南戦争における警視抜刀隊の活躍だった。西南戦争では警視本署（明治十四年から警視庁）からも九千余名の警察官が九州や関西に派遣されたが、九州に派遣された警察官の中から百名が精選され、警視抜刀隊という特殊部隊が組織されたのである。この警視抜刀隊が、西南戦争の激戦地として名高い田原坂《たばるざか》の戦いに初めて登場し、それまで数多くの犠牲を払って十日以上攻めても落とすことのできなかった敵塁に切り込むと、たった一日でそれを陥落するという大活躍を演じたのである。これは西南戦争の華ともいえる場面で、世の人々はこぞって警視抜刀隊を称賛した。

西南戦争における抜刀隊の活躍は田原坂戦の後にも続けられたが、とにかく彼らの活躍によって剣術に対する評価ががらりと変わったことが、日本の剣術界にとって大きかった。西南戦争では政府軍ばかりでなく、薩摩藩でも示現流の使い手たちが大いに活躍したので、剣術に対する評価が変わるのも当然だった。剣術の有用性を再認識した警視本署ではさっそく巡査たちに剣術を奨励する方針を打ち出し、各地に撃剣場（剣道場）を新設し、撃剣会（剣道大会）が開催されるようになった。上田馬之助、逸見宗助といった高名な剣術家たちも警視庁に入って指導に当たることになった。こうして、明治前半期においては剣術だけでなく日本の武道全体が警視庁によって支えられ、後の時代へと受け継がれることになったのである。

参考文献

日本古武道総覧／日本古武道協会 編　島津書房　一九八九

日本武道全集 第一巻／今村嘉雄 他編　人物往来社　一九六六

日本武道全集 第二巻／今村嘉雄 他編　人物往来社　一九六六

日本武芸譚／高野弘正 著　講談社　一九七七

一刀流極意／笹森順造 著　礼楽堂　一九八六

日本剣道史／山田次郎吉 著　再建社　一九六〇

武芸流派大事典／綿谷雪、山田忠史 編　新人物往来社　一九六九

新・剣豪100選／綿谷雪 著　秋田書店　一九九〇

武芸流派辞典／綿谷雪、山田忠史 共編　人物往来社　一九六三

武芸流派100選／綿谷雪 著　秋田書店　一九七二

日本武芸小伝／綿谷雪 著　人物往来社　一九六二

柳生一族 その周辺／歴史図書社 編　歴史図書社　一九七一

鹿島神伝直心影流極意伝開／石垣安造 著　新樹社　一九九二

改訂 史料柳生新陰流・上巻・下巻／今村嘉雄 著　新人物往来社　一九九五

定本大和柳生一族－新陰流の系譜／今村嘉雄 著　新人物往来社　一九九四

宮本武蔵 七つの謎／新人物往来社 編　新人物往来社　一九九〇

武蔵の世界「五輪書」技から道へ／寺山旦中 著　柏樹社　一九九〇

剣と禅／大森曹玄 著　春秋社　一九八三

剣の精神誌 無住心剣術の系譜と思想／甲野善紀 著　新曜社　一九九一

日本剣豪列伝／直木三十五 著　鱒書房　一九九〇

全国諸藩 剣豪人名事典／間島勲 著　新人物往来社　一九九六

時代小説の楽しみ－秘剣、豪剣、魔剣／新潮社　一九九〇

時代小説を読む　剣之巻／縄田一男 編　大陸書房　一九九〇

秘伝兵法二十七番／戸部新十郎 著　読売新聞社　一九八八

兵法秘伝考／戸部新十郎 著　新人物往来社　一九九五

日本剣豪譚・幕末編／戸部新十郎 著　毎日新聞社　一九九一

日本剣豪譚・維新編／戸部新十郎 著　毎日新聞社　一九九二

明治剣客伝／戸部新十郎 著　毎日新聞社　一九九四

剣は語る／戸部新十郎 著　青春出版社　一九九八

江戸柳生と尾張柳生／童門冬二 著　中公文庫　一九九六

明治の剣術　鉄舟・警視庁・榊原／山下素治 著　新人物往来社　一九八〇

剣豪伝説／小島英熙 著　新潮社　一九九七

孤高の剣鬼／南條範夫 著　徳間文庫　一九九四

日本の剣豪一　乱世の飛天剣／旺文社　一九八四

日本の剣豪三　太平の孤愁剣／旺文社　一九八五

日本の剣豪四　無明の憂国剣／旺文社　一九八五

日本の剣豪五　必殺の烈風剣／旺文社　一九八五

よみがえる北斗の剣／星耕司 著　小西重治郎 絵　河出書房新社　一九九三

日本剣豪列伝Ⅲ／網淵謙錠 他著　福武書店　一九九五

日本剣客伝　下巻／吉行淳之介、有馬頼義、村上元三、海音寺潮五郎、永井龍男 著　朝日新聞社　一九六九

日本史小百科　武道／二木謙一、入江康平、加藤寛 共編　東京堂出版　一九九四

別冊歴史読本　読本シリーズ⑤　日本剣豪読本／新人物往来社　一九九三

新陰流　小笠原長治／津本陽著　新潮文庫　一九九〇

忠臣蔵―赤穂事件・史実の肉声／野口武彦 著　ちくま新書　一九九四

時代小説の楽しみ九　維新の群像／司馬遼太郎 他著　新潮社　一九九一

新選組実録／相川司、菊池明 著　ちくま新書　一九九六
物語新選組隊士悲話／北原亜以子 他著　新人物往来社　一九八八
近藤勇のすべて／新人物往来社 編　新人物往来社　一九九三
土方歳三・孤立無援の戦士／新人物往来社 編　新人物往来社　一九九八
日本史小百科　武士／下村效 編　東京堂出版　一九九三
幕末刺客列伝／羽山信樹 著　角川書店　一九八五
人物叢書 新装版 由井正雪／進士慶幹 著　日本歴史学会 編　吉川弘文館　一九八六
NHK歴史への招待4／日本放送出版協会　一九九四
夢想神伝流居合道／山蔦重吉 著　愛隆堂　一九七二
居合道読本／西内雅 編著　おりじん書房　一九七五
日本の武道　先即制人の道　居合道・銃剣道／講談社　一九八三
寛永武鑑　本伝御前試合／吉川英治 著　講談社　一九九七
図説日本武道辞典／笠間良彦 著　柏書房　一九八二
絵でみる時代考証百科　槍・鎧・具足／名和弓雄 著　新人物往来社　一九八八
日本甲冑の基礎知識／山岸素夫、宮崎眞澄 著　雄山閣　一九九〇
図説日本甲冑事典／笠間良彦 著　雄山閣　一九八八
生活史叢書16刀鍛冶の生活／福永酔剣 著　雄山閣　一九九五
入門日本刀図鑑／得能一男 著　光芸出版　一九八九
新・日本名刀100選／佐藤寒山 著　秋田書店　一九九〇
歴史に咲いた華・刀は生きている／細野耕三 著　あきつ出版　一九九七
刀剣／小笠原信夫 著　保育社　一九八六
日本刀物語／福永酔剣 著　雄山閣　一九八七
〈ビジュアル・ガイド〉甲冑のすべて／笠間良彦 著　PHP研究所　一九九七
日本合戦図典／笠間良彦 著　雄山閣　一九九七

この作品は、一九九九年三月に単行本として新紀元社より刊行されました。

文庫版あとがき

今回の文庫化のために原稿のチェックをしてみて、「剣豪」というのは本当に面白いものだなと改めて思った。それは別に、私の書いた本が面白いという意味ではなく、その素材となっている剣豪という存在そのものが、どうしようもなく面白いということである。確かに、剣豪という存在は過去のものである。剣豪のような生き方をする人も、現在の日本ではほとんど見ることができないのかもしれない。だが、そうであるからこそ逆に、剣豪という存在やその生き方が、とてつもなく新鮮なものに見えてくるということだ。

本書では、そんな過去の剣豪六十人を取り上げて、その流派、人生、考え方について紹介している。十年以上も前に書いた本だが、剣豪という存在の特殊性ゆえに、その内容はいまも少しも古びていないと思う。変な話だが、いま書いてもほとんど同じ内容になるだろうと思うし、十年後に同じテーマで書いたとしても、多分同じような内容になるのではないだろうか。もちろん、剣豪という存在自体が素材として非常に面白いので、当然、この本も読んで面白いものになっていると思う。

ところで、剣豪というのは過去の存在なので、名前などにいかにも難しそうな読みにくい漢字が使われていることがよくある。それで、今回この本が文庫化されるに当たり、読みにくいと思える漢字にはできるだけ振り仮名を振ることにした。そういう漢字が出てくるたびに毎回振り仮名が振ってあるわけではないが、全体として、単行本のときよりも読みやすくなっていると思う。また、編集校閲者の努力によって、著者が見落としていた間違いも可能な限り訂正されたので、その意味でも、単行本のときよりも高品質になっていると思う。

こういうすべての理由で、今回『剣豪』が文庫化されるのは、とても喜ばしいことだと思う。この文庫化によって新しい読者がたくさん生まれ、剣豪という存在にもっとスポットライトが当たるようになればいいなと思わずにはいられないのである。

草野巧

Truth In Fantasy
剣豪　剣一筋に生きたアウトローたち

2013年7月3日　初版発行

著者　草野巧（くさの　たくみ）
編集　新紀元社編集部／堀良江

発行者　藤原健二
発行所　株式会社新紀元社
〒160-0022
東京都新宿区新宿1-9-2-3F
TEL：03-5312-4481　FAX：03-5312-4482
http://www.shinkigensha.co.jp/
郵便振替　00110-4-27618

カバーイラスト　丹野忍
本文イラスト　シブヤユウジ
デザイン・DTP　株式会社明昌堂
印刷・製本　大日本印刷株式会社

ISBN978-4-7753-1139-4

●好評既刊　新紀元文庫●

定価：本体各800円（税別）

幻想世界の住人たち
健部伸明と怪兵隊

幻想世界の住人たちII
健部伸明と怪兵隊

幻想世界の住人たちIII（中国編）
篠田耕一

幻想世界の住人たちIV（日本編）
多田克己

幻の戦士たち
市川定春と怪兵隊

魔術師の饗宴
山北篤と怪兵隊

天使
真野隆也

占術　命・卜・相
高平鳴海 監修／占術隊 著

中世騎士物語
須田武郎

武勲の刃
市川定春と怪兵隊

タオ（道教）の神々
真野隆也

ヴァンパイア
吸血鬼伝説の系譜
森野たくみ

星空の神々
全天88星座の神話・伝承
長島晶裕／ORG

魔術への旅
真野隆也

地獄
草野巧

インド曼陀羅大陸
神々／魔族／半神／精霊
蔡丈夫

花の神話
秦寛博

英雄列伝
鏡たか子

魔法・魔術
山北篤

神秘の道具　日本編
戸部民夫